【历史新阅读丛书】

唐朝那些事儿

肆

【开元盛世卷】

冬雪心境 著

中国工人出版社

唐朝疆域图

回
纥
小海
北庭都护府(公元702年—)
天
山
庭州
龟兹
安西都护府
疏勒
葱
岭
于阗
敦煌
突
厥
阴山
黄
河
唐
幽州
邢州
长安
洛阳
扬州
杭州
越州
泉州
益州
长
江
吐
蕃
逻些城
南诏
广州
南海
黄海
东海
新
罗
高
丽
室
韦
靺
鞨
骠
国
天
竺

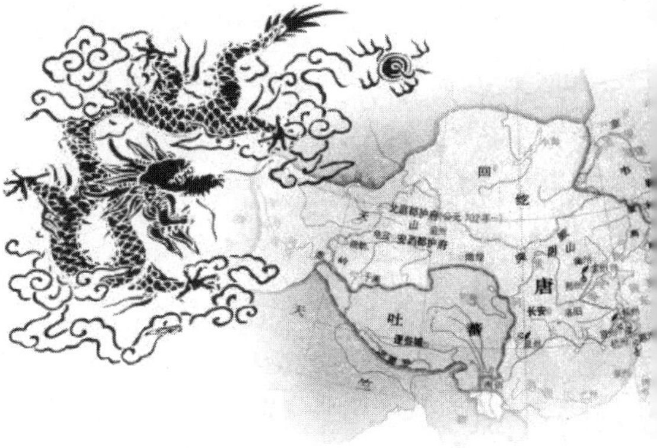

目录

引 子

李隆基始终没有忘记自己年少时心中立下的誓言，现在随着一切障碍的顺利清除，他终于可以长舒一口气。在他看来，前方的道路充满光明，这个经历了诸多动荡的帝国，很快就会在他的手中重回正途。他坚信，继贞观之治后，通过自己的努力，大唐的又一个盛世局面很快就会到来。

不过让所有人想不到的是，经过这个年轻的帝王一番治理，在他的时代，大唐帝国居然会进入一个黄金时代，进而成为中国历史上的巅峰王朝。

公元 713 年十二月，在诛灭太平公主集团的五个月后，李隆基改年号为开元，这个年号他一直沿用了二十九年，历史上对这个时代有一个很响亮的称谓，名曰："开元盛世。"

这是个万象更新的时代，让人无限敬仰，而在缔造这个盛世局面的最初阶段，李隆基面临的诸多问题却很棘手。在这其中，很多人的命运也将改变！

第一章
万象更新

吃饭是个大问题

在武则天退位之后，李隆基即位之前，坦白地讲，老百姓们日子过得并不舒坦。对百姓们而言，谁当皇帝并不重要，朝廷上层哪个派斗倒哪个派他们也不感兴趣，自古以来百姓们最关心的就是吃饭问题。可是那几年全国各地水灾、旱灾、蝗灾等天灾不断，而帝国上层却由于争权夺势而打得不亦乐乎，赈灾问题没有几个人关心，百姓们困苦不堪。

现在，李隆基登场亮相，赈灾将是他首要解决的问题。当然，这既是他的主观意念，同样也是迫于客观形势。

早在景云二年(711 年)，汾水流域发生大地震，而转年全国便发生了饥荒。这次饥荒一直持续了一年多之久，一直到李隆基改元换年号为止，饥荒问题始终没有得到彻底解决。

面对这个问题，李隆基确实不敢怠慢，他知道如果饥荒问题不解决好，很可能会带来严重的后果。大批的难民长时间得不到妥善安置，就会逐渐变为流民，就会成为这个国家的不安定因素。

而解决这个问题的关键所在就是要解决粮食问题，说句实话，那个时候全国各地并不缺粮食，但为什么最终会造成灾民没有粮食可吃呢?

要弄清这个问题，我们还得从隋朝的义仓制度说起。

隋文帝杨坚建立隋朝后，曾经在全国各地建立了很多义仓。所谓义仓就是政府在粮食丰收的年月，购置大批粮食储存在各个地方，一旦发生饥荒，政府就可以进行宏观调控，以低廉的价格卖给灾民们，算是一种常用的赈灾手段。

可是随着隋朝末年天下大乱，各地方的割据势力趁火打劫，将自己归属地的义仓据为己有。在这一点上李唐王朝也不例外，可以说正是那些义仓里的粮食使李唐王朝逐渐站稳了脚跟。

从中尝到不少甜头的李唐王朝，在建国后继续沿用义仓制度。建国之初百废待兴，长安城附近经常缺粮，所以就从各地的义仓调拨粮食运往长安。

事实证明，做什么事情一旦形成惯性，就变成了一种潜规则。在此之后，各地的义仓逐渐失去了原有的作用，所有人都将各地的义仓当成了长安城的储备粮仓，即使发生饥荒时，各地方也仅仅是从义仓拨出很少的一部分粮食用于当地的赈灾。因为地方官最在意的是头上的乌纱帽，如果义仓粮尽，万一长安城急需粮食，而到时自己拿不出来那可是要吃不了兜着走的，毕竟决定自己前途的人都在那里。

这种局面一直持续到李隆基即位为止，如今坐上了九五之尊的皇帝宝座，决心开创盛世局面的他，利用这次赈灾的机会，恢复各地义仓原有的作用。

为此，他下令各地从现在开始严禁从义仓里调拨粮食运往长安，开放义仓用于当地的赈灾。

应该说，这对刚刚执政的李隆基来讲是个艰难的决定，因为各地的粮食问题虽然解决了，但长安城的粮食从哪里来？

对于这个令人头痛的问题，李隆基思考了很久很久。帝国的疆土这么大，并不是所有的地方全都粮食歉收，例如，江南的粮食收成就很富足，但在那个交通并不发达的年月，如果从江南大批运送粮食到长安，是个艰巨而又复杂的工程。

虽然隋炀帝杨广以其天才般的想象力，开凿了京杭大运河，确保了南北水路交通线的畅通，而且又连接了长安到洛阳的水路运输线，但时过境迁，唐朝建国后，尤其女皇武则天定都洛阳后，运河年久失修，早已经失去了昔日的风采，更谈不上充当运输线了。

问题的关键是，水路运输在当时来讲的确是最方便、最简捷的一条道路！

面对如此现状，李隆基在刚刚解决完义仓的问题后，再次抛出一枚重磅炸弹——重修运河！

开元元年（713 年）元月，李隆基任命洛州刺史李杰为水陆转运使，全权负责修理运河的事宜。

于是，隋炀帝杨广开凿京杭大运河一百多年后，那条由北向南的湍急水域上再次聚集起了无数的工匠。只是这一次不再是以奢华与浮靡为目的，而是为彻彻底底地解决“民生问题”！

终于，历经一年的时间，李杰不负众望，终于让京杭大运河恢复了昔日的风采，并且打通了洛阳到长安的水路运输线，与当年的杨广比起来，李隆基时代的这次治理河道工程似乎更有建树。

当李隆基听到河道被打通的消息后，不禁长舒一口气，在他看来，与先前的争权夺利相比，自己坐在皇帝宝座上，解决好民生问题更能证明他存在的价值。

修建从洛阳到长安的水路运输线，虽然只是李隆基为了赈灾的权宜之计，不过让所有人都想不到的是，这条运输线在大唐帝国未来举步维艰之时，居然会成为京师重地的唯一生命线！

浪费是极大的犯罪

民以食为天的道理是亘古不变的！

但李隆基在刚刚解决完粮食问题后，将目光重新拉回到自己身边时，却发现朝廷内很多人并不懂得这个道理。想想也可以理解，自己的奶奶武则天就是极度享乐主义者，之后叔叔李显和婶婶韦皇后，又变成了名副其实的敛财大王，再加上姑姑太平公主的大肆挥霍，朝廷这几年没少浪费钱财。

俗话说得好，“火车跑得快，全凭车头带”。这几年在帝国上层领导人的影响下，朝廷内基本上养成了一种浮华之风，这对一心想要开创盛世局面的李隆基而言是完全不能接受的，因为未来帝国需要用钱的地方有很多，光是官员的薪水就是一笔不小的开支。

李隆基敏锐地意识到，如果不及时刹住奢华之风，帝国的前途实在堪忧，虽然此时他还来不及考虑用何种方法去充盈国库，但他明白可以从老祖宗那勤俭节约的教诲开始做起。

都说勤俭节约是一种美德，但在李隆基看来，此时勤俭节约是朝廷内每一个人所必须完成的任务，当然也包括他自己。

随即李隆基下令皇宫之内所有人不许穿华丽的衣服，不准佩戴贵重的首饰，皇家专门的织锦坊全部关闭。一时间皇宫之内的人仿佛“辛辛苦苦几十年，一朝回到唐朝前”。

不仅如此,对那些随意浪费的行为李隆基也是毫不手软地进行打击。有一次,两个宫门守卫将吃剩下的饭菜随手扔到了垃圾桶里,李隆基看到后勃然大怒,立即下令将这两个人斩首,幸亏是大哥李成器出面讲情,才免去两个人的死罪。经过这件事后,朝廷内所有人全都看清了李隆基厉行节俭的决心,所以一时间大兴节约之风。

事实上,从上述这件事情中,我们可以看得出李隆基是个注重细节的人,同时也是个具有敏锐洞察力的人,眼下虽然节俭之风盛行,但他觉得所涉及的范围依然很窄。在经过仔细的分析后,他找到了影响帝国财政收入的两个关键因素,那就是寺庙和贵戚手中的土地。

先说寺庙问题。

从南北朝一直到唐朝初年将近三百多年的时间里,中华大地的寺庙犹如雨后春笋般地兴建起来,虽然唐朝的皇帝信奉道教,但佛教的地位一直没有降低,特别是玄奘从印度带回佛经之后,一直到武则天晚年,佛教进一步兴盛起来。其标志就是武则天亲自主持在洛水河畔的山上开凿卢舍那大佛石像,这就是我国现今保存下来的四大石窟之一——洛阳龙门石窟。

佛教兴起,随之而来的就是全国各地寺庙的大肆兴建。在前边我们介绍玄奘求法的时候曾经说过,唐朝的和尚尼姑全都是政府的在编人员,算是出家的公务员,政府会给这些在编的和尚尼姑划拨一些土地,而且不用交税。从某种角度而言,唐朝的和尚尼姑基本上算是白吃白喝,不用承担纳税人的任何职责。

如果拆除多余的寺庙,让那些白吃白喝的和尚尼姑还俗,就会减轻国家很多的负担!

虽然这个决策不像管理义仓和治理河道那样轻而易举地就可以定下,毕竟这涉及宗教问题和诸多人的切身利益,但魄力十足的李隆基还是决定试一试。所以继恢复义仓制度和治理河道两个举措实施后,李隆基下令拆毁全国多余的寺庙,勒令部分和尚尼姑必须还俗,参与国家建设。

据史料记载,当时拆毁的寺庙共计两千余座,被勒令还俗的和尚尼姑将近八万人。这些被拆除的寺庙其原有的土地完全归还到政府手中,然后政府进行统筹的规划,将土地分给那些流民。

寺庙占有的土地,李隆基可以凭借强制的手段进行回收,但接下来贵戚们手中的土地该如何收回则不是那么轻而易举地就能够解决的。

强势的手段是万万不行的,这一点李隆基深深明白。

所谓贵戚，就是那些王子、外戚、皇族等有劳动力但却白吃白喝的人，与和尚尼姑相比，这些人不仅身份显赫、有权有势，而且都是与李隆基有血缘关系或姻亲关系的人，最关键的是，法律已经规定了贵戚封地的合法性，如果强行剥夺，势必引起动荡。

李隆基明白如果无故剥夺贵戚们手中的土地，他们很可能会利用自己特殊的身份进行打击报复，进而图谋不轨。

所以，李隆基只能采取曲线迂回的策略。他规定从现在开始，作为李唐王朝的贵戚，有责任有义务为国家分忧，为了让大家给全国的百姓们起模范带头作用，所有的贵戚按照手中土地的多少，按比例上交土地税。

当然在最初阶段，土地税额并不多，贵戚们完全能够负担得起。李隆基的策略是随着时间的推移，再逐渐加价！

事实证明，这个策略很有效，并没有引起贵戚们的反对，但不久之后李隆基发现，与贵戚们掌握大量土地相比，贵戚们的行为方式才是制约这个帝国向前发展的关键因素。

教训的就是你们

作为皇亲国戚，难免心里会有优越感，虽然嘴上没有喊出“我爸是谁谁谁”的口号，但很多人却实实在在地做着仗势欺人的勾当，其中薛王李业（李隆业避李隆基名讳改名李业）的舅舅王仙童就是代表者之一。

作为王子的亲舅舅，特殊的身份本应该让他更加收敛自己，但王仙童同志显然是那种给点颜色就想开染坊的主儿，不仅狗眼看人低，而且在自己的封地上鱼肉百姓，横行乡里，搞得人们怨声载道。不久之后就有人上疏弹劾王仙童，要求治罪。

当然，同样站出来的还有薛王李业，他的目的是为舅舅说情。

一边是民意不可违，一边是亲情不可挡。李隆基即位后还没有面对如此两难的境地，不过在他的内心还是十分想利用这次弹劾王仙童的机会来杀一杀贵戚们的嚣张气焰，只是李隆基明白这和处理土地问题一样，须要有高超的技巧。

李隆基虽然年轻，但此时在经历了诸多历练之后，逐渐成熟的他开始明白解决不同问题需要不同的办法，所以这一次他将自己隐藏在了幕后。他接到奏疏后，立即将王仙童交给了宰相姚崇和卢怀慎进行审问。关于姚崇和卢怀慎这两个人我们在后边还会详细说到，暂不赘述。

李隆基的意图很明显,那就是首先要给足薛王李业面子,因为李隆基和兄弟们的关系历来十分和睦,而且李隆基能够坐稳皇帝宝座,李业功不可没,所以处理王仙童须要讲究技巧。

将审问王仙童的任务交给姚崇和卢怀慎,是因为李隆基知道以这两个人的性格以及为人是断然不会善罢甘休的。果不其然,姚崇和卢怀慎并没有因为王仙童的贵戚身份而有任何徇私舞弊的想法,在调查结果属实后,上报李隆基要求立即斩杀王仙童,而且两个人在奏疏中还变相地劝告李隆基不要有任何姑息的做法。

事实上,这正是李隆基想要的结果!

最终在君臣三人的通力"合作"下,王仙童走上了断头台!

王仙童是李隆基即位以来,打掉的第一个鱼肉百姓的贵戚,这使很多贵戚开始收敛自己,他们敏锐地看出身为李隆基的贵戚,这个角色并不好当。

不过在飞扬跋扈、趾高气扬这条战线上,历来都不缺少前仆后继者。在王仙童之后不久,另一位贵戚"勇敢"地站出来,他的来头同样不小——王皇后的妹夫长孙昕。

与王仙童比起来,这位仁兄虽然没有鱼肉百姓,但其所作所为也是相当有个性——殴打朝廷官员!而且殴打的不是别人,正是此前重修运河的李杰。

此时的李杰由于重修运河有功,升任御史大夫,而御史的职责就是弹劾那些自身有问题的官员和贵戚。这一次长孙昕因为一件小事,在御史李大人下班的半途中,拦住李大人的去路对其进行殴打,所以等待他的只有被弹劾。

而且李杰的弹劾不同于别人,因为他善于权变,死咬到底!

除了上边我们提到过的姚崇和后面的宋璟之外,开元初年李隆基身边另外还有两位名臣,一个叫毕构,另一个就是李杰,时称"姚宋毕李"四大名臣。毕、宋刚正不阿,而姚、李就属善于权变。

头脑灵活的李杰在长孙昕殴打他的时候没有说一句话,更没有还手,因为他知道这一次愚蠢的长孙昕犯到自己手上,那可是周扒皮学鸡叫——自找挨打!

皇后的妹夫又如何?这一次就是要让你张飞扔鸡毛——有劲儿难使!

于是李杰一纸诉状将长孙昕告到了李隆基那里,不过让李杰想不到的是,奏疏递上去后却石沉大海。

像这种事最怕的就是皇帝大人没有反应,因为没有反应就意味着就此拉倒!

对于李隆基此时内心深处的想法，李杰十分清楚，娘家人自古以来都是贵客，而且王皇后是李隆基的贤内助，现在李隆基是不愿意因为一个臣子而使皇族之间产生裂痕。

事实上，李杰猜得很准确。李隆基之前已经斩了王仙童，算是对贵戚们给予了警告。现在王仙童事件刚刚消停，如果再对贵戚下杀手，恐怕会引起动荡，要知道李隆基能够坐稳皇位，贵戚们功不可没。

但李隆基显然没有想到一点，那就是和王仙童比起来，长孙昕的身份更加特殊，准确地说是更加敏感，因为他除了具有贵戚的身份之外，还兼有外戚的身份。

这一点，李杰想到了！

于是，李杰转动起自己聪明的头脑，开始了运作。

不久又一封弹劾长孙昕的奏疏递到了李隆基那里，虽然依旧是李杰所为，但这一次李杰在奏疏中将问题扩大化了。

大致总结李杰的奏疏，主要有两层意思：无故殴打我本就是触犯法律，不过这并不是最关键的；最关键的是从殴打我的举动来分析，长孙昕身为外戚，或许有不轨的想法。

在这封奏疏的最后，李杰写上了这样一句话：本朝自高祖、太宗起，就极力避免外戚干政，长孙皇后更是主动要求太宗皇帝罢免长孙无忌。而到了中宗时期，陛下一定不会忘记韦庶人（韦皇后）的所作所为吧！

在我看来，置长孙昕于死地的就是这最后一句！

殴打官员不是严重的问题，但这种行为所释放出来的信号却是十分严重的。聪明的李杰在无形之中已经将一起打人案件转化成了外戚干政，他坚信李隆基看完他的弹劾奏疏后，一定会坐不住的。

最终，事情完全按照李杰的设计而一步步地进行。李隆基看完奏疏后，确实陷入了思考之中，李杰奏疏的最后那句话，让他不禁有些心惊肉跳。

从祖母武曌改唐为周一直到韦皇后乱政，大唐帝国的权力已经很长时间没有真正被掌握在李氏家族的手中。李隆基好不容易从韦皇后的手中夺回权力，现在正是李唐皇族重新崛起的时候，他是绝不允许本属于李唐的权力再次旁落的。

所以，为了帝国的前途，更是为了李唐皇族的利益，李隆基现在必须抛弃个人情感因素，以及在头脑中形成的那个固有的功臣观念，在必要的时候对外戚予以打压。

现在长孙昕主动送上门来,这正是个绝好的机会!

不过,与先前处理王仙童不同的是,李隆基这次只是下令对长孙昕进行廷杖,也就是打屁股。

当然,长孙昕能不能承受得住则是另外一个问题,反正李隆基没有下令诛杀!

事实上,打屁股是个技术活儿,执行廷杖的人全都是猴精,该把长孙昕打成什么样他们心里有数,因为他们早已经揣摩出皇帝陛下的意思——打死为止!

长孙昕最终就这样在皇帝陛下、李杰大人以及那些执行廷杖的人的精心算计下,一命呜呼!

所有的外戚心里都敲起了小鼓,他们终于切身感受到了来自皇帝陛下的压力,所以开元年间外戚们与干政无缘。

直到很多年后那个“低回转美目,风日为无晖”的女人走进李隆基的世界时,这种局面方才改变。

功臣外放

李隆基在出手整治贵戚和外戚的同时,并没有忘记曾经和他并肩战斗的那些手下功臣,由于这些功臣的通力协作,李隆基逐渐稳固了自己的权力。事实证明,与先前的所有皇帝一样,李隆基也没有摆脱整治功臣的宿命。

李隆基的功臣们虽然是一个团队,但仔细分析一下,可以将这些人纵向地划分成两个部分,他的功臣们可以分为第一梯队功臣和第二梯队功臣。

第一梯队功臣顾名思义就是在唐隆政变和诛灭太平公主集团中,与李隆基并肩作战、为他冲锋在前的人,例如刘幽求、钟绍京、王毛仲、葛福顺等人。

而第二梯队功臣与第一梯队功臣相比,显然他们的功劳略逊一筹,因为他们没有经历刀光剑影的血拼,例如陆象先、郭元振和魏知古。这些人虽然没有在李隆基发动政变时,与他并肩作战,但他们确实是支持李隆基的,例如,陆象先在太平公主扬言废掉李隆基的时候,就率先站出来反对。

面对这两个梯队的功臣集团,一心想开创盛世局面的李隆基,必须对现有的班子进行调整,因为有的人依据其自身的能力来看,已经完成了使命,如果继续留在朝廷,则是人浮于事。

综合两个梯队的功臣所立的功劳以及个人能力来看,李隆基决定首先从第二梯队的人开始入手。

不过,李隆基延续了他的曾祖父李世民的优良传统,对功臣没有赶尽杀绝,而是采取了外放的方式进行处理,这也是唐朝自建国以来对待政变功臣一贯采取的方式。

第一个进入李隆基法眼的便是陆象先!

李隆基不会忘记曾经在太平公主扬言废掉自己的时候,陆象先站出来反对时所表现出来的勇气,可是对于眼下的朝廷,以陆象先的能力而言,他似乎并不符合李隆基的用人标准。如果这个帝国继续慢条斯理地前进,陆象先一定会是个合格的宰相,但李隆基却是要让它加速前进,陆象先显然跟不上速度。

坦白地说,陆象先是个好人,更是个有骨气的人。李隆基曾经评价过他说:“天气寒冷才知松柏不凋,先生您做到了。”

可是帝国要想加速前进,虽然需要陆象先这样的好人,但更需要有魄力的人!

所以,李隆基权衡再三,决定罢免陆象先的宰相职务,改任益州长史兼剑南道按察使。

对陆象先而言,这是个合适的官职。

事实证明,陆象先虽然不是做宰相的材料,但却是个合格的地方官。据史书记载,在陆象先担任益州长史的日子里,他将益州治理得井井有条,主张宽仁施政,与民生息,并且留下了一句千古名言:天下本无事,庸人自扰之!

由此看来,陆象先也是个心胸豁达之人,当年李隆基在罢免他职务的时候,并没有采取太多的策略技巧。因为李隆基知道对陆象先这样的人,只需要给出最终的结果!

开元二十四年(736 年),七十一岁的陆象先病故在益州,李隆基赐谥号为“文贞”。

在我看来,“文”乃温润平和之意,“贞”乃正气凛然之意。这个谥号的确很准确地总结了陆象先的一生。

在陆象先被罢免之后,第二个进入李隆基法眼的便是时任兵部尚书的郭元振。

郭元振虽然很有能力,也曾支持过李隆基,但在李隆基看来,郭元振的立场并不坚定。因为在唐隆政变时,当李旦登上承天门楼时,身边的护卫就是郭元振,保卫李旦并没有错,但这也就意味着,在当时来讲,郭元振并不是李隆基一派的人。

这样的人担任兵部尚书，李隆基显然并不放心！

在他看来，郭元振时任兵部尚书，并且是历经武周、中宗及太上皇李旦和自己这一朝的四朝元老，而且曾经征讨突厥立下战功，其资历显然比陆象先要老很多，所以与处理陆象先不同，怎样处理好郭元振的问题，是李隆基需要认真思考的。对这样的人，必须找到一个合适的借口，否则很难服众。

很快，他等到了这个机会。

在太平公主被赐死三个月后，李隆基在骊山举行了一场盛大的阅兵仪式，参加阅兵的约有二十万人，当时光是旌旗就前后绵延二十余里。

而这次阅兵仪式的总负责人就是兵部尚书郭元振。

最初看着壮观的行军队伍从自己身边走过时，李隆基脸上不时地露出微笑。显然他对这次阅兵仪式感到满意，可是随着时间的推移，他的脸上开始阴云密布。

“怎么越来越乱？”李隆基问身边的郭元振。

“这……”郭元振一时语塞！

沉默片刻，李隆基厉声说道：“军容不整，兵部尚书罪不可赦！来人，将郭元振绑于帅旗之下立即斩首！”

顷刻间，没等郭元振有任何反应，兵士已将他绑到了帅旗之下。

此时站在另一边的刘幽求和张说不禁冒出了一身冷汗。

“陛下！郭元振虽有疏忽，但念他曾有功于社稷，还请陛下开恩！”刘幽求立即跪在地上说道。

“臣也以为郭元振为四朝元老，如果就此杀掉，恐怕不是吉兆啊！”张说跟着说道。

“那也是死罪可免，活罪难饶！兵部尚书郭元振玩忽职守，致使本次阅兵混乱不堪，念在有功于社稷，免去死罪，流放新州（今广东新兴县）。”

按说事情到此也就可以结束了，罢免郭元振的目的已经达到，李隆基可以就此收手，但显然李隆基还想做得更加精致，因为他知道大臣们都是猴精，他不想让人看出来自己只是在找郭元振的碴儿，所以他又将制定本次阅兵仪式军礼内容、时任给事中的唐绍也绑到了帅旗之下！

李隆基本以为这一次还会有人站出来求情，但让他意想不到的是，有一个人出手的速度比求情的人张嘴说话的速度还要快。

这个人就是金吾卫将军李邈。

只见这位仁兄在兵士刚刚将唐绍绑好后，猛然间抽出佩刀，一刀砍下了唐绍的脑袋。

李隆基惊呆了!

臭小子!左右也轮不到你啊!

可是,李隆基实在没法再说出什么,只能牙掉了往肚子里咽。唐绍被杀算是个意外事件,幸好郭元振的命保住了,不久之后李隆基降下了一道诏书:李邈免去所有官职,回家永不叙用!

马屁没拍好,拍到了马蹄子上!

郭元振就这样被李隆基兵不血刃地贬到了新州,要说李隆基还是时刻没有忘记他曾经的功劳,在郭元振到达新州后不久,李隆基准备起用他为饶州司马,可是就在前往饶州的路上,郭元振郁郁而终。

我们都能看得出来,李隆基本心并没有想杀掉郭元振,而那次阅兵仪式是否真的军容不整只能是仁者见仁、智者见智,一切其实都是皇帝陛下说了算。

不过《旧唐书》记载说:“郭元振任侠使气,不以细务介意。”从这一点来看,郭元振是个不太注重细节的人,或许正是这种性格使他在准备这次阅兵仪式的工作中,细节做得不够,而李隆基恰恰就是个注重细节的人,所以郭元振的结局可想而知。

郭元振去世的十年后,李隆基追赠郭元振为太子少保,算是给了他一个回报。

虽然这只是一个上车补票的程序!

陆象先走了,郭元振也走了,李隆基以其非凡的魄力,在他刚刚坐稳皇帝宝座后,就将宰相班子的两大成员贬黜外放。

所有人都认为事情应该结束了,但对于李隆基而言,这仅仅是个开始!

背后隐藏的人

前边我们说过李隆基的功臣们按照纵向划分为第一梯队功臣和第二梯队功臣。现在第二梯队的功臣何去何从,李隆基已经成功解决。那么剩下的第一梯队功臣,李隆基又该如何对待呢?

事实上,在纵向划分之后,剩下的第一梯队功臣可以横向地划分为文臣和武将。

文臣有刘幽求、钟绍京和张说等;武将有陈玄礼、葛福顺等。

这第一梯队的功臣都是扛着炸药包和李隆基在一片腥风血雨中并肩战斗过

来的，而古往今来的任何皇帝在成功之后，最不放心的恰恰就是这部分人。

这一点，李隆基也不例外！

李隆基在解决第二梯队功臣的时候，始终没有忘记在暗中观察第一梯队功臣们的表现。

在经过长时间的观察后，他发现陈玄礼和葛福顺等人由于官职不高，又是比较粗犷的武将，内心深处没有太多的弯弯绕，相对而言让李隆基比较放心；而像刘幽求和钟绍京这样的文臣则不能让他放心，虽然这些人也没有什么过火的行为。

因为读书人在某些时候远比那些一介武夫可怕得多，葛福顺和陈玄礼等人当年还是在李隆基这样的读书人的领导下，才知道跟着起事。

所以，在李隆基的心中，最不放心的是刘幽求、钟绍京和张说等人。

事实上，在李隆基紧盯这些人的时候，一个人也始终在暗中窥探这些人的动向，但是和李隆基不同的是，他的目的是想实现一个心中不为人知的秘密，那就是独揽宰相之权。

我们都知道唐朝从建立伊始，宰相始终是一个班子，也就是说宰相的权力始终没有集中在一个人的手上，现在那个人在李隆基上位之后，发现一心要开创盛世局面的皇帝陛下，急需要一个具有魄力的宰相，而这也恰恰给了他独揽宰相权力的机会。

事实证明，这个人虽然历经千难万险，但在一切风平浪静之后，属于他的时代终将到来！

而那些同属于他这个阵营的战友们，其前程最终会断送在他的手上！

这个人就是姚崇！

第二章

第一宰相

机会留给有准备的人

在李隆基和太平公主斗争最激烈的日子里，姚崇（本叫姚元崇）和宋璟都是李隆基忠实的粉丝。虽然他们因提出外放太平公主而最终不得不被贬出京城，但这并不影响李隆基以功臣来看待他们。

他们绝不会想到自己居然有一天还会回到京城，并且在未来的十年里能够先后得到重用。

开元盛世是李隆基开创的，但这军功章的确有姚崇和宋璟的一半！

事实上，在我看来，姚崇和宋璟之所以能够得到重用，恰恰是因为他们的身份，准确地说，曾经机缘凑巧被外贬的经历恰恰使他们现在成为让李隆基最放心的人。既是李隆基本派的人，又没有参与到最终的决斗之中，这样的人其实远比刘幽求和钟绍京等人更加能赢得信任。

因为他们没有居功自傲的资本。

先天元年（712 年）十月，李隆基刚刚在骊山阅完兵，便前往渭川打猎，在渭川他召见了还在同州当刺史的姚崇。

这是一次没有任何预见性的召见，在此之前姚崇没有得到任何皇帝要召见自己的消息，但是现在皇帝突然召见，姚崇敏锐地意识到属于自己的时代即将到来。

事情正像姚崇所预料的那样，君臣二人见面后，展开了一番颇具玄机的对话。这不仅是一次决定姚崇个人前程的对话，更是成功缔造开元盛世局面的基础。因为在这次对话中，姚崇提出了著名的《十事要说》。

不过在对话的最初阶段，双方还仅限于拉家常阶段。

李隆基："你会打猎吗？"

姚崇："小时候曾经练过，年轻的时候我在家乡时，经常以打猎为乐，可是后来有人说我适合仕途，于是我就发愤读书了。不过，现在我虽然老了，但是打猎的技术还没有倒退，呵呵。"

很明显，在李隆基还没有进入正题之前，姚崇已经在暗示这位精明的皇帝陛下，自己就是李隆基未来需要的人。

姚崇说完，李隆基笑了笑。然后君臣二人飞鞭打马，直奔丛林深处而去。

打猎的整个过程，君臣二人十分惬意，同时谈得也很投机，但李隆基很长时间都没有切入正题，直到打猎即将结束。

"爱卿在外边太久了，应该回到朕的身边，进入宰相班子辅佐朕啊！"李隆基语重心长地对姚崇说道，同时这句话并没有强制的味道，反而倒像是在征求姚崇的意见。

在李隆基看来，自己所说的话已经给了姚崇十足的面子，姚崇一定会立即下马跪倒在地，表示愿效犬马之劳，可是就在李隆基兴奋地等待姚崇的回答时，姚崇却将头扭向了另一边。

"嗯？爱卿可曾听到朕所说的话？"李隆基像丈二和尚——摸不着头脑。

姚崇缓缓地将头扭过来，目光中透露出一丝坚毅。虽然作为臣子他不敢抬头直视李隆基，但李隆基还是感觉到了姚崇似乎有话要说。

李隆基正待再次开口问话，姚崇翻身下马，跪在地上。只是他并没有立即对李隆基能够重用自己亮明自己愿意效力的态度，而是向这个年轻的帝王提出了十个问题，姚崇著名的《十事要说》即由此而诞生！

所谓的《十事要说》是指，姚崇在和李隆基的这次对话中，对李隆基提出的十个施政理念。鉴于原文比较难懂，我用四个字的短语来总结一下他这十条内容，分别是：宽仁施政、禁贪边功、一视同仁、宦官禁政、限权外戚、禁止滥赏、善待大臣、纳谏如流、停建佛寺、国事为重。

值得一提的是，姚崇表达的方式很特别，他每说出一条，都加上"可乎"两个字，意思是"可以吗"。事实上，姚崇是在向李隆基提出自己的要求。而这十条都能做到并不是件容易的事，但此刻李隆基面对姚崇的提问，他觉得似乎找到了那个期待已久的人，而姚崇不知道的是，这正是李隆基所期待的。

所以,结局就是李隆基当场答应!

在我看来,身在同州的姚崇始终坚信自己有朝一日能够重回宰相之列,所以他在很久以前就已经做好了回去的准备,而提出的《十事要说》应该是早已经构思好的,这一次既是他考验李隆基,同样也是姚崇自己的一种能力展示。

“朕都答应你!这样你可以做朕的宰相了吧!”

“臣愿意!肝脑涂地,万死不辞!”

在一切条件全部满足后,剩下的就是达成协议!

陷阱

在那次渭川打猎之后,姚崇基本上已经算是宰相班子的成员了。事实证明,一代贤相姚崇在甩开臂膀协助李隆基开创盛世局面之前,还要面临一些阻碍,这是上天在考验他的耐心和智慧,同样也给了姚崇独揽相权的机会。

当姚崇即将出任宰相的消息在朝廷内传遍后,并不是所有人全都表示欢迎,其中就包括李隆基的另一位功臣张说。

张说是个耿直的人,在张昌宗和张易之面前不做伪证,不卑躬屈膝地献媚,是个有良心的人,但是对于姚崇进入宰相班子,张说却是心里很不爽。

关于张说和姚崇的交往经历,史书没有过多的记载。据我分析,张说不愿意姚崇进入宰相班子,或许是因为看出了姚崇的能力绝不仅仅限于处理政务,准确地说张说很可能已经看出了姚崇企图独揽相权的苗头。

于是,他决定出手阻止这一切。不过,让他想不到的是,其实他正在逐渐走进一个陷阱之中。

先天元年(712年)十一月,张说开始出招,他指使御史大夫赵彦昭上疏弹劾姚崇,理由是姚崇在同州有贪污受贿的行为,弹劾的奏疏递上去后便石沉大海。

对于皇帝陛下为什么没有反应,张说百思不得其解,或许是因为姚崇刚刚成为皇帝陛下面前的红人,自己的这封奏疏送的不是时候,所以接下来张说变换了策略。

三天后,张说即出第二招。

这次替张说出面的是殿中监姜皎,与上次直接弹劾不同,这次张说让姜皎以退为进,主动在李隆基面前推荐姚崇。

只是推荐的官职是小小的河东总管。

"陛下先前不是说河东总管没有合适的人选吗？现在臣为陛下找到了一个合适的人选。"姜皎毕恭毕敬地说道。

"哦？是谁啊？"

"姚元崇（姚崇）文武全才，实在是个合适的人选！"

面对姜皎所说的话，李隆基刚刚堆满笑容的脸，立即阴沉了下来。

我即将要任命为宰相的人，你居然一努嘴儿支到了河东去当总管，这明显是排挤嘛！

史书上记载说，姜皎刚刚说完，李隆基立即识破了这一切是张说在幕后指使的，但史书上并没有记载李隆基是怎样知道的。

在我看来，这里面隐藏着很深的玄机。

或许那个时候张说和姚崇的矛盾已经不可调和，以至于李隆基已经有所耳闻。但我坚持认为，李隆基即使知道是张说在幕后指使，也不应该当着姜皎的面把所知道的说出来。

这种表现实在不太符合城府很深的李隆基，更不符合最高掌权者的行事风格！

或许李隆基本身并不知道是张说所为，而之所以说出是张说所为，原因只有一个，那就是李隆基在"使诈"。在前面我们说过，李隆基始终在暗中关注着第一梯队功臣们的表现，而他最担心的就是文臣，张说当然身在其中。

我大胆地推测，事实上李隆基在此之前根本就不知道是张说所为，他之所以这么说，其实是想试探姜皎。

可惜的是，姜皎实在不是个好演员，李隆基刚刚说完，姜皎已经是满头大汗！

"下去吧！朕知道了！"李隆基阴沉着脸说道。

姜皎低着头渐渐退出了宫，面对姜皎的离去，李隆基脸上露出了一丝诡异的笑容。

张说！其实有很多你不知道的事，前方等待你的将是一个超级陷阱。

在姜皎吃了闭门羹之后，张说陷入了反复的思考之中。此时，他终于深切地感受到姚崇那几年在朝廷中扎下的根有多深，即使他离开京城这么长时间，却依然可以让皇帝陛下始终不能忘记，虽然他现在在朝廷中没有自己的党羽，但完全可以屹立不倒。

在张说看来，姚崇是一个始终将利器藏在袖间的人，你根本看不到他在出招，但他只要出招就有必胜的把握。

事实上，张说如果此刻提高警惕，小心地将自己隐藏起来，或许他的价值就不会等到十年后才实现，但不久后他却犯了一个严重的错误，虽然他自己并不这么认为！

在张说指使姜皎变相弹劾姚崇后不久，不知道因为什么原因，他走进了岐王李范的王府。史书上没有记载张说此行的目的，或许只是喝喝酒、下下棋之类的娱乐活动，但在险恶的宫廷中，稍有不慎就会被人抓住把柄。

要知道身为皇帝陛下的辅臣，总是在岐王府里出现，可不是什么好事儿。然而，张说很不走运，因为他的行踪全被姚崇看在眼里。

真是冤家路窄！

对姚崇来讲，他终于等到了可以断送张说前程的机会！

当姚崇知道张说的行踪后，他决定运用自己独特的方式，一举扳倒张说。

于是，在一天早朝过后，姚崇并没有立即退朝，而是一瘸一拐地走进了李隆基的寝宫。

姚崇之所以一瘸一拐，并不是因为挨了街头小混混的打，更不是为了在皇帝陛下面前哗众取宠，其实他这样做是有着很深的目的的。

很快，姚崇就实现了他的目的！

“爱卿怎么变成这副模样了啊？难道是患了脚病？”李隆基惊奇地问道。

“臣没有脚病，却有心里的病啊！”姚崇漫不经心地回答。

“心里的病？快给朕说来听听！”

“岐王是陛下的至亲兄弟，而张说是陛下的辅臣，现在张说去岐王府里，时间长了，我怕岐王会受到误导啊！”

在我看来，最后一句话极具水平！

显然，姚崇的最后一句话里包含着这样一层意思：张说去岐王府，并不是岐王主动召见，而是张说主动为之。

姚崇明白，李隆基和兄弟们的关系极为亲密，绝不能将李范拽出来，否则李隆基一定会生疑。

现在姚崇的话已经将岐王李范撇到了是非之外，却将张说推向了万丈深渊！

如此看来，若姚崇这样的人都不能独揽相权，实在是没有天理。

姚崇说完后，毕恭毕敬地站在原地，等着看皇帝陛下有何反应，他坚信自己的话会挑起李隆基的猜忌之心。

但正所谓“螳螂捕蝉，黄雀在后”。事实上，姚崇一定想不到，在他为张说挖坑的同时，自己也不过只是李隆基手中的一枚棋子。

在陆象先、郭元振被贬之后，张说一直是处在李隆基的监视之下，现在他不需要自己出手，姚崇已经替他找到了罢免张说的理由，他只需要做出最终的裁决即可。

“张说私访岐王府，意图令人生疑，念有功于社稷，罢知政事，出任相州刺史！”

张说就此结束了宰相生涯，当然这只是暂时。谁也想不到十年后他还能回来，并且再次坐上了宰相之位，更让人想不到的是，那个时候姚崇已经长眠于地下！

斗争依然继续

姚崇以其天才般的表演，达到了李隆基那内心深处不可告人的目的，张说就此暂时退出了朝廷。然而扳倒张说，只是姚崇独揽相权的第一步，更是李隆基整治功臣、调整朝廷人员格局的一个很小的组成部分。

姚崇和李隆基彼此心中隐藏着秘密，一拍即合，无须过多地沟通，只需要在特定的时候彼此默默地协作。

张说走了，但李隆基的功臣团队依然存在。换句话说，阻碍姚崇独揽相权的人还没有彻底走得一干二净。而接下来，姚崇要继续发挥他灵活变通的特长，“配合”李隆基去获取他们共同的利益。

继张说之后，第二个被姚崇盯上的是时任尚书左仆射、同中书门下三品的刘幽求。

和张说比起来，刘幽求虽然资历浅，但由于亲身参与了李隆基诛灭韦皇后的行动，所以，说他是李隆基在战火中摸爬滚打出来的战友，一点也不为过。

虽然刘幽求在李旦登基后被流放过，但李隆基大权在握后，刘幽求便被重新起用，并进入了宰相班子。但这绝不意味着刘幽求的地位就此安稳，甚至和张说比起来，刘幽求更加不能让李隆基放心。

可以说，在李隆基所有的功臣中，刘幽求是最具备居功自傲的条件的。

一个是因为他的经历，最重要的是因为他的性格。

由于刘幽求身份的特殊性，李隆基采取了和罢免张说不同的策略。这一次，他并没有等待姚崇为自己创造机会，而是亲自上阵开始了整治刘幽求的计划。

对于刘幽求这个老战友，李隆基有着深刻的了解，他始终没有忘记在李旦登基后，刘幽求因为心中不满自己没有进入宰相班子，而将不满情绪写在脸上的表现。敏感的李隆基早已经看出，他的这位战友是一个城府并不深的人。

所以，在李隆基的计划中，有一个至关重要的起点，那就是攻其软肋，从他的性格入手！

很快，刘幽求得到了一纸诏书，上书：改任太子太保。

很明显，这是个闲职。

在事先没有任何征兆的情况下，刘幽求就这样从宰相班子里被生生地拉了出来，刘幽求百思不得其解，而就是从此时开始，他陷入了李隆基布下的圈套之中。

与上次一样，刘幽求又开始不满，他的脸上继续写着焦躁、消极的情绪。我们无法确定当时李隆基是不是想就此结束对刘幽求的整治，毕竟刘幽求已经被排挤在宰相班子之外，但事实证明，刘幽求最终还是走了张说的老路。

李隆基率先出招，但事情并没有结束，接下来姚崇出手了！

不久，有人上疏弹劾说刘幽求不满自己目前的官职，而且说了很多发狠的话，并希望皇帝陛下能够详查。

弹劾不是关键，重要的是皇帝陛下是否重视。

事实证明，李隆基对此十分重视，他对于这样一份弹劾书已经期待了很久。而更让人想不到的是，李隆基居然将审问刘幽求的任务交给了姚崇。

这就像将一只羊送进狼的口中，结果可想而知了。

这是君臣二人在李隆基整治功臣的过程中，在姚崇独揽相权的道路上合作最完美的一次。

我相信，当时李隆基已经察觉到了姚崇心中隐藏的秘密，不然的话，他绝不可能让姚崇去审理刘幽求，而姚崇则充分领会了李隆基的意图，在此基础上进一步发挥，顺便又拉上了另一位功臣钟绍京。

在此之前，钟绍京虽然曾经一度被推上了中书令的职位，但因为他在唐隆政变中那不合时宜的犹疑，而最终被罢免，出任太子詹事。

姚崇在一番犹如走过场的审问之后，得出对刘幽求和钟绍京的定论如下：

两个人都是曾经的功臣，一下子从宰相班子被踢到了闲职上，两人的心里有些落差也可以理解，鉴于他们曾经有功于社稷，如果贸然逮捕入狱，恐怕人心不服。

从上述姚崇给出的定论来分析，他似乎没有把话说完，在我看来这恰恰说明了姚崇的精明。

当李隆基将审问刘、钟二人的权力交给姚崇后，事实上姚崇很可能就想到了问题的另一层面，那就是李隆基究竟想要一个什么结果。换句话说，姚崇最终应该给出一个什么答案。

姚崇经过一番慎重的思考后，明白了一切，最好的答案就是没有答案！

姚崇知道自己只需要说明过程和情况，剩下的交给皇帝陛下来裁决。

到现在为止，李隆基和姚崇君臣二人其实是一种既合作，又互相试探的关系。

说到底，李隆基虽然在排挤功臣的过程中，希望姚崇充当马前卒，但出于人性的本能，他同时并不希望姚崇是个心狠手辣、赶尽杀绝、不达目的不罢休的人。

而精明的姚崇早已经看透皇帝的心思，所以对于刘、钟一案，他并没有给出任何答案，甚至从他表面的话语中，还透露着同情。

但最终结果源于客观过程的导向，接下来，李隆基顺其自然地给出了最终的答案：

刘幽求被贬为睦州（今浙江省建德市）刺史，钟绍京被贬为果州（今四川南充市）刺史。

至此，李隆基的功臣团队被彻底地排挤在宰相班子之外。

刘幽求出任睦州刺史不多久又改任杭州刺史，开元三年（715 年）又调任桂阳刺史，在前往桂阳的途中，他不幸病逝，享年六十岁。

另一位功臣钟绍京结局比刘幽求要好很多。开元十五年（727 年），他重新回到了长安，在见到李隆基后，钟绍京痛哭流涕地说道；“陛下难道忘记曾经与臣等并肩战斗的事了吗？陛下怎么能够忍心将臣抛弃在荒蛮之地呢？当年的人现在全都不在了，只剩下臣自己了，希望陛下开恩不要让臣再离开长安了，好吗？”

钟绍京的一席话使李隆基不禁回忆起往事，而那个时候的李隆基也已经是一个历经诸多沧桑的中年人，看着老泪纵横的钟绍京，李隆基产生了怜悯之心，于是他将钟绍京留在了长安，不久钟绍京因为中风病逝，享年八十岁。

值得一提的是，在李隆基功臣团队的所有成员中，钟绍京虽然资历浅，能力也是最弱的一个，但他却成了中国历史上政治领域之外另一个领域的奇葩！

这个领域就是书法！

钟绍京系三国时期魏国书法大家钟繇的后代，钟绍京的书法丝毫不逊于他的祖先，甚至与其先祖钟繇并称为“书家双绝”。史书称钟繇为“大钟”，钟绍京为“小钟”。

钟绍京虽然没能为他的仕途之路书写下绚丽的篇章，但他却用手中的笔，为我们留下了诸多力透纸背、龙飞凤舞的书法作品。以至于千年以降，一切归于黄沙尘土之时，那墨香依旧扑于鼻前！

领悟

公元713年十二月，当李隆基改年号为开元后，意味着大唐帝国完全进入了他的时代，也预示着大唐帝国将开启一段冲上巅峰的旅程。

同样，这段旅程中也有姚崇那坚实的足迹！

从现在开始，当年的姚元崇为了避讳“开元”的年号，而改名为姚崇，并成为开启大唐帝国巅峰时代的第一宰相！

事实上，正是从此时开始，李隆基在不经意间已经悄悄改变了宰相制度。从姚崇开始，宰相已经不再是曾经的群相制，而变成了“主相制”。

所谓“主相制”有点类似于后世明代的内阁首辅，既然有主相，就肯定有副相，姚崇当然是主相，副相是一个叫卢怀慎的人。

相对于姚崇而言，卢怀慎性格温和，不强势，不爱出风头，属于典型的老好人。而姚崇身边就需要这样的人做副手，因为以卢怀慎的性格和能力而言，他是不可能与姚崇争权的。

从那次渭川打猎提出不凡的《十事要说》，到协助李隆基排挤功臣，再到以卢怀慎为副手，多种因素促使姚崇实现了独揽相权的愿望。

但是，姚崇并没有就此打住，因为他还是个有理想的人。

动用心计爬上那个高位，绝不仅仅是为满足自己的权势欲！

“当我头顶第一宰相的光环时，我知道现在仅仅是个开始，我已经达到独揽相权的目的，但这绝不是我的理想。”

仅此一点，就足以证明姚崇并非政客，而是杰出的政治家！

当然，在李隆基的时代，想要当好一个合格的政治家并不容易，首要的一点就是要理解皇帝陛下的所思所想。

在姚崇实现理想的最初阶段，其实他做得并不好！

不可否认，李隆基调整宰相班子暂告一段落后，便开始开足马力加快治理帝国的进程，而作为第一宰相的姚崇，自然一马当先地冲锋在前。有着多年从政经验的姚崇，对于政务的处理自然游刃有余，唯一需要加强的就是与皇帝陛下的磨合。

这天，姚崇向李隆基上报了一份名单，这是一份关于委任帝国中下级官员的名单，最高品级不超过六品地方官，姚崇将名单递上去后，开口说道：

“陛下！这份名单的人员我大致跟您介绍一下！”

他正待接着往下说时，却发现皇帝陛下将头抬起看着屋顶。

在此之前，在姚崇汇报工作的时候，李隆基从来都是认真地注视着他，而这一次李隆基的反常表现引起了姚崇的好奇心。

在稍稍停顿之后，姚崇再一次开口说道：“陛下！这里有一份委任地方官的名单，臣想和陛下商量一下！”

这一次，姚崇说得更加详细。

李隆基的目光依然没有转向他。

“嗯？难道当上皇帝就放松自己，连政事都不管了？”

“还是我的方式有什么问题？”

面对李隆基的冷落，姚崇心中敲起了小鼓，他始终弄不明白今天皇帝陛下的葫芦里究竟卖的什么药。在一片尴尬的气氛中，姚崇停止了自己所说的话，行礼退出了朝堂。

望着姚崇离去的背影，李隆基的嘴角露出了一丝诡异的微笑。当然，这一切都没有瞒过他身边的那个人。

这个人就是高力士！

作为李隆基的贴身宦官，很多年来高力士是一个不显山不露水的人物。无论是唐隆政变，还是诛灭太平公主的行动，高力士虽然参与其中，但并不像刘幽求、钟绍京等人那样成为炙手可热的大功臣。事实证明，正是高力士这种低调的行事风格，让他博得了李隆基的好感。

所以当刘幽求、钟绍京等人被贬外放之时，高力士却依然可以安然无恙地继续侍奉着李隆基，并得到了丰厚的奖赏。不仅如此，由于高力士的原因，李隆基对所有宦官做了重新认识。

在李隆基看来，当那些大臣们不断争来争去之时，以高力士为代表的宦官们是最让自己感觉放心的人。所以在李隆基掌权后，他提升了这些宦官们的地位，具有代表性的做法就是增加宦官到三千人。

在此之前，从唐高祖李渊一直到武则天，宦官只能做些扫地、打水、倒垃圾之类的杂活儿，即使是唐中宗李显复位后，宦官的地位稍有提升，但人数也不过一千人。如今，李隆基上位后，宦官的人数一下子增加到了三千人。难怪《资治通鉴》里说，宦官势力的强盛即由此开始！

不过，让李隆基想不到的是，正是他的所作所为，最终让李唐王朝的“家奴”们开始了对自己主子一点一点带血的吞噬！

当然，现在的高力士还不至于如此，当他看到李隆基冷落姚崇时，在姚崇退出朝堂后，他上前对李隆基说道：“陛下刚刚亲自处理国事，应该为大臣们做出指示，刚才姚崇向您请示，您不仅不说话，还抬头看着屋顶，这恐怕不是虚心纳谏的行为啊！”

高力士的话没有丝毫的掩饰，但接下来李隆基以自己独特的观点，让高力士佩服得五体投地。

“朕任用姚崇为宰相，国家大事必须和朕商议，但任命六品以下的官员，还要来请示朕，那还要宰相何用？既然身为宰相，完全可以自行处理！”

刹那间，高力士明白了李隆基刚才冷落姚崇的用意。在一个合适的时机，他将李隆基的用意告诉了姚崇。

仔细分析李隆基的话，我们不难看出，他其实是在尝试一种体制管理，而不是将一个国家的大事小情全都系于一身。作为一个国家的最高领导者，其任务并不是处理一项具体的政务，关键是要建立一种责任明确、执行力强的管理体系。

一个健康的体制，理应是兼顾效率与分工，让所有人集思广益、所有职能部门和各级管理人员各司其职，形成合力的体制，有人献策、有人参详、有人拍板、有人执行、有人查账、有人赏罚。这样的一个体制，才能够明制度、均劳役，让每个人都充分发挥自己的能力、才智和力量。

年轻的李隆基显然在经历了诸多历练之后，悟出了这一点，他深知一个盛世局面的形成和延续最根本的在于建立一种完善的体制。对于唐太宗李世民开创的贞观之治，李隆基已经从中汲取了诸多养分。

现在他要做的，就是让这一切继续延续下去！

治理蝗灾

当姚崇明白了李隆基的意图后，他开始大显身手，前边提到的拆除寺庙和限制贵戚等事件中都有姚崇的功劳。然而，在姚崇四年的宰相生涯中，使他走向顶峰的却是他以独有的魄力和手段成功治理蝗灾的事件。

开元三年(715 年)五月，山东地区出现了蝗灾。

事实上，出现蝗灾并不是多么可怕的事情，可怕的是人们对于这件事儿的态度。

这事儿如果要是发生在现代，政府一定会组织相关部门喷洒大量的杀虫剂去治理蝗灾。但在科学并不发达的古代，人们并不具备完善的科学知识，很多人对于蝗灾的出现，怀有一种恐慌的心理，而古代天人合一的观念，很自然地又让人们联想到这是上天发怒，给人间的警告。

有句话说得好，思路决定出路！有了上述这样的想法，接下来要做的就肯定不再是想着如何采取有效的方法去治理蝗灾，而是在田地里进行祷告，祈求这些蝗虫嘴下留情。

可惜的是，“蝗军”们依旧在田地里施行着“三光”政策，使得老百姓们苦不堪言。

消息传到长安，治理蝗灾的任务自然而然地落在了姚崇的头上，姚崇虽然没学过唯物主义，但他明白老百姓们如鸡啄碎米般的叩头祷告，丝毫不会起作用，所以他提出了治理蝗灾的建议——立刻命令州县官员捕捉蝗虫，并就地掩埋。

按说这么个简单的事儿应该很快就能实行，但历史再一次告诉我们，一个国家之所以出现很多问题，关键原因在于上层有问题。

当姚崇在朝堂上将自己的建议说出来后，立即遭到了很多人的质疑，质疑的人提出了一个疑问：蝗虫太多，什么时候能杀完呢？

事实上，当时就连李隆基都对姚崇的建议将信将疑，当然，姚崇并没有就此退缩，而是仍然坚持自己的想法。

“现在山东地区遍地都是蝗虫，附近地区的老百姓已经快逃光了；我们怎么能坐视蝗虫任意糟蹋庄稼而不管呢？即使这些蝗虫杀不完，也总比养着它们要好。”

姚崇说完后环顾在场的所有人，他已经做好了“舌战群儒”的准备。

“杀蝗虫如果过多，会不会伤天地之和啊？”副相卢怀慎试探着问道。

面对卢怀慎的问话，姚崇丝毫没有动摇，大声说道：“从前楚庄王吞蛭而病愈，孙叔敖杀蛇而得到福报，现在怎么能不忍心杀蝗虫而忍心让百姓们饿死呢！”

姚崇一边说着一边环顾在场的所有人，虽然顾及皇帝陛下在场，但姚崇的声调显然已经比刚才高了很多。

最后，他加了一句：“如果捕杀蝗虫会导致灾祸，我姚崇愿意承担一切罪责！”

姚崇的话掷地有声，所有人全都沉默不语。

“既然姚爱卿决心这么大，那就按你的意思办吧！”李隆基最终出来收场。

事实证明，这本来就是一件应该能够迅速做出正确决策的事情，之所以最终姚崇出面坚持才得以解决，完全是观念所致，尤其是像卢怀慎这样朝廷上层的人的观念。

不过，让姚崇想不到的是，在这次蝗灾仅仅过去一年后，山东地区再次暴发蝗灾，更让他气愤的是，这一次有的人依然老毛病不改，甚至是变本加厉。

当姚崇再一次提出治理蝗灾的意见后，站出来唱反调的是汴州刺史倪若水。

倪若水给姚崇写信道：“消除天灾还得靠积德，当年刘聪就曾经捕杀过蝗虫，结果不仅没有效果，反而蝗灾更加严重，显然是因为不积德。”

与上次卢怀慎提出的反对理由相比，这一次倪若水的理由貌似更加充分，而且举例说明，有板有眼。

而且倪大人不仅写信搞对抗，还身体力行，拒绝姚崇派出的负责组织治理蝗灾的御史入境。

这就是传说中的没事儿找抽型。

姚崇接到信后立即发飙，不过他并没有失去理智，他知道像倪若水这样的人跟自己搞对抗，目的是博得名声，如果自己一怒之下将他贬官，他反而有了标榜自己的理由：别看我是一个小小的刺史，曾经也是让宰相大人动过怒的人！

所以，在看穿了倪若水的小算盘后，姚崇给他回了一封信，这封信并不长，但每句话都具有杀伤力。

“你说的那个刘聪是个非法皇帝，他那德行怎么能镇压住妖孽呢？现在我们是明君在位，德行自然胜过妖孽。历史有过记载，古代贤明的地方官，蝗虫都不能进入他的辖区，你说积德可以避免蝗灾，现在你的辖区内蝗虫泛滥，是不是因为你不积德呢？”

总结姚崇的话，其实只有两句：你的行为是在和皇帝搞对抗；而且你的地盘出现问题一切得从你自身找原因。

“臭小子，跟我斗！老子当年连韦皇后和太平公主都不怕，现在会在乎你个小小的刺史？几句话就会让你肝儿颤！”

事实上，倪若水在接到回信后，确实感受到了很大的压力，在他看来，姚大人实在已经给了自己很足的面子，这些话要是直接捅到皇帝陛下那里去，相信倪若水肯定是吃不了兜着走。

所以倪若水快速行动,全力投入到灭蝗运动中去,经过一番捕杀后,据统计汴州境内死掉的蝗虫大约在14万担,还不算死在河里的。

成果是丰硕的,功劳是显著的,姚崇是高兴的。

但皇帝陛下却是有些犹疑的!

虽然山东地区治理蝗灾卓有成效,但对姚崇所采用的方法,反对之声从来没有间断,他们的理由依然是担心天人不和,怕会出现报应,搞得李隆基都有些疑神疑鬼。

为了使自己彻底安心,李隆基决定找姚崇问问。

而姚崇则明白,一切问题的根源其实都在皇帝那里,从源头切断才是根本,如今这个源头是不能采取极端措施去切断的,和对付倪若水一样,姚崇这次依然想通过语言来实现自己的目的,只不过这一次不能是具有杀伤力的话语,而是要通过语言的感染力来打消皇帝陛下的顾虑。

“这些腐儒们实在不懂得变通,臣难道不知道天人和顺的道理吗?但有时候迫于形势必须采取权宜之计。”

姚崇的开场白,其实是在自己和皇帝陛下之间找到一种可以沟通的话题,那就是皇帝陛下的顾虑并没有错,而自己提出的治理蝗灾的方法是迫不得已。

只要找到共通之处,接下来的问题一切好谈。

“他们都在说爱卿不懂得天人和顺的道理,朕原来也是这么认为,看来朕的想法错了?”

“其实自古以来,就有过治理蝗灾不及时最后发生惨剧的教训。北魏时,山东地区也是蝗灾泛滥,那个时候他们的国君可实在没有陛下英明,结果不忍捕杀,反而使百姓们受灾,最后庄稼被蝗虫糟蹋殆尽,百姓的牲口竟然发展到互相啃毛的境地。”

姚崇说到这里,故意停住,然后用他那双老谋深算的眼睛不断向上瞟着李隆基。

“爱卿继续说下去!”

姚崇清了清嗓子,然后缓缓地说道:“现在山东地区的百姓没有多余的粮食,如果任由蝗灾泛滥下去,恐怕百姓们会逃光。现在虽然未必能把蝗虫彻底消灭干净,但总比看着它们一点点吃光庄稼要好。”

姚崇一边说着,李隆基一边不住地点头,但目光中依然透露出一种犹疑。

在官场中混迹多年的姚崇,实在是太明白皇帝陛下此刻需要的是什么,他更明白皇帝陛下那犹疑眼神背后的含意,所以他接着说道:

"臣知道陛下好生恶杀,此事不需要出敕,容臣出牒处分即可。若不能成功治理这次蝗灾,尽可削除臣的一切官职。"

"敕"是指皇帝下命令,"牒"是指宰相下命令,姚崇其实就是在告诉李隆基:千万重担我一个人扛!您只需要站脚助威。

话既然说到这个份儿上,李隆基也就不能再说什么,一切就此搞定。

这次治理蝗灾不仅卓有成效,使百姓们避免了流离失所,同时也让所有人看到了姚崇那让人敬畏的决心,但对于姚崇而言,四年的宰相生涯能够让他博得千古贤相的名声,依靠的绝不仅仅是让人产生敬畏之心。

事实上,处理政务的非凡能力才是缔造姚崇贤相名声的根本所在!

救时宰相

姚崇作为帝国的第一宰相,比任何人都有博得贤名的优势,一方面这得益于李隆基对宰相制度悄无声息的改革,使他具有突出常人的地位;另一方面也得益于他本身超越其他人的能力。

所以再加上李隆基的支持,姚崇在开元初年可以说是顺风顺水,朝廷内的大事小情李隆基全都放心地交给姚崇去办,久而久之人们也默认姚崇为主心骨,上到皇帝李隆基下到宫门守卫都认为他是朝廷内不可缺少的人物。

但姚崇因为儿子病逝请丧假离开朝廷的那段时间内,朝廷政务在副相卢怀慎的处理下,居然出现了积压的现象。

坦白地讲,抛开政务能力单说人品,卢怀慎的人品绝对毋庸置疑,甚至还在姚崇之上。他生性简约,不私自经营产业,自己的工资多数分给亲朋好友,以至于自己的住所十分简陋。

作为帝国的高级管理人员,首先是要做个人品高尚的人,但绝不能仅此而已,政务能力同样是衡量一个官员是否合格的标准之一。

从这一点来看,卢怀慎是一个不合格的官员。

在姚崇请丧假的那段日子,卢怀慎将朝廷政务处理得一塌糊涂,从前姚崇在时,在处理具体的事情时,姚崇拿出意见后,卢怀慎只需要点头同意即可,以至于人们送给他一个外号——"伴食宰相"。现在姚崇不在,卢怀慎这个"伴食宰相"成了当朝的"主食宰相",事实证明,他并不能解皇帝陛下的饱。

幸好卢怀慎的态度还是很不错的,在一大堆公文堆积如山的情况下,不得已立即向李隆基进行了汇报,卢怀慎也明白处理政务不行,如果再落个延误之罪,那可是吃不了兜着走。

“朕把天下事全都交给了姚崇，却把你安排到了可有可无的位置上。”面对跪在眼前的卢怀慎，李隆基说道。

此刻卢怀慎既是在汇报工作，同时也是一种求助，李隆基十分了解卢怀慎的能力，所以他并没有为难这个能力低下的好人。

“朕给你时间，你慢慢处理就是了，实在不行就等姚崇回来再说吧！”李隆基无奈地说道。

……

卢怀慎满脸羞愧地退了下来，现在他唯一能做的只有等姚崇回来。

几天后，当姚崇回来的时候，卢怀慎第一件事就是把堆积如山的公文摆在了姚崇的面前，姚崇二话不说，挽起衣袖开始干活，两个时辰后，公文一张不剩，全部处理完毕，搞得卢怀慎瞪大眼睛惊奇得一句话说不出来。

面对卢怀慎惊异的表情，姚崇得意地看了看他，然后笑着向站在身旁的中书舍人齐澣问道：“我当宰相可与古代哪位宰相相比啊？比管仲、晏婴如何啊？”

“管仲、晏婴之法虽然不能流传后世，但在他们的任期之内是基本不变的，您所制定的法却经常变化，依小人看来，大人似乎没法和他们相比。”

姚崇听完后，紧接着问道：“那你怎么评价我呢？”

“大人乃救时宰相也！”

“哈哈哈！这个评价也不错，不是谁都能做得了救时宰相的。”姚崇说完后，骄傲地看了看身边的卢怀慎。

齐澣的评价很科学。在姚崇为相的四年中，除了《十事要说》之外，史书并没有记载他有什么创新性的治国策略，即使是《十事要说》也是属于拨乱反正，使帝国重回正途的策略。不过这并不能代表姚崇没有自己的治国策略，只是在那个特定的历史环境下，姚崇需要做的只能是依据具体的事情来出台相关的办法。所以齐澣说他法无常态，这也是无奈之举。

准确地说，大唐帝国当时的客观环境只能将姚崇塑造成一位“救时宰相”，事实上，齐澣对姚崇的评价，既是准确评价姚崇个人，更是一个预言，因为“救时”意味着总会有时间限制，谁也没想到齐澣的这个不经意的预言一年后真的实现了。

姚崇对于“救时宰相”的评价很是满意，因为国家只有在危难或者继续加速前进这两种状态下，才会需要“救时宰相”，从武则天退位一直到李隆基诛灭太平公主，大唐帝国已经经历了太多的震荡，现在急需一位像姚崇这样的人，来协助皇帝陛下使帝国重新恢复生机，这既是一种“维稳”，同时也算是“救时”。

最关键的是，此刻的李隆基缺少谁都行，唯独不能缺少姚崇！

开元四年(716年)六月，太上皇李旦病逝。十一月，“伴食宰相”卢怀慎病逝，而这一切，李隆基虽然内心悲伤，但是在他看来只要有姚崇在，这个帝国就不会出现乱子，所以他对姚崇是百般恩宠，这一点从李隆基让他入住皇家四方馆就能看出。

卢怀慎病逝后，接替他职位的是时任尚书左丞的源乾曜，源乾曜虽然比卢怀慎能力要强些，但在姚崇面前，他依然是一片绿叶。

在源乾曜上任后不久，姚崇因为得了疟疾请了病假，在这期间，源乾曜撑起了帝国的整片天空，这一次源乾曜并没有像卢怀慎那样将政务处理得一团糟，但即使这样努力地工作，即使是在姚崇不在的时候，源乾曜也同样摆脱不开姚崇的光芒。

每一次向皇帝陛下汇报工作的时候，只要是符合李隆基所想的，他会认为是姚崇的主意，如果有不妥当的地方，则是源乾曜的责任，要说源乾曜的工作做到这个份儿上，居然能够面不改色心不跳，也算是官场中的牛人了。

李隆基并没有忘记让源乾曜前往姚崇的住处罔极寺去看望他，而源乾曜在探望姚崇的时候，发现罔极寺的条件实在不利于姚崇的恢复，于是他向皇帝陛下打报告请求让姚崇搬到内宫来调养，一方面有利于姚崇身体的恢复，另一方面也方便沟通。

李隆基接到报告后；果断地作出一个决定，让姚崇搬到四方馆居住。

所谓四方馆，就是用于接待外国使节的临时住所，相当于皇家的高级宾馆，由于当时大唐帝国受世界景仰，所以住在那里的外国使节很多，姚崇在知道李隆基让自己搬到那里去住的消息后，连忙推辞。理由是自己目前身体虚弱，形象不佳，不宜到那里居住，以免让外国使节看到自己后会笑话，从而影响帝国的整体形象。

李隆基知道姚崇的想法后，依然坚持己见，而且他让源乾曜带话给姚崇，说四方馆本来就是给四方的官员设立的，要不是因为君臣有别，他甚至希望姚崇能和自己住在一起才好。

在我看来，李隆基的话是出于真心，同时也意味着姚崇真正到达了他人生的顶峰。

但什么事情都有个时间限制,前边我们说过,李隆基掌权后,姚崇只当了四年的宰相。是的,只有四年,当到了这个时间的节点时,姚崇的好运也就此终结。

罢相

在姚崇无限风光的时候,命运似乎已经暗示他不会一帆风顺。姚崇对李隆基的忠心毋庸置疑,他处理政务的能力也不用怀疑,他那善于权变的智慧,更是让所有人都钦佩,但姚崇并不是完人,他也有自身的局限性,和很多人一样,他终究没有越过一道关。

对儿子的教育问题!

作为姚崇的儿子,内心自然优越感十足,在大街上即使招灾惹祸,只要喊出"我爸是姚崇",相信所有问题都会迎刃而解。坦白地讲,作为官二代有这样的想法很正常,问题的关键是官一代们如何纠正官二代的这种想法。

可惜姚崇在这方面做得很不好!

早在开元二年(714年),同样身为宰相班子成员的魏知古就因为这个问题,上疏弹劾过姚崇。

要说魏知古能够进入宰相班子还得益于姚崇的提携,但他之所以最终上疏弹劾姚崇,完全是因为权力分配的问题。

当时魏知古除了身为宰相外还兼任吏部尚书。有一次,他奉命前往洛阳选拔官员,按说身为吏部尚书的魏知古对于选官这件事应该具有绝对的权力,也就是说可以最终拍板决定。

但让魏知古想不到的是,在选官任务即将完成、人员即将任命时,姚崇却将时任吏部侍郎的宋璟派到了长安,任务是对这次选出来的官员,进行最终的审查。

换句话说,宋璟成了最终拍板决定者。显然这让比宋璟官大一级的魏知古接受不了。

在魏知古看来,这明显是姚崇不信任自己、不尊重自己的表现。所以魏知古的心中十分不快,在返回长安后,心里越想越气,于是上疏弹劾姚崇,理由就是姚崇的儿子经常找自己为好朋友要官做。

事实上,魏知古的理由并不是胡编乱造,姚崇的儿子的确不止一次地找到过魏知古,最初魏知古念在姚崇对自己有恩,于是尽量满足两位公子的要求,但现在既然已经撕破脸皮，那索性就将你这位第一宰相对儿子管教不严的事情彻底抖出来。

从后来李隆基和姚崇的对话来看，姚崇确实知道儿子们行为不检点的事情，但他并没有选择正视这个问题，而是选择了回避。这恰恰是姚崇的失误之处，尽管，他的回避方式很有技巧。

李隆基看完魏知古的弹劾奏章后，立即将姚崇找来询问其儿子们要官的事。当然，李隆基营造了一种轻松的氛围，并没有采取咄咄逼人的问话方式。

在姚崇到来后，君臣二人开始天南海北地聊了起来，在畅谈正欢之际，李隆基切入了正题。

“爱卿的儿子朕还没有见过，不知道人品、才学如何啊？现在是什么官职啊？”李隆基似无意而有意地问着。

面对李隆基的提问，生性敏感的姚崇立即意识到这绝不是皇帝陛下随意的问话，在这背后一定隐藏着什么目的或者是陷阱。

在瞬间的思考过后，姚崇厘清了自己的思路，他想到了儿子们行为不检点很可能已经被人告到了皇帝陛下这里，于是他清了清嗓子，从容不迫地说道：“臣一共有三个儿子，其中两个在洛阳为官。想来臣很是惭愧啊，他们做人有些不太严谨，臣知道他们找过魏大人（魏知古），但还没来得及问他们，就先到陛下这儿来了。”

表面看起来，姚崇似乎并没有回避这个问题，但仔细分析他的话，我们明显可以感觉到，对儿子管教不严的问题，他并没有直接面对，而是采取了类似于金蝉脱壳的方法就此略过。

但李隆基并不是白痴！

对于姚崇的回答事实上他并不满意，此刻他需要的是姚崇的坦诚，他需要的是姚崇谦虚地低下头来检讨自己，可是姚崇并没有这样做，显然李隆基很是失望。

失望至极的李隆基用一种无奈的眼神看着姚崇，当然他没有发作，而是继续用一种平和语气问道：

“爱卿是怎么知道的啊？”

“当年魏知古还是小吏时，臣很是爱护他。犬子一定认为魏知古会对我感恩戴德，所以才去找他，没想到却给魏大人带来了麻烦。臣很是惭愧啊！”

姚崇的算盘打得很精明，这明显是给魏知古安上了“忘恩负义”的骂名。自认为精明的姚崇这次感觉自己不仅能够全身而退，还可以顺便将魏知古拉下马。

事实证明,他实在太低估了李隆基的智商!

“好啊!你很好啊!能有这样的想法,朕就放心了!”李隆基一边点着头一边说道,并用微笑的眼睛注视着姚崇。

“退下吧!”

姚崇躬身行礼退了出去,李隆基的脸色立即沉了下来!

……

不可否认,开元二年(714年)的这次对话,在李隆基的心中留下了挥之不去的阴影,在我看来,姚崇之所以只做了四年宰相,很可能和这次对话中他给李隆基留下了过于滑头的印象有关。

虽然在接下来的日子里,李隆基依然对姚崇恩宠有加,但那完全是因为姚崇的政务能力,而对于他这个人,准确地说是其人品,李隆基则产生了深深的质疑。

而后来的一系列事情证明,姚崇并没有意识到自己已经渐渐陷入了信任危机之中,他的两个儿子依然为所欲为,依然卖官鬻爵;而姚崇依然纵容,依然不闻不问。

但李隆基却着实记在了心里。

终于,到了开元四年(716年)十二月,算总账的日子到来了!

姚崇刚刚搬到四方馆不久,就收到了一份关于皇帝赦免京城罪犯的文件。

姚崇看到文件中每个罪犯的名字后边全都写着无罪释放,他快速地翻阅着,对于其他人他全都不关心,此刻他只关心一个人,这个人的名字叫赵诲。

赵诲是姚崇的亲信,在此之前因为接受胡人的行贿,被别人揭发后被下进了大狱。这一次在姚崇看来,皇帝陛下赦免所有的犯人,相信赵诲很快也会被放出来。

他快速地在文件中寻找着赵诲的名字,当他找到时,却赫然发现名字旁边写着:杖一百,流放岭南。

而且还是御批!

姚崇!曾经的恩宠,曾经的荣耀,此刻即将终结!

思维发达的姚崇当然明白李隆基这样处理赵诲的目的,所有人全都无罪释放,唯独不赦免赵诲,这明显是在告诉姚崇:你的面子我坚决不给!

对于姚崇这样精明的人,无须把话说绝,有的时候暗示反而是一种不错的办法。

姚崇！曾经你是我请回来的，现在需要你走的时候，还是你主动说出来比较好！

在揣测了李隆基的用意后，姚崇最终不情愿地主动上疏请求辞去宰相之职，并推荐宋璟接替自己的职位。

这确实是一种很好的方式，即使走也要走得体面！

姚崇的辞职报告递上去，李隆基并没有明确回复，但他却将宋璟提升为吏部尚书兼侍中，事实上他用实际行动告诉姚崇，你可以放心退出宰相班子了！

开元四年(716 年)十二月二十七日，姚崇被免去所有的官职，不过李隆基还是念在他曾经有功于社稷的份儿上，给他加了个开府仪同三司的顾问头衔。

对姚崇来讲这一天是个特别的日子，准确地说是一道分水岭，在此之前他是一人之下、万人之上：而在此之后，虽然李隆基并没有彻底冷落他，虽然每天他依然会上朝参政，但在所有人眼中，他的政治生命已经就此终结。

无论如何，开元时代的第一宰相总算以一种很体面的方式告别了宰相生涯，而且落了个主动让贤的美名，这实在比那些分不出眉眼高低，赖着不走，最终让皇帝看得眼烦，然后被贬到荒蛮地区的大臣们强很多。

姚崇的政治生命虽然已经终结，但他并没有离开朝廷，甚至没过多久，他再一次得到了李隆基的赏赐。

而这一切都源于他那始终没有改变的善于应变的聪明头脑！

最后的应变

开元五年(717 年)正月二日，在姚崇辞职后的一个月后，皇家祭庙中有四个祭室忽然倒塌。

此时李隆基即将巡幸洛阳，临出行前莫名其妙地发生祭室倒塌事件，在常人看来，这很可能是上天的警示。李隆基的心中泛起了嘀咕，如果不去洛阳，那么先前的一切计划和准备就此泡汤，他确实心有不甘。

无奈之下，李隆基只得找来当时已经身为宰相的宋璟进行商议。

宋璟给出了一个明确的答案，三个字：不能去。理由是；守丧三年的期限未过，皇帝陛下不应该巡幸，上天这是在发出警告，希望皇帝陛下能够反省自己。

宋璟的理由很充分，他知道用任何理由都无法驳倒皇帝，唯有守丧这个理由让皇帝陛下无可辩驳，但李隆基并没有就此放弃，此刻他急需的不是反省，而是一个能够找到让他继续巡幸洛阳的理由的大臣。

在遍览所有的大臣后,这个任务自然而然地落在了姚崇的头上。

当李隆基找到姚崇的时候,姚崇早已经看透皇帝的心思。他意识到宋璟的话虽然有绝对的道理,但在李隆基那里并没有起到任何效果,不然的话,皇帝陛下绝不会来找自己。

身为曾经的太子党,加上四年的宰相生涯,姚崇已经和李隆基形成了很高的默契,无须过多的言语,只需一个示意即可。

现在皇帝陛下来找自己,其实就是一种示意,姚崇同时也明白了自己这个已经过气的"救时宰相",应该再次发挥善于应变的特点,救皇帝一把。

"祭庙本来是前秦苻坚建造的,隋文帝杨坚后来用苻坚时的材料,建造了新的大殿。到现在为止已经这么长时间了,肯定有木材因年久日深腐烂了,所以倒塌是正常的。这只是与陛下前往洛阳的时间巧合碰到了一起,实在不能说明什么。况且,洛阳那边已经准备就绪,陛下应该尽快起程。至于倒塌的祭室,臣建议先把牌位挪出来,等修好后再放进去就可以了。"

在来到李隆基的寝宫后,姚崇说了上述这番话。

在李隆基看来,他实在没找错人。

"爱卿之言,甚合朕意!"

面对跪在自己跟前的姚崇,李隆基喜出望外,然后他下令给予姚崇二百匹绢的赏赐,并特许他每五天到寝宫觐见自己一次,觐见时可以与在职官员同列。

作为已经退休的官员,能得到这样的待遇已经是相当不错了。

姚崇再一次用他的实际行动告诉我们,瘦死的骆驼比马大!

……

姚崇因为善于应变及其出色的政务能力而荣登高位,也因为对子女教育失败的问题而最终栽了跟头。他是一个优点与缺点同样突出,强项与软肋同时存在的人。不过,在生命的最后阶段,一生不断经历跌宕起伏的姚崇,显然深刻地总结了自己,透过他临终前的所作所为,我们能够看到精明的姚崇他那闪耀睿智及略带幽默色彩的谢幕方式。

开元九年(721年)九月,七十一岁的姚崇生命即将走到终点。

在临终前,他将自己的财产平均分配给子女,并嘱咐他们一定要薄葬自己,免得日后被盗墓人刨坟掘墓,落个暴尸野外。

此外,他还叮嘱家里人不要请和尚为自己超度。因为姚崇这一生始终认为佛教追求的是清静与慈悲,而非那些华而不实的仪式。

当然，他最不放心的还有一个人，这个人就是张说。

前边我们说过姚崇最终是栽在了对子女教育失败的问题上。在姚崇的观念里，对子女的爱等同于顺从，他这种爱的方式明显是错误的，然而我们终究不能否认他对子女的爱的确是发自内心的。

这一点，在他生命的最后时间里，我们依然能够深切地感受到。

躺在病床上的姚崇依然没有停止思考，此刻他思考最多的就是在自己死后，子女们如何避免来自张说的打击报复。

在我看来，姚崇的想法或许有些过于狭隘，不过从某种意义上来讲，这也充分证明了他对子女们那发自肺腑的爱护之情。

自己虽然和张说素来不睦，但即便如此，姚崇坚信自己死后，张说依然会前来吊唁。通过自己对张说多年的了解，他决定从张说喜欢讲究排场的弱点入手。

经过仔细的思考，姚崇为他的老冤家设下了一个局。

姚崇告诉儿子们，在自己死后，张说前来吊唁的时候，一定要在灵堂前摆放各种金银珠宝，如果张说对这些金银珠宝一眼都不看的话，那你们就赶紧准备后事；如果张说不断看这些金银珠宝的话，就把这些东西送给他，然后请他为我写碑文。

在姚崇的整个布局中上述这些仅仅是个铺垫，接下来的才是整个布局的关键所在。

“只要张说接受了那些金银珠宝，就一定会答应为我写碑文，你们一定要事先准备好墓碑，张说写完后你们一定要赶快将其刻在墓碑上，我猜想过不了多久他会反悔，当他找你们想要回碑文时，你们把已经刻好的墓碑给他看，并告诉他碑文已经呈报皇上。”

上述这段话，是姚崇留给子女们最后的话语，说完后他便与世长辞，而事实证明，在他死后所有的一切都精准地按照他的布局在进行。

当张说来吊唁的时候，姚崇的子女们一直在暗中观察张说的眼睛，当发现这位父亲的宿敌不断用眼睛瞟着那些金银珠宝时，他们实在佩服老爹那精准的识人能力。在暗暗窃喜之余，他们开始寻找机会完成老爹生前部署的计划。

在吊唁结束后，张说即将离开时，姚崇的长子姚彝发现张说仍旧对那些金银珠宝恋恋不舍，于是他拉住了张说的衣袖，不失时机地说道：

“家父生前就说张大人与他同殿称臣惺惺相惜，晚辈们实在感谢张大人前来吊唁，灵堂前的那些金银珠宝就送给张大人吧！”

“这个……哎呀！不太合适吧！”张说嘴上拒绝着，但脸上的表情已然露出欣喜之色。

“张大人不要客气，即使今天您不拿走这些东西，改天我们几个晚辈也会到张大人府上亲自道谢。”姚崇的次子姚异跟着说道。

“那我就恭敬不如从命喽！哈哈哈！”

“张大人！晚辈还有一件事请您帮忙！”

“好说！好说！”

“念在您和家父惺惺相惜的分儿上，劳烦您为家父撰写碑文吧！”

“没问题！没问题！”张说回答的时候，眼睛依然注视着那些金银珠宝。

张说虽然和姚崇素来不睦，但对姚崇的能力还是十分钦佩的，所以在经过短暂的构思后，他写下了对姚崇一生的评价：

八柱承天，高明之位定，四时成岁，亭育之功存！

而仅仅几天后，的确像姚崇生前所预料的那样，张说后悔了！

在张说看来，吊唁那天自己的确是考虑不周，当年自己就是因为姚崇的几句话而被贬出宰相班子，那天怎会被他几个儿子一忽悠就亲自撰写碑文了？

难道这一切是姚崇生前的安排？

想到这里，张说急忙派人向姚崇的儿子要回碑文，理由是考虑不周，措辞不严谨，需要重新撰写。

但为时已晚！

直到此时，张说才恍然大悟，这一切全都是姚崇生前的安排。在张说看来，姚崇的几个儿子不可能具有将自己玩弄于股掌间的本领。

张说撰写的碑文反而将他自己套牢，因为一个人死前找的撰写碑文的人，一定是身居高位或者颇有名望的莫逆之交，既然是莫逆之交怎么可能去打击报复呢？

想到这一切，张说犹如骨鲠在喉，他长叹一声说道：“死姚崇依然能够算计活张说，我的才能远远不及他啊！”

姚崇以其天才般的创意，略施小计，从而让他的子女们成功躲过了张说的打击报复。但让姚崇想不到的是，他的子女们虽然成功跨过了这一道坎，却没有躲过最终的劫数，在姚崇死后，他的子女们并没有使姚家继续获得荣光，准确地说他的去世带走了姚家最后一片祥云。

长子姚彝官至光禄少卿,次子姚异官至坊州刺史,三子姚弈开元末年一直做到吏部侍郎、尚书右丞。

应该说开元年间,姚家一切都还顺利;进入天宝年间后,姚家的命运便急转直下。

天宝元年(742 年),时任宰相的牛仙客病危,当时姚彝的长子姚闳担任侍御史,同时兼任牛仙客的判官,姚闳在看到牛仙客病危后,出于对自身前途的考虑,便要求牛仙客上疏推荐自己的叔叔姚弈和卢怀慎的儿子卢奂为宰相的继任者。

前任宰相推荐继任者,其实也算是个传统,姚崇曾经推荐过宋璟就是个很好的例子。不过这里边有一个至关重要的问题,那就是其他人不得干预这件事。史书上没有明确记载,姚闳在牛仙客病危时,究竟以一种什么样的态度和方式来干预这件事,但从结果上来看,姚闳的策略或许并不高明,因为他惹恼了牛仙客的老婆。

最终,一纸诉状捅到了李隆基那里,在经过调查核实后,李隆基龙颜大怒,作出了如下判决:

姚闳处死!

姚奕贬出长安,出任永阳太守!

卢奂贬出长安,出任临淄太守!

更麻烦的是,因为这件事,自此之后姚彝和姚弈无论工作多么努力,终其一生也没能够得到提拔!

如果姚崇在天有灵,不知道他会作何感想!

姚崇历经唐朝四代皇帝的政治风云而始终能够得到信任,并且在云谲波诡的朝廷斗争中始终游刃有余,归因于他高超的政治见识以及相机行事的政治智慧和决断力,但他终究还是没有突破自己的局限,栽倒在对子女教育失败的问题上!

其实在这个世界上能改正的叫作缺点,不能改正的叫作弱点!

不论怎样,万众景仰的开元盛世,其根基是姚崇的《十事要说》打下的,毛泽东主席曾评价《十事要说》是“如此简单明了的十条政治纲领,古今少见”。

仅凭这一点,姚崇的名字足以铭刻在历史的荣耀之柱上!

最后我想引用三十二个字来回顾姚崇这不平凡的一生,同样也是对他的一个总结,我相信这是个客观的总结和评价:

才干出众，两登相位。
清除积浊，以为己任。
求真务实，政绩可观。
好弄权术，为人权谲。

第三章

宋璟时代

刚正并亲切的宰相

姚崇卸任后，他的职位由与其并肩战斗多年的老战友宋璟接替。在所有人看来，姚崇之后，宋璟是最合适的继任者，因为两个人的施政理念相同，个人才能不相上下，并且资历相当。唯一有所区别的就是宋璟比姚崇更加耿直。

冷落过张易之和张昌宗；对抗过武三思；得罪过太平公主。从宋璟曾经的一系列轨迹来看，他给人最大的印象就是一个“直”字。

正是因为一身正气，宋璟虽然屡次遭到贬黜，然而又屡次获得升迁，直到他接替姚崇成为宰相后，逐渐迈向了他人生辉煌的顶点。

开元四年(716 年)十二月，在姚崇的推荐下，宋璟从遥远的广州回到了阔别已久的长安，被任命为吏部尚书、同中书门下三品。

自从和姚崇共同上疏请求李旦外放太平公主而被贬后，宋璟的官职屡次变更，在重新回到长安之前，他的官职是广州都督。心胸开阔的宋璟并没有因为外贬而心灰意冷，反而无论到哪个地方全都政绩出色，例如，在广州为了使当地的百姓免受火灾的困扰，宋璟亲自教百姓们以砖瓦代替茅竹盖房，以避火灾。

事实证明，宋璟的努力的确没有白费，李隆基在看到姚崇的推荐后，立即将他召回了长安，因为他知道姚崇推荐宋璟是有道理的，况且宋璟也和姚崇一样，是当年名副其实的太子党。

最关键的是，在宋璟的身上，李隆基看到了当年魏徵的影子。

前边我们说过，贞观时期之所以成为中国历史上吏治清明的时代之一，与当时李世民倡导的诤谏之风不无关系，而魏徵堪称所有诤臣中的典型。李隆基深知要想缔造盛世的局面，贞观时期形成的诤谏之风必须发扬光大。

现在李隆基有心想做像祖先太宗一样的皇帝，还须要有像魏徵那样的角色。

在李隆基看来，宋璟无疑是最合适的人选！

在我看来，开元盛世局面的形成是以姚崇的《十事要说》为基础，以宋璟形成的诤谏之风为依托的。

在姚崇卸任后，宋璟开始了帝国首席宰相的生涯。

坦白地讲，宋璟不如姚崇善于权变，但他却比姚崇更加持正。姚崇可以顺势而谋，宋璟却是那种始终将任何事务都按照自己的想法去进行的人。即使与皇帝有所龃龉亦不例外！

这一点，从宋璟阻谏李隆基巡幸洛阳就可以明显地看出来！

宋璟在上任之后，首先提出应该立即恢复谏官制度，这和李隆基的想法不谋而合，所以李隆基坚决地支持。为此，宋璟特意做了一个金函，将其摆放在李隆基的御案上，其作用是装大臣们的谏言，

但人的本性决定了人不可能时时处处总是严于律己，即使皇帝亦不例外。当年太宗李世民亦有把玩飞鸟的时候，现在李隆基皇位坐久了，产生想出去转转的想法自然很正常。

让李隆基想不到的是，正是这次外出，让他再一次见识了宋璟的刚正！

开元五年(717 年)正月，李隆基按照事先的计划，从长安前往洛阳巡幸。这是李隆基期待已久的一次出行，要不是姚崇脑筋好使，关键时刻合理地解释了祭室坍塌的原因，恐怕这次巡幸洛阳就要泡汤。

心情大好的李隆基一路上欢歌笑语，可是当走到崤谷时，他的脸上开始布满阴云。

原因是崤谷的道路崎岖狭隘，而且年久失修，巡幸的队伍走到这里时，拥挤成一团，搞得李隆基和诸多大臣狼狈不堪。

事情很严重，皇帝很生气！

而被当作出气筒的理所当然就是地方官，李隆基当即下令将河南尹(洛阳市长)、知顿使(护卫总监)全部免职。

李隆基当时正在火头上，对官员可以说免就免，但他显然忽略了一个问题，那就是他的这个决定会产生什么样的影响，但这个问题被一直跟在他身边的宋

璟想到了。

在李隆基刚刚下了免官的命令后，宋璟便站了出来。

“陛下巡幸出来，还没有到达目的地就要免了两位官员，在臣看来，接下来陛下要路过的地方，那些地方官们一定会吓得闻风而动，进而大修道路。这样一来，恐怕百姓们要遭罪了啊！”宋璟面无表情地说道。

他的声调并不高，但却句句有力。

此时，李隆基已经稍微冷静了一些。听到宋璟的进言后，李隆基意识到自己的这个决策并不妥当，在沉吟片刻之后，他说道：

“那就算了吧！爱卿去通知两位被免的官员，让他们官复原职吧！”

“臣认为陛下应该当面对他们讲！”宋璟进一步说道。

“嗯？为什么？”

“在臣看来，陛下降罪于他们，现在因为臣的建议而又赦免他们，如果让臣去通知他们，这两个人一定会感恩于我，而并不知道其实是陛下有恩于他们。所以还是让他们到这里来，陛下亲自跟他们讲。”

值得一提的是，在和李隆基对话的时候，宋璟的面色始终是平静如水。

但与宋璟的平静相对应的是，李隆基的脸上露出了笑容。

李隆基已经很长时间没有遇到像宋璟这般能够让他感受到温暖的人了，此刻他忽然发现除了在宋璟的身上能够看到刚正、耿直的一面之外，在宋璟的心中还隐藏着一种宽仁和理解。

即使对姚崇，李隆基大多也是因为他的政务能力而发出由衷的赞叹，但对于宋璟，李隆基却有着一种别样的感觉。

从宋璟的话中，李隆基感受到的是一种亲切，而且这种亲切没有丝毫的做作和雕饰，这一点是李隆基在姚崇那里所感受不到的。

责任留给自己，名声留给皇帝。这既是一种为官之道，事实上更是一种超然物外！

宋璟上任后，虽然没有提出姚崇《十事要说》那种气势磅礴的施政理念，但他却用自己的实际行动去维护并发扬姚崇从前的所有施政理念。

不过在我看来，和姚崇提出《十事要说》相比，宋璟却做了一件更加关乎大唐帝国命运的事儿。

不赏边臣

刚正不阿的宋璟从担任宰相以来，始终贯彻和执行姚崇时代所遵循的一切，在此基础上，他更加严守法度、任人唯贤。对于有能力者，他尽力提拔，对于立功者，他毫不犹豫地赏赐。

可以说，帝国在这位良相的治理下，毅然稳步地向着最辉煌的时刻迈进。

然而在这征途中，从某种意义上讲，宋璟像是一位预言家那样，对于该怎样赏赐有功者，有着自己独到的见解。

要弄清这个问题，我们还得从开元四年(716年)说起。

那一年的六月二十九日，突厥默啜可汗率领本部大军向邻部的拔野古部落发起了进攻，结果大获全胜。不过在班师凯旋的途中，默啜却遭到了伏击。由于放松了警惕，军队遭受了重创，默啜也不幸被人从背后将身体砍成了两截。

砍断默啜身体的人，是一个叫颉质略的人。

颉质略正是来自拔野古部落，在闻听自己的部落被默啜洗劫一空后，他决定采取突袭的方式进行报复。当颉质略砍断默啜的身体后，他并没有在乱军中过多地停留，而是切下了默啜的头颅，绝尘而去。

偷袭成功，颉质略内心十分兴奋，但接下来他要面临一个棘手的问题，那就是提着默啜的人头，自己该往何处去。

返回自己的部落是有风险的，甚至还有可能会给整个部落带来灭顶之灾，但放眼偌大的突厥地盘，实在没有自己的容身之处。思虑再三，他决定投靠敌对阵营——唐朝！

当时大武(今山西省代县北)军子将郝灵荃正出使突厥，所以颉质略决定先去找他商议对策。事实证明，郝灵荃完全没有想到自己在边境防范突厥这么多年，现在居然敌方阵营的人送来了默啜的人头，面对这份大礼，郝灵荃的心里乐开了花，在他看来，有了这颗人头，自己将会前途无量。

大唐开国近百年来，能够得到突厥可汗首级的能有几人？现在我郝灵荃已经做到了，立下这样的奇功，朝廷一定会为我加官晋爵。

带着这份美好的愿望，郝灵荃和颉质略来到长安，将默啜的人头进献给了皇帝李隆基，而李隆基也确实很是兴奋，下令将默啜的人头悬挂在城门上示众，同时让当时还是宰相的姚崇召集相关部门的人员研究该怎样对郝灵荃进行奖赏。

然而我们的郝灵荃同志的运气实在差劲，他左盼右盼、上盼下盼，最终等来的却是姚崇被罢相的消息。也就是说,这件事情暂且搁置,不了了之。

但郝灵荃始终没有丧失信心,姚崇不干了,总还有别人。等到宋璟上台后,依然可以让他加官晋爵,但是足足等了一年多的郝灵荃,等来的居然只是一个正五品的郎将官职。

从原来的大武军子将到五品郎将,郝灵荃只被提升了一个品级。换句话说,只多拿了一级工资,这和郝灵荃当初的期望值相去甚远。问题的关键是,郝灵荃并不是一个心胸宽广的人。这位仁兄在听到消息后,顿时委屈得号啕大哭,急火攻心之下,居然一命呜呼,算是典型的憋屈而死。

如此看来,有的时候,人真是不能和命争。

唐朝开国之初,唐俭也是奉命出使突厥,在突厥待了很长时间没有什么功绩,算是公费旅游了一趟,可是回来后居然当上了户部尚书,而且李世民还把女儿嫁给了他,可谓是功成名就、抱得美人归。

我想郝灵荃之所以那么委屈以至于一命呜呼,很可能是想起了唐俭当年的经历。当时在郝灵荃的心中一定会说这样一句话:同是奉命出使突厥,而且我还立下了大功,奖励的差距怎么就那么大呢?

站在郝灵荃的角度而言,他的确应该得到更高的奖励。但是宋璟不赏,的确也有他的道理。

我们都知道在姚崇提出的《十事要说》中,有一条是"不求边功",姚崇提出这一点是基于在此之前大唐帝国四处征战很多年,有很多都属于穷兵黩武式的征伐,最终导致无功而返。姚崇针对李隆基的追求目标,认为要想继续缔造盛世的局面,必须至少在十年内不求边功,其实等于是不再对外进行领土扩张。

基于这样的一种指导思想,在姚崇当政的四年中,严禁那些边境的守将主动寻衅滋事。因为武将不同于文官,要想升官发财,必须通过创建军功来实现,现在禁令一出,如果你为了创建军功主动寻衅滋事,那等于是触犯了法律。所以时间一长,守将们也就不愿意做这有风险的事。

但有一点请注意,对于外来的侵略,守将们绝不能有所怠慢,如果到那个时候出工不出力,那可是要掉脑袋的。

事实上,姚崇提出的"不求边功",在他当政的时期,基本是以约束边臣来实现的。

前边我们说过,宋璟担任宰相后,依然奉行和延续姚崇的治国方略。《资治通鉴》上记载说:宋璟由于李隆基喜欢奖赏军功的原因,怕那些好战的边臣们心生侥幸的念头，进而会在边境上寻衅滋事，所以故意压低了对郝灵荃的赏赐。

不可否认，在对待边臣的问题上，宋璟和姚崇有着同样的看法，但既然边臣们立下了大功，理应得到对应的赏赐才是，而宋璟的做法恰恰违背了常理，这让当时很多人产生了质疑。

事实上，宋璟除了奉行姚崇的治国方略之外，在对待边臣立功的问题上，他有着自己预见性的策略。

那就是采取不赏边臣的方法，来抑制边臣们的野心和权力！

在我看来，导致宋璟产生这种想法的，是他准确地预测到了一些事情的走向。

至此，我们还得从一个新兴的官职说起。

这个官职的名字叫节度使。

景云元年(710 年)，李旦任命幽州镇守经略节度大使薛讷为左武卫大将军、幽州都督兼安东都护，从而开始有了节度使这一官职的雏形。景云二年(711 年)，贺拔延嗣为凉州都督充河西节度使，“节度使”从那个时候开始成为正式的官职。

节度使是武官，最初主管大唐帝国的边境防务工作。当时朝廷之所以设置这么个官职，主要是因为大唐帝国在唐高宗李治时期其疆域达到极致后，在边境上的屯军越来越多。随着时间的推移，为了加强防御力量和解决临时征调的困难，这类屯戍军的设置越多，并逐渐制度化，形成有固定驻地和较大兵力的军、镇、守捉，各自置使。那些行军大总管也逐渐演变成统率诸军、镇、守捉的大军区军事长官，于是长驻专任的节度使应时出现。

事实上，早在仪凤三年(678 年)，大将刘审礼远征吐蕃，兵败身亡，损失惨重。从那时开始朝廷才意识到运转巨大的战争机器是有风险的，到了武则天时期，狄仁杰又提出了“边兵谨守备，蓄锐以待敌。待其自至，然后击之”的策略。

应该说景云二年(711 年)，节度使的出现意味着大唐帝国的边疆形势已经由攻转守。

节度使作为边境的最高军事长官，仅仅负责军事事务，对于当地的财政、民政是无权过问的。但是我们都知道，在开元后期乃至天宝年间，大唐帝国北方逐渐形成平卢、范阳、河东、朔方、陇右、河西、安西四镇、北庭伊西 8 个节度使区，加上南方的剑南、岭南共为 10 个节度使区，并且节度使随着时间的推移，其权力逐渐增大，受命时赐双旌双节，得以军事专权，行则建节，府树六纛

(大旗),威仪极盛。最终节度使集军、民、财三政于一身,又常以一人兼统两镇至三镇,多者达四镇,威权之重,超过魏晋时期的持节都督,时称节镇。

这样就形成了大唐帝国特有的畸形局面:外重内轻。

而后来的事实证明,大唐帝国由盛转衰,这是其中的一个很重要的原因。

在我看来,宋璟当时之所以对边臣郝灵荃不进行过高的赏赐,其实他并不是想为难郝灵荃这样的小人物,而是他的内心深处是指向节度使的。他很可能已经预料到了节度使这个官职的双重效应,一方面是守卫边境的重要使命,另一方面是尾大不掉的拥兵自重。

事实上,从景云二年(711 年)到开元五年(717 年),仅仅七年的时间,节度使们在自己的管辖区域内,根据边境的形势,不自主地进行着兵制改革,由最初的府兵和兵算等征点制军队逐渐向在辖区内募兵过渡。

总之,节度使这个官职,在宋璟看来,在未来的日子里如果不加以节制,很可能会成为帝国的潜在的不安定因素。

但是宋璟是不可能超越历史局限的,他当然不能上疏皇帝请求废除节度使这一官职,因为节度使的出现也是帝国形势的需要。所以宋璟能做的,就是利用自己的权力压制节度使,采取不赏边臣的方式,目的是发挥节度使积极一面的作用。

但历史再一次告诉我们,其发展并不是以人的意志为转移的,宋璟只能掌管他生前的事。

终于,很多年后当那个杂胡出身的范阳节度使安禄山率领 15 万铁骑南下的时候,大唐帝国的高层领导者们才意识到,他们犯下了一个致命的错误,那就是给予了节度使过高的地位和自主权。

打压内臣

宋璟不赏边臣是为了使大唐帝国从内到外保持一种平衡的状态,但宋璟明白仅仅是从帝国的外部着手是远远不够的,同样不能忽视内部的问题。

边臣可以用不赏来抑制,朝廷内臣则可以用限权来压制!

于是,处理完边臣的问题后,接下来宋璟将目光瞄向了朝廷内臣。

宋璟明白,边臣们如果不加以限制,野心会越来越膨胀,朝廷内臣同样不例外。随着时间的推移,通过宋璟的观察,他发现很多不该身居高位的人,却坐在了那个高位之上。

宋璟是大唐帝国几番动荡的亲历者,他深知让那些怀揣野心的人坐在高位的危险，所以他决定出手整治。

第一个目标：姜皎、姜晦兄弟。

兄弟二人的出身可谓是根正苗红，父亲姜行本在贞观时期是匠作大监（建设部部长），东征高句丽时不幸中流矢身亡，李世民哀恸不已，亲自写诗以示悼念，并允许其陪葬昭陵。

有了这样一位英雄老爸，兄弟二人出生后，其成长道路可谓是顺风顺水，成年后姜皎当上了尚衣奉御（掌管皇帝的服装），虽然职位不高，但却是皇帝身边秘书类的人物，而弟弟姜晦则成为太仆卿。

最重要的是，姜皎同时结交了那时还是王子的李隆基，并且因为脾气相投，他俩渐渐地成了挚友。从唐隆政变到诛灭太平公主集团，姜皎也算是李隆基功臣团队的一员，由于他的功劳并不显赫，又有曾经和李隆基结下的友情，所以比起刘幽求、钟绍京等人，姜皎在朝廷里安然无恙，被李隆基任命为太常卿，而他弟弟姜晦后来则当上了吏部侍郎。

就这样，凭借着英雄老爸打下的老本以及曾经和李隆基的那点儿交情，兄弟两个人仕途一帆风顺，渐渐成为朝廷内新兴的政治明星。

但宋璟却明白，以兄弟二人的能力，实在不配担任这样的官职。

于是在看准时机后，宋璟暗中上疏李隆基，请求罢免兄弟二人的官职。

值得一提的是，宋璟是采取与他性格截然相反的方法来撰写奏疏的，因为他知道如果仗义执言，以姜氏兄弟受宠的现状来看，皇帝陛下未必能够接受。

所以，他的奏疏是以关怀的口吻切入的：

“臣认为姜氏兄弟现在位极人臣，享受恩宠过盛，未来恐怕对这两个人的安全不能保证啊！”

分析宋璟的话，表面看起来是关心姜氏兄弟的安危，事实上是在变相提醒李隆基要注意对这两位大臣限权。

在奏疏的最后，宋璟写上了这样一句话；

“刘幽求、钟绍京等人皆因恩宠过盛，方致贬黜，希望陛下明鉴！”

如果说上边的话还让李隆基有所犹豫的话，那么这最后一句话，宋璟坚信将会让李隆基下定决心免去姜氏兄弟的官职。

因为李隆基是不会忘记大功臣刘幽求和钟绍京在自己身边时是那么让他寝食难安。

果不其然，在宋璟上疏后不久的开元五年（717 年）七月，李隆基下令免去姜晦吏部侍郎的官职，改任宗正卿。就这样姜晦从朝廷的中枢部门一下子转到了皇帝的内侍机构，是典型的明升暗降。

姜晦虽然被暗贬，但至少还是皇家公务员，而姜皎则被一贬到底，不仅丢掉了太常卿的官职，而且被勒令返回原籍，不过李隆基并没有把事情做绝，姜皎曾经的待遇保持不变。这种做法颇有当年刘秀的风采。

宋璟的几句话，就让姜氏兄弟丢了官职，要说这两个年轻后生和宋璟比起来，那可是小巫见大巫，在限制内臣的道路上，扳倒姜氏兄弟仅仅是宋璟小试牛刀。两年后，他将目标瞄准了另一个人，和姜氏兄弟比起来，这个人才是个真正的大人物。

第二个目标：王仁皎。

王仁皎的来头不小，他是李隆基的岳父。不幸的是开元七年(719 年)四月，王老爷子撒手人寰。一个已经死去的人，宋璟都不放过，我们的宋大人是不是有些刚正得成了二杆子？

显然，答案是否定的！

在宋璟看来，王仁皎的问题比姜氏兄弟的问题还要严重，因为在王仁皎死后，他的儿子王守一请求将老爹的坟头抬高到五丈二尺(大约 17 米)。王守一之所以提出这样的要求，是因为李隆基的外祖父窦孝谌死后坟头的高度就是五丈二尺。

窦孝谌是李旦的岳父，王仁皎是李隆基的岳父，同是岳父级别的人物，所以待遇应该相同。

而事实上，当时规定一品大员的坟头不超过一丈九尺，即使是陪葬皇陵的一品大员的坟头也不能超过三丈。

五丈二尺？怕轰炸机找不到目标啊？

王守一的奏疏递上去后，李隆基当即批准。李隆基同意并不是拍脑门决定的，不仅因为曾有先例，更因为在李隆基还是王子的时候，王仁皎对他十分照顾，曾经卖掉自己一件名贵的衣服，让李隆基吃上一顿难忘的生日晚宴，而且大舅哥王守一始终是李隆基的忠实粉丝。

所以，李隆基的想法是让老丈人活着享尽荣华富贵，死后同样风光无限。

在李隆基看来，这实在不算个大事儿，问题是宋璟并不这么看。

其实，宋璟并不在意王仁皎的坟头有多高，毕竟王老爷子已是个死人，不可能再从棺材里爬出来作威作福，可是王老爷子的坟头一旦变成了五丈二尺，也就意味着一个问题的产生，那就是外戚地位的提升。

宋璟不会忘记，自武则天时代以来，一直到中宗李显，重用外戚的后果是什么，这对于一心想继续缔造盛世局面的李隆基和宋璟来讲，并不是什么好事，所以宋璟决定继续出招阻止这件事。

宋璟明白，王仁皎不同于先前的姜氏兄弟，不仅身份特殊，而且背后还有亲友团支持，自己单干未必能够扳得动他，想来想去，他决定联合时任副宰相的苏颋一起上疏。

在奏疏中宋璟除了指出坟头的高度应该依据规定之外，还列举了很多先前的事例，来反复说明皇族成员应该带头遵守礼仪的道理，因为宋璟已经意识到，没有有说服力的事件，是很难打动李隆基的。

为此，他搬出了两个人，太宗李世民和韦庶人（韦皇后）！

“昔日太宗嫁女时，嫁妆超过了长公主（李渊之女），当时魏徵便提出了反对意见，太宗皇帝虚心纳谏，听从了魏徵的谏言，事后就连长孙皇后也夸奖魏徵。反观后来的韦庶人，不仅妄自尊大地抬高父亲的坟墓，而且号称‘酆陵’，最后是咎由自取。

“臣认为以皇后之父的尊贵，想要加高坟墓的高度并非难事，臣等之所以要谏言，就是为了成就皇后的美德。如果陛下执意这样做，今后将会成为后人效仿的对象，陛下更应该慎重！”

总结宋璟的上疏，其实只有几句话：要学做太宗皇帝。不要做韦庶人。学做韦庶人，您的后辈会争相效仿，到时李家的天下落到外戚手里，别怪我们这些当大臣的没提醒过你。

整个奏疏条理清晰、刚柔相济，最后还不忘捧一下皇后，而且全篇没有一句否定加高王老爷子坟墓的话。一句话：道理我讲明白，主意您自己拿。

三天后，李隆基作出批复，驳回王守一的请求，维持原来的高度不变。

宋璟笑了，因为他知道亲身平定过外戚之乱的李隆基，心中对于“外戚”这两个字是多么敏感。

这就是传说中的“打蛇打七寸”！

一双筷子的奖励

《新唐书·宋璟传》记载说：姚崇善应变，以成天下之务，而宋璟则是善守文，以持天下之正。

从前边宋璟不赏边臣、限制内臣来看，宋璟不仅是个深谋远虑的人，而且是个坚持原则的人。

正所谓:边臣内臣,臣臣限制;活人死人,人人把关!

上述这句话可以作为上联,事实上在宋璟为相的四年里,还可以整出一副下联,那就是:大官小官,官官严查;大员要员,个个不放!

横批:刚烈持正!

在扳倒姜氏兄弟、成功阻止王守一垒坟之后,宋璟刚烈持正的事迹并没有就此结束,在经过了两个月的沉寂之后,宋璟开始继续发飙。

开元七年(719年)十一月,李隆基下诏擢升岐山县令王仁琛为五品官。

地方县令属于七品官,从七品提升到五品属于越级提拔,王仁琛当时并没有什么特殊的功绩,之所以得到越级提拔,是因为在李隆基当太子时,王仁琛是东宫的旧僚。

王仁琛仗着这样一种身份,李隆基越级提拔他,明显是带有一种念旧的色彩,这明显违背了姚崇当年在《十事要说》提到的"一视同仁"的原则,现在姚崇虽然已经退休,但宋璟还在。李隆基刚刚颁布诏令,宋璟便又站了出来。

"王仁琛现在县令的职位就是曾经受提拔得到的,现在陛下又要提拔,这肯定会让人在背后非议,臣建议将陛下的诏书先交给吏部,审查一下王仁琛晋升的资格,如果不够资格,就不能晋升。"

宋璟这番话说得有理有据,李隆基亦不能反驳。

事实上,白痴都知道吏部在宋璟的管辖范围之内,而且王仁琛又没有什么特殊的功绩,将诏令交给吏部,等于是宣告王仁琛升迁无望。

王仁琛在得知消息后,恨得咬牙切齿。不过,相信他要是知道宋璟如何不给宁王李成器的面子,他的心里会很平衡。

在王仁琛事件的十天后,宁王李成器替一个打扫祭庙的清洁人员在李隆基面前谋一个小官。对于李成器的请求,李隆基没有拒绝过。前边我们说过,李隆基和兄弟们的关系是十分亲密的,更何况当年李成器主动让出了太子之位。

不过这一次李隆基并没爽快地答应李成器,因为从先前的很多经验来看,如果自己贸然答应,那个刚正的宋璟说不定又会站出来,并且找到一些看似十分恰当的理由,然后像唐僧一样在自己身边翻来覆去地进言,为了省去啰唆的环节,李隆基试探地将那个人的个人简历下发到中书、门下二省,让宋璟等人讨论该给他什么官职。

李隆基知道,以宋璟的性格,看完这份简历,他一定会提出反对意见。

事实上,果不其然正中了李隆基的猜想,宋璟看完简历后,立即拍案而起。

一个清洁工,又没有什么能力和功绩,还想做官?想钱想疯了吧?

于是，宋璟继续上奏疏，继续找理由，不过这一次他的口气似乎强硬了很多。

“这个人在祭庙做过祭郎（祭庙清洁工），本身并无过人之处，臣认为先交给吏部研究一下吧！这等小事儿请陛下不要再过问了啊。”

只要到了吏部，那就是石沉大海！

面对宋璟的做法，李隆基不禁大笑起来，在他看来，这个屡次阻谏自己的人，还确实颇有当年魏徵的风范。李隆基暗暗庆幸自己当初的选择是正确的，因为宋璟并没有私心。

虽然他得罪了很多人，但是为了维护公平与正义，他甘愿受到责难和非议。

不经意间，李隆基被宋璟的所作所为感动了，他忽然意识到自宋璟担任宰相的三年多来，自己从未给予这位刚正的宰相以名誉上的奖励。

对宋璟这样的人，李隆基明白他并不缺物质奖励，他最在意的是皇帝对自己的评价。

想来想去，李隆基决定用一种特殊的方式，准确地说是一种略带幽默色彩的方式，来奖励这位非常严肃认真的宰相。

而礼物就是自己日常所用的一双金箸（金筷子）！

这个礼物的意义并不在于这双筷子含有多少K金，而是在于它的寓意。

正像李隆基所说的：“所赐之物，并非赐金，赐卿之箸，表卿之直。”

在我看来，这个世界上似乎真的没有什么具象的物质，能够像筷子那样代表宋璟的刚正耿直！

宋璟的弱点

宋璟自接替姚崇担任宰相以来，一直精心维护着姚崇先前所遵循的治国方略，而且他比姚崇更加注重吏治，这一点是宋璟对整个开元盛世的杰出贡献。可以说，如果没有宋璟下大力度对吏治严格把控，或许开元盛世的光芒要黯淡很多。

纵观宋璟对吏治的把控，可以总结出三方面，那就是限制权力、严格管理、整顿风气。

事实证明，这几年朝廷风气焕然一新，上到皇帝下到大臣逐渐形成了一支纯洁、高效的执政团队。这一切应该归功于宋璟那刚烈持正的工作作风。

但宋璟并不是完人，那个时代给了他充分发挥自身优势的舞台，同样也让他的缺点暴露无遗。

因为一个国家不仅仅要有对吏治的把控，更要有对经济发展的管控。

而宋璟恰恰并不擅长经济领域。

经济发展的管控须要循序渐进，而宋璟依然用他的铁腕手段，来插手经济事务，结果注定是功败垂成。

当时全国恶钱的流通颇为严重，所谓恶钱就是质量伪劣的钱币。造成这种局面的根源其实是当时允许私人铸造钱币，也就是说放开了货币的制造权，不像现在人民币的制造完全由国家管控，如果私自印刷人民币，被逮到了只要够数目，肯定是吃枪子儿没商量。

当时国家允许私人铸造钱币，等于是加强了钱币的广泛流通，但随之而来的就是一些不法之人以次充好，制造重量不足的伪劣钱币的现象。

不过需要指出的是，恶钱和现在假币的概念并不一样。制造假币属于违法犯罪，而且不能流通，但恶钱在当时却可以流通。

宋璟当时面临的就是这样一种局面。

针对关中地区的现状，宋璟还是想了办法的，他建议马上从国库调拨两万贯钱，设立南北两个交易站，购买老百姓难卖出去的、但皇宫内却需要的东西。同时允许长安、洛阳两地的官员预支俸禄，并请李隆基下诏给附近的府县，出售粟十万石，以收回民间的恶钱，然后统一销毁。

经过实践，这种方法确实起到了很好的抑制恶钱流通的作用，关中地区恶钱流通于市面的情况大为减少。

但仅仅解决了关中的问题，并不代表全国恶钱流通的问题全部得到解决。事实上，当时全国恶钱流通最严重的当属江淮地区，这个地区商业比较发达，恶钱的流通也水涨船高。

甚至当发展到一定程度时，恶钱的流通在当地会变成一种货币交易不可逆转的趋势。到那时，如果没有这些钱，那当地可供流通的货币会急剧减少，甚至可能会出现物物交换的局面，相当于回到了原始社会。

所以，治理江淮地区，远远比治理关中地区要复杂得多。

事实证明，宋璟对于江淮地区的恶钱流通问题的严重性明显估计不足，他自认为先前关中的问题可以具有代表性，江淮不过是一隅。在宋璟看来，江淮的问题完全不用像解决关中的问题那样，采取一系列的措施进行解决，他坚信只要用强势的手段就可以搞定江淮的问题。

显然，这个问题并不能用地缘政治的概念来定性。

于是宋璟派出了自己最得力的干将，时任监察御史的萧隐之前往江淮去治理，在萧隐之临走之前，宋璟派给他的任务是：禁绝恶钱，不留遗患。

在我看来，宋璟的目的很是明确，但他对于采取何种方法去达到这个目的，则完全是空白。而且萧隐之作为监察御史，其长项是监督弹劾官员，让这样一位不懂经济的官员去管江淮严重的恶钱流通问题，本身就是个错误。

所以，萧隐之"禁绝恶钱"是做到了，在他到了江淮后，利用强制手段回收恶钱，在短短的时间内，使市面上的恶钱基本上禁绝；但"不留遗患"却完全没有做到，据史书记载，萧隐之利用强制手段回收恶钱，搞得当地民怨沸腾，而且正像前边所说的，恶钱是禁绝了，但市面上流通的钱却急剧减少，严重影响了货币的流通，阻碍了当地的经济发展。

最关键的是，萧隐之的这种处理方式损害了那些恶钱制造者和持有者的利益。平民百姓是不可能制造恶钱的，只有那些富豪商贾才有实力干这种事，纵观几千年的历史，商人要是富到一定程度，必然会和官方勾结，从而形成一种官商勾结势力。

现在江淮地区的这种势力受到"二杆子"萧隐之同志的严重冲击，他们岂能忍得下这口气。

几十年的经营，岂是你朝廷来个监察御史就能破坏的？大家联合起来，扁他！

当然痛扁萧隐之的方式并不是群殴，要知道这些人既然已经形成了势力，就必然会有靠山，而最大的靠山当然是身在皇城内的部分朝廷要员。

所以接下来，李隆基的面前堆满了弹劾奏章。

明面是弹劾萧隐之，谁都知道其实矛头是指向宋璟。

当李隆基看完奏章知道江淮地区民怨沸腾之时，他立即意识到问题的严重性，缔造盛世的前提是稳定，现在江淮地区起了民怨，这是李隆基绝不允许的。

为了稳定局势，李隆基直接将萧隐之召回，免去其官职，听候发落。

他本以为免去萧隐之的官职会暂时堵住那些言官们的嘴，但显然事情并非像他想象的那么简单，弹劾的奏章依然像雪片般飞来，而且和先前不一样的是，这一次大部分奏章内容开始升级，由先前的攻击治理江淮问题不力转向了对现有宰相班子执政能力的不满。

看来不把宋璟拿下，这些人的嘴巴是永远闭不上的！

其实，对于宋璟这次所犯的错误，李隆基是能够理解的，但宋璟这次却犯了不该犯的大忌——激起民怨！

所以，李隆基即使万般不愿意，他也必须忍痛割爱：

宋璟，你始终用一种执着的态度去做好每一件事，并用你那刚烈持正的作风来维系着帝国的法度，其实从对抗姜氏兄弟开始一直到现在为止，我知道你摒弃了自己的私心，立于朝堂之上。

今天虽然我不得不免去你的宰相官职，但这并不影响你在我心目中的地位，离开了宰相班子，你依然是我不可缺少的人，只因为你那持正的作风永远是这个帝国宝贵的财富。

开元八年(720 年)正月，宋璟结束了他四年的宰相生涯，被李隆基任命为开府仪同三司。和姚崇不同的是，宋璟虽然离开了宰相班子，但他在李隆基的心中依然是个重要的人，以至于他以另一种方式继续受到李隆基的重用。

宿命

治理江淮恶钱问题不力，致使宋璟被迫退出了宰相班子，但宋璟心中很平静，不仅因为他没有离开这个朝廷，还因为他问心无愧。虽然方法有问题，但我们不能否认宋璟的决心。比起那些睁一只眼闭一只眼、姑息养奸的官员来讲，宋璟已经难能可贵。

事实上，宋璟虽然不当宰相，但在开府仪同三司这个带有国事顾问色彩的职位上，宋璟依然尽心竭力地做好每一件事，以至于李隆基在很长的一段时间内，依然把他当作宰相，还要向他请教国事。

开元十二年(724 年)，李隆基准备东巡泰山，当涉及谁担任留守西京的官员这个问题时，李隆基第一个想到了宋璟。经过这么多年的配合，李隆基已经十分了解宋璟，此时皇帝外出，留守的官员不一定是能力最强的人，但一定要是一个持正守节的人。

无论从人品还是资历来看，宋璟都是最佳的人选。

临出发前，李隆基对宋璟说："爱卿是国之重臣，对这次东巡有什么建议要和朕说吗?"

宋璟并没有直言，而是写成了奏疏呈献给了李隆基。

李隆基看完后十分满意，然后他说出了下列一番话：

"爱卿所进之言，朕会把它当作座右铭挂起来，随时观看它，终身受用。"

在我看来，无论是做人还是做官，能够做到宋璟这个份儿上，已经无所遗憾，至于是不是宰相，真的并不重要。

事实上李隆基对宋璟的器重并没有就此结束，开元十七年(729 年)，宋璟被任命为尚书右丞(右仆射),与张说、源乾曜等人同日拜官。宋璟的前途看起来似乎又光明起来,但此时年事已高的宋璟深切地知道这个世界是属于年轻人的。

此后,宋璟在尚书右丞的位置上改变了先前的作风,他渐渐地退居到了幕后,向张说、源乾曜等人毫无保留地传授自己的经验,以另一种方式继续发挥着余热。

开元二十年(732 年),宋璟上表正式请求退休并得到批准,这一年他六十九岁。李隆基给他的回报是,先前所受的待遇一切不变。

然而宋璟知道一切的恩宠对于他这个已经渐入黄土的老头子来说,已经不再那么重要了,现在他最需要的就是关上自己的家门,使自己一生劳累不堪的心得到片刻的安定。于是他婉言谢绝了李隆基的好意,表示自己应该和其他人一样,而不应该搞特殊化。为此,他还将自己在洛阳的一所私人宅院退还给了朝廷。

宋璟的这种做法使李隆基大受感动,在宋璟病重弥留之际,李隆基特派专使为宋璟熬药,以表达自己对他的爱护和关怀。

开元二十五年(737 年),宋璟在家中安详地去世,享年七十四岁。

宋璟永远地闭上了双眼,但让他在九泉之下不能瞑目的却是,他的几个儿子在他之后,像很多官二代们一样,将宋家的门风彻底败坏了。

宋璟有六个儿子,除了长子宋升官至太仆少卿,名声较好之外,其他的五个儿子全都是十足的败家子。

次子宋尚,官至汉东太守,天宝年间因为收受贿赂,被贬为临海长史。

三子宋浑,人如其名,是六子之中最浑蛋的一个。因为他和后来官居宰相的李林甫关系很好,所以被提升为御史中丞、东京采访使。这位仁兄在任期间,想尽了发家致富的主意,一年之内征收两年的租税,一年的上交,一年的自己截留。

不仅如此,这位仁兄在担任东京采访使期间,看上了一位颇具姿色的寡妇。由于他已经有妻妾,怕再娶个寡妇惹人非议,于是,他想出了一个绝妙的高招,那就是让自己的手下时任河南尉的杨朝宗和这位寡妇做一对挂名的夫妻,而他自己则私下占有这位寡妇。

浑人宋浑的好运在天宝年间终于结束,和二哥宋尚一样,他因为腐败问题,被流放到高要。虽然没过多久他又咸鱼翻身,但很快他又因为私养刺客,而被贬官流放,从此之后再也没有回来。

四子宋恕、五子宋华，六子宋衡也全都是因为腐败问题而被贬官流放到边远地区。

宋璟和姚崇一样，没有摆脱子嗣们在他们之后败坏门风的宿命，或许正是因为他们在生前过于耀眼，过于光芒万丈，以至于子嗣们完全忘记富不过三代的理论，在我看来，这些官二代们之所以胡作非为，是因为他们得到得过于容易。

但我想说的是，在这个世界上想要得到的东西或许经过百转千回才能得到，或许可以得来全不费工夫。但不想失去的东西，却往往犹如水之流转，即使你拼命地去把握，也会瞬间流逝。

是的，这个世界总是有规律的，它从不因人事而逆转！

宋璟的儿子们虽然不争气，但我们依然不能否认宋璟一生的光辉，尤其是他担任宰相的四年，更是他人生光彩绚丽的巅峰。由于他和姚崇在开元初年共担任了八年宰相，而这八年中大唐帝国在他们的精心治理下，出现了“大治”的局面，可以说开元盛世正是此时开始绽放出夺目的光辉。

宋璟创造了诸多功绩，总结他一生的经历，可以看出他并不是个沽名钓誉的人。年轻时他曾经写下过一篇《梅花赋》，在文章中他对屹立在寒冬时节的梅花大加赞赏，事实上此时的宋璟是借助梅花来比喻自己，发誓一生要像梅花那样，无论风吹雨打还是冰雪侵袭，依然昂首挺立。

纵观宋璟的一生，他确实做到了！

在担任宰相期间，在宋璟曾经就职的广州，老百姓为了感谢宋璟的功绩，特地送给他一块遗爱碑，但宋璟在接受后却将这块碑砸得粉碎。

不仅如此，宋璟在弥留之际告诉儿子们不要在自己的墓碑上刻下歌功颂德的话，因为他坚信公道自在人心，那些肉麻吹捧的话或许能粉饰太平，但终将被历史黄沙所掩埋。

宋璟去世三十三年后，他的一个后代邀请一位书法大家，为自己的先祖宋璟撰写一篇碑文。宋璟的后代之所以邀请这位书法大家，是因为他知道这个人和他的先祖宋璟一样，是一个刚烈持正、心怀天下、百折不回的人。

这位书法大家的名字叫颜真卿。

面对宋璟后代的请求，颜真卿毫不犹豫地答应了，那个时候大唐帝国昔日的雄风早已不在，帝国正在饱受煎熬。颜真卿遥想姚崇、宋璟等缔造的“大治”之世，心中不禁百感交集，顿时下笔千言。

值得一提的是，宋璟的墓碑至今依然保存完好，位于河北省邢台市沙河县十里铺村。在风雨中，历千年之久，回想盛世荣光，仍让人慨叹唏嘘！

在上一章介绍姚崇的时候，结尾我引用了一首诗来总结姚崇，现在我依然想引用古人的句子来结束这个篇章，想来想去也只有乾隆皇帝的话最具代表性：

梅花品格最胜，冰姿玉骨，铁干古心，迥非凡卉之匹。唐臣宋璟赋此，盖以自况也。予时巡中土，驻跸于此，遥企名贤，缅怀往迹，感兴成吟，并手写古梅一本，摹勒廊壁，以志清标，庶使千载，下睹此树，犹景其人焉。

第四章

张说回归

双人宰相团

姚崇、宋璟开创的“大治”局面是整个开元盛世的奠基阶段，现在两位贤相的时代已经渐渐远去，但帝国依然要大踏步地向前迈进，也就是说宰相班子不能因为姚崇和宋璟的离去而没人干事儿。纵观当时能够使“大治”局面延续的人，似乎没有人可以像姚崇和宋璟那样独自胜任，所以李隆基只能退而求其次，恢复先前的“群相制”。

当时在朝臣中，德高望重和能力突出者寥寥无几，李隆基选来选去，只有源乾曜和张嘉贞最为合适。源乾曜属于老资历，而张嘉贞则属于后起之秀。

源乾曜能够进入宰相班子其实并不稀奇，早在姚崇担任宰相时，卢怀慎不幸病逝，源乾曜就成为他的接替者和姚崇搭档，可是他的运气不好，一个月后姚崇被罢相，还没来得及适应新岗位的源乾曜，也被罢免了宰相职务，出任京兆尹。

源乾曜本以为此生再也不会回到宰相班子中，然而让他想不到的是，他这仅仅只有一个月的宰相经历，居然会成为他日后重新回到宰相班子的资本。

宋璟被罢相之后，李隆基考虑宰相人选的时候，首先考虑的就是政绩与资历。论政绩，源乾曜没得说，担任京兆尹时将长安治理得井井有条，而且三年之中政令始终如一，从不改变。论资历，源乾曜虽然只担任过一个月的宰相，但比起那些一天也没干过的人来说，源乾曜至少对宰相这个职位，有个感性认识。

什么是老资格？就是你把资历比你深的人熬死，而你还屹立不倒，那你就是老资格！

所以综合以上这些来看，宋璟被罢相后，源乾曜能够接班其实并不足为奇！

相对于源乾曜来说，张嘉贞能够进入宰相班子，在很多人看来则有些不可思议，因为在此之前，张嘉贞的确有些名不见经传。

张嘉贞的仕途之路始于垂拱元年（685 年），那一年他顺利通过了朝廷的明经考试（考对五经的掌握情况），被任命为平乡县尉。他本以为只要在任上努力工作，就可以熬资历一点点地往上升，但不承想他的这个县尉之职只担任了不到一年，即被免职回老家，听候发落，原因是他的辖境内出了大量的盗贼。

虽说张嘉贞不是这些盗贼的头目，但辖区之内出现这样的事情，也反映出了其治理不力的问题，对此，他至少是应该负领导责任的。于是，张嘉贞就这样结束了他首次短暂的仕途之旅，不得不回到家乡听候发落。

事实证明，回家是板上钉钉的，但听候发落则是遥遥无期的。让张嘉贞想不到的是，他这一等居然等了十几年，可谓白了少年头、空悲切，直到时任侍御史的张循宪来到了他的故乡。

长安元年（701 年），张循宪作为河东采访使来到了张嘉贞的故乡蒲州，在这里他遇到了非常棘手的问题，以致进退两难。情急之下，张循宪让当地的官员向他推荐才能之士，以便能够集思广益，而官员推荐的人就是张嘉贞。

听完张循宪的讲述后，张嘉贞立即开始对整个事件进行分析，并提出几种解决方案以便张循宪作为候选，当张嘉贞说完后，张循宪已经惊讶得合不上嘴巴。

他实在没想到蒲州这样的小地方居然会有这样的人才。

张循宪虽然现场没有露出声色，但在离开蒲州时，他再次召见了张嘉贞，然后只对他说了一句话："我一定会向女皇陛下举荐你的。"

这一次，轮到张嘉贞的嘴巴惊讶得合不上了。

在张嘉贞看来，自十几年前被贬回故乡之后，他虽然从没有放弃心中的希望，但随着时间的推移，他渐渐地意识到如果没有什么奇迹发生，估计自己将会终老于故乡。

然而，这个世界总是有奇迹的，因为张循宪是个说话算数的人。

很快，张嘉贞得到了女皇武则天的召见。

运算是一场非正式的殿试，对张嘉贞来讲，这是他仅有的一次把握自己命运的机会。很多人会认为，小地方走出来的张嘉贞在面对女皇陛下的威严时，一定是十分紧张的。

但出乎所有人意料的是，张嘉贞在面对武则天时，不仅表现得神态自若、对答如流，而且他还变相地向女皇陛下提出了要求：

“臣乃一介草民，今天有幸在殿内和陛下对话，草民已经死而无憾，然而草民觉得虽然与陛下咫尺相隔，却犹如深隔云雾，恐怕君臣之礼尚未完成。”

白痴都听得出来，这是要让武则天去掉面前的垂帘。

完了！终究是小地方出来的一介草民，女皇陛下也是两个肩膀扛着一个脑袋，好什么奇嘛？

所有人都替张嘉贞捏了一把汗！

但让人意想不到的是，武则天居然同意了，并且当即任命张嘉贞为监察御史。

就这样，张嘉贞以一种匪夷所思的方式开始了他的第二次仕途之旅。

从长安元年一直到开元初年，由于能力突出，张嘉贞的官职不断得到提升，从监察御史起步，历经兵部员外郎、中书舍人、梁州都督、秦州都督，一直做到贝州长史。可谓官运亨通，一路顺风顺水。

如果说长安元年和武则天的那番直面对话，开启了张嘉贞的第二次仕途之旅，那么当时间进入开元初年，张嘉贞迎来了第三次机遇。

李隆基即位后，张嘉贞以贝州长史的身份进京述职。这是君臣二人的首次见面，在此之前李隆基已经听说张嘉贞在贝州执法严格，所以对他的印象很不错。事实证明，给领导留下一个好印象确实是有助于自己前途的。

当张嘉贞述职完毕，他并没有像其他官员那样向皇帝陛下恭敬地施礼，然后走出朝堂。张嘉贞延续着自己先前的风格，依然向皇帝陛下提要求，请求皇帝陛下任命自己的弟弟张嘉佑为忻州刺史。

顺便说一句，忻州和贝州相邻。按照当时的制度，兄弟是绝不允许在相邻的州县为官的。

我始终坚信如果不是因为张嘉贞先前给李隆基留下了一个好印象，李隆基是断然不能答应张嘉贞这个请求的。不过在我看来，李隆基之所以答应其实并不是感情用事，因为他的心中始终认为张嘉贞在贝州长史的职位上只是个过渡。

最终促使李隆基下决心重用张嘉贞的，是源于张嘉贞的一次为得罪过他的人进行开脱的行为。

开元六年(718 年)，张嘉贞再一次进京述职，这次除了他身背另一个职务天兵军大使之外，随同他而来的还有一封检举信。

准确地说，他还没有见到皇帝陛下，检举信就已经被摆在了李隆基的面前。

坦白地讲，检举张嘉贞的这封信并不具有很高的水准，无非是编造一些腐败问题、生活作风问题等来混淆视听，目的只有一个，就是要让张嘉贞狼狈地淹没在一片口水中。

虽然检举水平一般，但对张嘉贞这样的边臣来讲，这封信其实还是有些杀伤力的，搞不好触动皇帝陛下忌惮边臣的那根神经，弄个冤假错案也说不准。

不过，此时的李隆基还没到神经过于敏感的程度，在经过一番调查之后，情况并不属实。

事情到这，按照常人的逻辑推理，接下来应该是张嘉贞在一旁声泪俱下，对检举人进行控诉，然后皇帝陛下龙颜大怒，处死检举的人。然而事实并非如此，出乎所有人意料的是，张嘉贞居然为陷害他的人开脱。

"国家的大部分百姓全在北边，若今天检举我的人因为检举不当而被处死，臣担心会落下言路阻塞的后患，让陛下无法知道全天下的事情，所以臣建议赦免他。"

自此开始，李隆基有了任用张嘉贞为宰相的想法。

因为宰相的肚子里必须能撑船，在李隆基看来，张嘉贞是这样的人。

开元八年(720年)宋璟被罢相后，李隆基将张嘉贞从贝州刺史、天兵军大使的职位上直接提拔为中书侍郎，同中书门下三品，不久张嘉贞便官拜中书令，与源乾曜一同撑起了宰相班子。

在很多人看来，张嘉贞能够进入宰相班子，实在有些黑马的色彩，虽然曾经和女皇武则天直面对过话，但毕竟资历尚浅，从地方官一下子进到了宰相班子，没有两把刷子确实 hold 不住。

事实证明，很多人的质疑还是有道理的，张嘉贞和源乾曜搭档没多久后，李隆基渐渐地发现以这两个人为核心的宰相班子，和八年前以姚崇、宋璟为核心的宰相班子相比，距离自己的要求还有些距离。

倒不是因为他们不肯努力，而是因为他们的个性！

张说的优势

张嘉贞和源乾曜担任宰相以来，李隆基忽然发现这两个人的组合并没有形成一股合力，姚崇搭档卢怀慎，宋璟搭档苏颋，他们虽然性格迥异，但总能拧成一股绳。现在张嘉贞和源乾曜虽然也是性格迥异，但显然合作的效果并不如前两届宰相班子。

源乾曜性格内敛，有点像卢怀慎。而张嘉贞则性格外向，善于表现自己，这一点从他先前和武则天、李隆基的对话中就可以看出来。

可见，这也是一对性格互补的宰相，但性格互补并不意味着做起事来也互补。李隆基通过很长时间的观察，他发现两个人的行为方式有些背道而驰，张嘉贞作风泼辣，爱出风头，很多事情完全不理会源乾曜的感受，而源乾曜虽然性格内敛，凡事退让，但他并没有起到苏颋曾经的作用，那就是宋璟没有想到的或做得不到位的，苏颋总会迅速补位。

如果照此下去，朝廷必定会被搞得乱七八糟，不仅会造成行政效率低下，还有可能会造成复杂的矛盾斗争。李隆基很想再为宰相班子增添成员，进而弥补他们的缺陷。但他遍观朝廷上下，好像没有这样一个合适的人。

从李隆基继位以来，由于姚崇和宋璟实在太过出色。八年多来，李隆基从来没有为宰相的人员问题费过心，现在随着姚崇、宋璟的离去，他不得不面对现实，每天用尽心思，思考如何才能重新打造姚、宋在时的那样高效勤政的宰相团队。

刹那间，李隆基心中忽然有一种莫名的怀旧之感。虽然姚崇和宋璟各有各的缺陷，但当他们的时代真的一去不复返时，李隆基才觉得曾经的一切是那么美好。

或许每一个人都有过这样的感受，那就是失去了才知道珍惜。

正是出于这样的一种心理感受，李隆基并没有采取罢免张嘉贞和源乾曜宰相职务的方式来解决问题。因为此刻他深切地感受到今天的一切对于明天而言，依然是永远流逝的东西。

所以，他思考用另一种方式——增补人选来解决问题。

可是谁又合适呢？

对这个问题李隆基本身并没有找到答案，真正找到答案的是名不见经传的王毛仲。

当李隆基绞尽脑汁、不知所措时，王毛仲不失时机地提醒了他。

“陛下！此刻有一位资历颇深、才能俱佳的人正在帝国的北部镇守边疆，而且这个人曾经是宰相班子成员之一”。

“你说的是张说吧！”王毛仲还没说完，李隆基瞪大眼睛问道。

“没错！张说曾经做过陛下的老师，如果把他召回来，陛下万事无忧。”

"张说……嗯,不知不觉中,朕已经八年没有见到他了啊……"李隆基的目光中透露出一丝惆怅。

张说自八年前被贬出京城后,他的下一站目的地是北边的幽州。在苏颋的举荐下,他做了幽州都督,先前的宰相摇身变成了镇守边疆的武将。

事实证明,张说虽然整人不是行家里手(被姚崇算计),但绝对是个出色的文臣,而且做武将也是毫不逊色,可谓文武双全。

张说担任幽州都督期间,北方的契丹曾经发生叛乱,朝廷虽然派兵进行镇压,但是效果并不理想。面对如此窘境,张说当即上疏,提出了自己的看法,他认为幽州地区自开国以来一直存在兵力不足、粮草匮乏的现象,想要彻底平定契丹的叛乱,首先须要大力屯田,士兵们边训练边种田,平时是农夫,战时当士兵,而且还能保证当地粮食充足。

同时他也提出了对契丹不能轻易言战,应该倡导民族和睦的策略。

从张说所提出的策略来看,他并不是那种好战分子,但如果你认为他仅是一介手无缚鸡之力的文臣不敢言战,那可是大错特错。

开元九年(721年)七月,在张说重新回到长安之前,他终于展现出了军事天才的一面。当时突厥降将忽然叛变,攻陷了六个州县,而且和党项人暗中勾结,进而连续攻破了银城和连谷二城。

张说知道消息后,立即披挂上阵,带领一万人马前去平叛,所有人都想不到这一战张说居然大获全胜,而且迫使党项人来不及退兵,就地被俘。

当时很多人认为党项人反复无常,应该全部诛杀,但被张说当即阻止。而且他说了一句颇能让人折服的话:

"我大唐是王者之师,应该讨伐叛乱,更应该以德服众,怎么能杀投降的人呢?"

这句话不仅令我折服,同样被折服的还有党项人。

开元九年(721年)九月,在王毛仲极力举荐张说的九个月后,李隆基得到了张说成功平定突厥、党项叛乱的消息。于是他最终下定决心重新起用张说。

就这样文武双全的张说重新回到了阔别八年之久的朝廷,被李隆基任命为兵部尚书,同中书门下三品,算是第二次进入了宰相班子。

如果说姚崇善于权变,宋璟刚烈持正,那么张说就是以文武双全的才能再次赢得李隆基的赏识。八年前,张说因为功臣的身份被李隆基外贬,不过现在看起来,当年敏感的事情早已经时过境迁,为了延续帝国的盛世局面,此时在李隆基的眼中,张说已经不再是曾经让他忌惮的功臣。

李隆基坚信,文武双全的张说一定会为自己带来惊喜,事实上张说的确没有让李隆基失望。很快他就让李隆基眼睛为之一亮。

这次张说能够重登相位,是以其军事才能打动了李隆基。同样,在张说上任后,他施展了自己与众不同的军事才能,针对帝国的兵制,提出了如下改革意见。

第一项改革:裁减边军二十万。

在很多人看来,张说提出的这项改革措施实在有些无厘头,因为所有人都知道延续帝国的盛世局面除了文治之外,依然需要武治,更何况北边的突厥、契丹、奚经常骚扰边境,裁减边军二十万,一旦边境起了战事,谁来埋单?

其实持这种看法的人一方面是没有进行深入的调查,另一方面是远远没有了解张说裁减边军的深意。

但张说却是经过调查研究的,久在边疆的他十分了解边境驻军的情况。大唐自建国百年来,虽然边境战事不断,但帝国始终处于称霸的地位,发生战争根本用不了那么多军队进行应对,久而久之所产生的负面效应就是那些闲着的军队随着时间的推移渐渐变成了官员的护卫,或者成了杂役,根本用不到国防上。而打仗恰恰是兵贵于精不贵于多。

当然上述的这些只是从军事角度而言,事实上张说的这项改革措施的精华在于,裁军二十万后,这二十万人全部回乡务农,这样可以增加帝国的赋税,换句话说可以为提高国民生产总值做出贡献。

当李隆基真正明白了张说的用意后,他立即批准了这项改革措施。

应该说,张说的这项改革措施来自八年来他那镇守边疆的经历,如果没有这样的经历,他是不可能提出这项改革措施的。从这点来看,张说当年被外贬,反而成了他一笔宝贵的财富。

确实应了那句话:塞翁失马,焉知非福?

第二项改革措施:改革京师的府兵制。

在前边我们详细介绍过府兵制的由来及其特点,可是当时间进入开元年间的时候,府兵制逐渐开始走了下坡路。虽然早在先天年间,朝廷曾经对府兵制进行过改革,规定二十五岁入伍,五十岁放免,屡次征战者,则十年免役。但基本上这个政令并没有实行。

当张说将目光从边境转向京城时,他发现京城中那些服役的卫军因为贫困,出逃的现象十分严重。造成这种局面的根本原因是,京城的卫军除了保卫京城之外,还要服各种劳役,而且待遇极差。要知道京城的卫军那可是皇家的最后一道屏障，如果不能形成一支战斗力强、凝聚力高的部队，那将成为一盘散沙。

针对这个问题，张说同样提出了自己的改革措施，他认为想要扭转这种局面，首先应该将现有的卫军全部裁撤，然后面向全国公开征募强壮的人，同时取消各种劳役，提高待遇，相信一定能够征募到合适的人。

李隆基照章采纳！

事实证明，张说的这个举措确实很有成效，十天之内一共征募了十三万人。张说将这些人以“卫”为单位进行编制，并实行轮换制，这就是后来的彍骑。

《新唐书·兵志》记载：“盖唐有天下二百余年，而兵之大势三变，其始盛时有府兵，府兵后废而为彍骑，彍骑又废，而方镇之兵盛矣。”

从上述记载来看，张说建立彍骑是颇具历史意义的，因为从张说的兵制改革开始，京城的卫军实现了“兵”“农”分离，进而在接下来的一段时间内，这种兵制建设迅速波及帝国整片领土，自此开始唐朝出现了职业化的军队。

当然凡事都有利弊，三十多年后，正是这些职业化的军队搅乱了帝国的整个秩序。

从张说重新回归朝廷以后，通过他一系列的表现来看，他充分发挥了自身的优势——军事才能，使开元之治在经过姚崇、宋璟的八年“大治”之后，进一步在军事方面得到完善。但前边我们曾多次说过，张说是个文武双全的人，在成功展示了军事才能之后，接下来他对于文化的建设同样出色。

贺知章

开元十一年（723年）四月，张说上疏请求李隆基效仿太宗皇帝李世民，建立类似文学馆式的机构，用以网罗各地的文人学士。在张说的建议下，一个月后，李隆基设立丽正书院，并派张说为修书使，总理丽正书院的全部事务。

丽正书院设立后，在张说的带动下，网罗了当时不少文人学士，他们在丽正书院进行修书、校勘工作。这些人包括秘书监徐坚、监察御史赵冬曦等人，而最为著名的当属写下那首《回乡偶书》的贺知章。

贺知章，字季真，号四明狂客，唐越州会稽永兴（今浙江杭州市萧山区）人。

在众多璀璨的唐代诗人中，贺知章的名气虽然不如李白、杜甫、白居易等人，但如果评选众多唐代诗人中，谁的人生经历最为平坦，贺知章绝对是名列前茅。贺知章既不像李白经历了大起大落之后有一种怀才不遇的郁闷，也不像杜甫经历了开元之治的极盛和安史之乱的动荡，本能地会产生一种极度的悲观心理，更不像白居易在经历了诸多仕途的挫折后，才明白收敛起自己的锋芒。

贺知章的人生经历可以用一句话来形容：四平八稳中不时闪耀着点点星光。

证圣元年（695 年），贺知章中进士，初授国子四门博士，后迁太常博士。一直到丽正书院设立后，在张说的举荐下，贺知章进入丽正书院开始了著书的工作，此后他的仕途之路平稳中逐渐升迁，历经礼部侍郎、太子右庶子、侍读、工部侍郎，开元二十六年（738 年），官至太子宾客、银青光禄大夫兼正授秘书监。

《旧唐书·贺知章传》记载："知章性放旷，善谈笑，当时贤达皆倾慕之。"或许正是因为性格温和的缘故，贺知章一生有着极好的人缘。他不仅仕途顺畅，而且可以让表弟陆象先一日不见如隔三秋，也可以与包融、张旭、张若虚等结为"吴中四士"，更可以和张旭、李白等饮酒赋诗，切磋诗艺，时人称之为"醉八仙"。

值得一提的是，后来李白之所以能够有幸见到李隆基，正是因为贺知章看了他的诗文后，不禁拍手称绝，然后送给李白一个雅号"谪仙人"，并立即将他推荐给了李隆基。

可以说，贺知章无论身在何处，都可以凭借着自身"性放旷，善谈笑"的人格魅力，而受到各种性格、各种经历、各种阶层人的欢迎。

贺知章虽然性格豁达，但如果你认为他仅仅是一个老好人，那可是大错特错。事实上贺知章的心中有一种独特的人文情怀，在他人生奋斗的历程中，他一直将这种情怀掩藏于胸，直到年老时他回到阔别已久的家乡。

天宝三年（744 年），贺知章因病辞官回乡，当他走进家乡那熟悉的村落，看见几个顽童在嬉戏玩耍时，多年来他那掩藏于胸的对故乡的眷恋之情，此刻再也抑制不住。屈指算来，距离他当年离家已经悄然走过了五十多年的时间，熟悉的乡音依然未变，但自己的容貌却从当年的英气豪迈变成了鬓毛已衰的老态龙钟。

不过即使走得再远，也终有回来的一天。

此刻，我回来了！柴门闻犬吠，风雪夜归人！

此时的贺知章不禁发出慨叹之声，于是他挥笔写下了那首著名的《回乡偶书》：

少小离家老大回，

乡音无改鬓毛衰。
儿童相见不相识,
笑问客从何处来。

没有华丽的辞藻,没有雕刻的印痕,自然、逼真,语言、声韵仿佛自肺腑自然流出。或许正是自然平实,使得这首诗千百年来成为下自三岁顽童、上至八十老翁都可以瞬间脱口而出、朗朗上口的诗句。

多少离乡的游子在最终踏上故土的瞬间,也总会发出"少小离家老大回,乡音无改鬓毛衰"的感慨,他们慨叹韶华易逝、人生易老、世事沧桑,更加深深地体会到什么叫叶落归根。

事实上,《回乡偶书》一共有两首,除了上述的第一首之外,在我看来,第二首更加表现了贺知章那高超的作诗技巧:

离别家乡岁月多,
近来人事半消磨。
唯有门前镜湖水,
春风不改旧时波。

以物喻心,在湖波不改的衬映下,物是人非的感慨显得愈益深沉。但诗句依旧是那么自然而不留痕迹。

后世的陆游在评价这两首《回乡偶书》时说道:"文章本天成,妙手偶得之。"

的确,这两首诗并不是以天马行空般的诗意而显得出神入化,而是在一种亲切、平实之中,将人们带进一种无限感慨的化境。

这两首《回乡偶书》蕴含了贺知章将近五十年的思乡之情,或许因为下笔千言、劲道过猛,在写完这两首诗以后不久,他永远地闭上了双眼,享年八十六岁。

贺知章晚年自号"四明狂客",后人们便依据他的这个号,给他送上了"诗狂"的称号。其实,在我看来,这个称号并不准确,贺知章虽然性格放旷,史书也记载他晚年放荡不羁,但我觉得这一切都源于他内心深处对人生无常慨叹的深深隐藏。

贺知章虽然一生顺畅,但从诗人的角度来看,他和李白、杜甫、白居易等人在本质上是一致的。

那就是都有一颗敏感的诗心和一个激荡的灵魂。

对手

前边在说李隆基开设丽正书院的时候，我们插进了对贺知章的一些介绍，现在让我们重新回到主题，继续来说张说的经历。

当文武双全的张说重新回到宰相班子大展拳脚时，虽然李隆基对他颇为信任，但张说在朝廷的地位并不稳固，原因是张说自负才能出众，骨子里有一种傲慢之情，开元初年和姚崇的矛盾不能不说与张说的性格有关。

问题的关键是，张说虽然才能出众，但能够在朝廷站住脚的全都不白给，只不过有的人由于性格的原因不愿意针锋相对，如源乾曜。但如果遇到和张说性格一样的人，那结果只有一个——打成热窑！

而张嘉贞就是这样的人。

很多史书都记载，张说和张嘉贞当时矛盾突出，甚至不顾自己的身份，差点挽起袖子抄家伙动手，但这些史书都没有记载为什么单单这两个人矛盾那么突出，很长时间以来，我也对这个问题感到很好奇，当我仔细翻阅史书，我发现问题的答案藏在两个人的履历之中。

张说和张嘉贞曾经有一年半的时间一同在兵部为官，张说是兵部侍郎（正四品），张嘉贞是兵部员外郎（正六品），换句话说，那个时候张说是张嘉贞的领导。

虽然这段时间不长，但在我们这个重视资历和辈分的国度里，他哪怕当过你一天领导，再见到你时，心里也会有一种高高在上的感觉，更何况是一年半的时间。

而直到张说重新回到朝廷，进入宰相班子后，情况发生了变化。

从时间顺序来讲，张嘉贞这次要先于张说进入宰相班子；按照资历来分，从宰相这个角度而言，张嘉贞算是老同志，而张说只能算是老将新兵。

现在张说这个老领导成了新下属，张嘉贞这个老下属成了新领导，再加上张嘉贞本身也是个急性子的人，所以矛盾出来了。

其实里外里无非只有两个字——面子！

在这些讲究身份、讲究脸面的朝廷官员看来，面子问题实在无小事。

最初张说和张嘉贞两个人还处在暗战的阶段，随着时间的推移，两个人的个性展露无遗，矛盾开始公开化，而公开化的标志则是对裴伷先的用刑问题。

裴伷先并不出名，但他有个大名鼎鼎的伯父，那就是被武则天处死的宰相裴炎。

裴炎被处死后，裴伷先因为受到株连，被发配岭南。李旦第二次当了皇帝后，念及裴炎曾经有功于李唐皇室，恢复了他的名誉，并将裴伷先从岭南召回，对他恩宠有加。

但裴伷先无论是道德水平还是智商都远远不如他的伯父宰相裴炎，终于在开元十年(722 年)的时候，因为受贿问题，被人揭发弹劾。

李隆基二话没说，先下到大狱再说。

和李旦一样，李隆基同样念及裴炎曾经的功劳，所以对裴伷先的问题十分谨慎，为此他特意召集宰相们专门开会进行研究，而张说和张嘉贞矛盾的公开化正是源于这次会议。

张嘉贞认为，既然事实俱在，一定要严肃办理，而且为了警示所有人，应该用廷杖。

张嘉贞说完，张说立即站出来表示反对：

"古语有云'士可杀不可辱'，如果犯了死罪那就应该处死，如果应该流放就立即流放，为什么要当众廷杖呢？这等于将朝廷的官员当作小吏一样对待，依臣来看裴伷先应该是判流放，绝不能当众廷杖。"

张说这番话虽然是面向李隆基说的，但谁都听得出来其实是在说给张嘉贞听。

坦白地讲，张说的建议有其合理性，至少人性化一点，而李隆基的出发点也是如何量刑，并没有羞辱裴伷先的意思。

所以，张说说完，李隆基立即表示同意。而张嘉贞的脸色则开始铁青。

如果这件事情换了源乾曜，相信他一定能够忍住，即使是想报复，也会找个比较稳妥的方式，但张嘉贞如果能够做到这一点，那他就不再是张嘉贞。

会议结束后，憋了一肚子气的张嘉贞在朝堂门口拦住了张说，然后瞪起眼睛高声质问道："你刚才和皇上说那么多干吗？用得着讲那么多大道理吗？"

事实证明：张嘉贞的方法虽然简单，但并没有效果。面对他咄咄逼人的质问，张说反而出奇地平静。

"没有人能够保证永远在高位上，今天如果廷杖裴伷先，或许明天棍子就会打到我们身上，今天我不是为裴伷先开脱，而是为天下所有的官员开脱。"

说完后，张说转身离去，留下张嘉贞怔在原地。

张说虽然自始至终都保持一种平和的态度，但他的内心始终隐藏着一个扳倒张嘉贞的想法，此刻张说虽然转身离去，但面对张嘉贞的咄咄逼人，他已经下定决心，找个机会将张嘉贞踹出宰相班子。

于是，张说开始开动脑筋，他的策略很明确，首先寻找张嘉贞的软肋所在。

在经过很长时间的观察后，张说发现张嘉贞自身除了性格急躁之外，并没有什么把柄能够让他大做文章。不过张说并没有放弃，既然本人无懈可击，那就从亲戚朋友入手。

事实证明，张说的运气非常不错，开元十一年(723 年)正月，李隆基决定前往并州(今山西太原)视察。

大家应该还记得张嘉贞曾经是以并州长史的身份起家的，而且并州的旁边就是他弟弟张嘉佑的地盘。

对张说来讲，这实在是天赐良机，因为机会永远是被创造出来的。于是，他的目光瞄向了张嘉佑。

正月二十五日，李隆基到达并州，唐代有个惯例，皇帝外出视察，无论到哪个地方都叫“巡幸”，意思是能够为所视察的地方带来幸运。为了显示皇恩浩荡，皇帝通常都会为当地免税或者减赋，等等。

这一次，李隆基来到并州，虽然他没有下令免税或者减赋，但他却将并州升为太原府，相当于现在的直辖市。而且并州是李唐的发家之地，所以李隆基又特意将并州设立为北都，等于和东都洛阳平级。

如此看来，李隆基当时的心情应该很不错，而这也正是张说所希望的。

因为皇帝陛下越高兴，张说的计划就越有实现的可能。之所以这样讲，是因为任何一个皇帝在巡幸时，都希望这个地方至少在自己到来时，能够吏治清明，不希望有任何不和谐的声音出现。

而张说的目的就是制造不和谐。

很快，在李隆基刚刚将并州设立为北都之后，张说指使人将一封弹劾张嘉佑的奏章递到了李隆基的面前。

奏章的内容依然是黑人的老套路，指出张嘉佑在任期间贪污受贿，应该予以严惩。

我们不能不说张说选择此时进行弹劾，可谓煞费苦心，虽然忻州不是李隆基外出的巡幸之地，但却是距离并州最近的地方，张说清楚地知道，选择此时弹劾张嘉佑，一定比平常增加十倍的杀伤力。

在整个计划中，张说的本意是想通过弹劾张嘉佑进而让张嘉贞受到株连，即使张嘉贞没有罪过，相信也会被牵连进来。

然而事情发展的轨迹完全让张说意料不到，当李隆基接到奏章还没有表态的时候，张嘉贞得到了消息，然后他亲自找到张说商议对策。

从张嘉贞的这个举动来看，显然他并不知道这一切都是张说在背后指使，而他刚刚和张说吵完架，现在又找张说求救，说明张嘉贞的性格虽然急躁，但并不是气量狭小的人，属于那种炮筒子类型。

然而张嘉贞的对手张说却是个熟练太极八卦掌的高手。

在张说看来，这真是踏破铁鞋无觅处，得来全不费工夫。既然已经送上门来，如果不顺便整人，那实在不够意思。

为此，张说给张嘉贞出了个主意，他让张嘉贞脱下官服，穿上普通老百姓的衣服，站在朝堂门口一言不发地等待李隆基的处分。

表面看起来，张说出的主意似乎很不错，但如果仔细分析起来，张说的主意明显属于蒋干式的主意——馊主意！

张说显然为张嘉贞挖了一个巨大的坑，因为张嘉贞这样做虽然表现得态度很诚恳，但等于是向皇帝陛下表示认罪。问题的关键是被弹劾的人是张嘉佑，你张嘉贞跟着起什么哄，即使牵连到你，也完全可以觐见皇帝说明情况，或许还有挽回的余地。

在这里张说其实运用类似于移花接木的方式，无形中将张嘉佑应该承担的问题，转嫁到了张嘉贞身上。

在张说一番花言巧语的劝说下，张嘉贞采用了他的方法。

于是，他的宰相生涯就此终结。

当张嘉贞按照张说的方法站在朝堂外时，李隆基的第一反应就是张嘉佑的确有贪污受贿的行为，而且张嘉贞也脱不了干系，不然的话张嘉贞不可能表现得这么诚恳。

至此，张说的目的达到了！

开元十一年(723 年)二月三日，张嘉贞被降为幽州刺史。

直到李隆基的诏书送到张嘉贞的面前时，他才意识到原来这一切都是张说在搞鬼。

“中书令的位置不是有两个人的编制吗？为什么还要苦苦相逼呢？”

张嘉贞目光呆滞地看着李隆基的诏书，喃喃自语地说道。

一年后，张嘉贞重新回到了朝廷，虽然被提拔为户部尚书，但却已经远离了宰相班子，每当张嘉贞想起这件事，都禁不住对张说恨得咬牙切齿。

在一次朝臣聚会上，张嘉贞偶遇张说。想起先前的一切，张嘉贞终于忍到了极点，他挽起袖子准备上前揪住张说，而张说也毫不示弱，举起拳头就奔着张嘉贞面颊而去，幸亏源乾曜眼疾手快，拉住了两个人，避免了一场掐架。

张嘉贞愤恨地离去。面对他离去的背影，张说露出了颇为得意的表情。

然而，正像张说对张嘉贞所说的不能杖打高官的道理一样，在张说用计扳倒张嘉贞后，是不是张说早晚有一天也会像张嘉贞一样呢？

事实上，张说应该比张嘉贞更能体会到官场的无常，因为八年前当他被姚崇算计后，他的心境和此时的张嘉贞是一样的。

但有的时候，当人处于一种于己有利的境地时，会全然忘记了曾经的窘境给自己带来的痛苦，相反却依然让别人陷入窘境。

或许张说不会想到，张嘉贞那愤恨之情，自己很快将会重新体会到。

孤立

《旧唐书·张说传》记载张说："当承平岁久，志在粉饰盛时。"

虽然这两句话是关于张说性格的记载，但从另一角度来看，确实反映了自李隆基继位十多年来，经过姚崇、宋璟等一班贤相的治理，大唐帝国逐渐显露出了盛世的景象。面对这一局面，上至皇帝公卿，下到黎民百姓无不欢欣雀跃。

当然最高兴的非李隆基莫属，虽然这十几年来，他似乎并没有做什么，人们只看到姚崇、宋璟、张说等众多贤相忙碌的身影，但这恰恰说明李隆基是一个会做皇帝的人，无须事必躬亲，只须用好干部。

现在帝国在他的带领下，呈现出蒸蒸日上的局面，这让李隆基很是兴奋，年少时心中立下的誓言，此刻终于兑现，他很想用一种特有的方式，为自己这十多年奋斗的历程做一个总结和回顾，甚至可以说是铭刻这种丰功伟绩。

李隆基的想法很快就被张说猜透，开元十二年（724年）十二月，张说不失时机地向李隆基提出了封禅泰山的建议。

所谓封禅泰山，据《史记·封禅书》的解释，就是到东岳泰山上筑土为坛以祭天，报天之功，名为"封"。在泰山下小丘上除地，报地之功，名为"禅"。

古往今来，只有那些创建不朽功勋的皇帝才有资格去泰山封禅。曾经横扫六国一统天下的秦始皇去过，征服匈奴使大汉扬威的汉武帝去过，中兴大汉的光武帝也去过，李隆基的祖父李治和祖母武则天同样去过。除此之外，再无其他人。

一般情况下，皇帝是不会主动前往泰山去封禅的，因为那样会给人们带来一种好大喜功的感觉，这也是为什么开创贞观盛世的李世民一生也没去泰山封禅的原因。

坦白地讲，当年李治和武则天去泰山封禅，在很多人看来就颇为牵强，那个时候虽然帝国的疆域达到极致，但李治却不是雄才大略的皇帝，而武则天也还没有成势，所以在李隆基之前，只有秦始皇、汉武帝、光武帝是真正有资格去泰山封禅的人。

现在张说提出这个封禅泰山的建议，在李隆基看来，这固然是个很好的建议，但纵观当时的朝廷局势，张说的建议其实并不被众多人所认可。

首先站出来反对的便是另一位宰相源乾曜。

和张嘉贞比起来，源乾曜性格并不强势，但并不等于内心没有想法。史书上记载源乾曜反对封禅的理由是怕劳民伤财。

不过在我看来，作为政坛老手，源乾曜所说的这个理由显然站不住脚，要知道皇帝外出巡幸花的银子丝毫不比封禅泰山的少，那为什么源乾曜提出反对意见呢？

事实上，源乾曜提出反对意见，其中有着更深层的原因，那就是他看出了如果本次封禅泰山成功，大臣之中张说是最大的受益者。

张说是李隆基旧臣，又是曾经的老师，更是被李隆基寄予厚望的宰相，而且张说是首倡封禅的人，正合李隆基的心思，相信李隆基一定会让张说负责这次封禅之行。

而源乾曜虽然不像张嘉贞那样和张说已经矛盾公开化，但他和张说也并不和，所以站出来反对合乎情理。

源乾曜当然不能将内心的真实想法说出来，只能找个劳民伤财的理由来劝说皇帝，但对于能够永远镌刻丰功伟绩的泰山封禅来说，这实在有些不叫理由。

只因为李隆基是皇帝，但皇帝年年有，而有资格去泰山的则寥寥无几，现在李隆基已经从大臣那里听到了呼声，他岂能错过这个机会？

所以源乾曜的反对无效。

后来的事情正像源乾曜所预料的那样，在李隆基的授意下，张说总揽了本次封禅的策划事宜，而时间则定在转年的十一月。

表面看起来，张说确实是这次活动的受益者，既有首倡之功，又具备总策划的职能。文武双全的张说可能连自己都没有想到，自己居然能够担任皇家最高祭祀仪式的总策划，从这一点来讲，他的经历实在比开元初年所有宰相都要丰富。

张说明白，对于他而言这是他获得人生史无前例殊荣的机会，所以倍感珍惜。他的策划方案做得十分详细，当他将策划方案呈献给李隆基时，得到了李隆基的赞扬。

不可否认张说对于本次封禅大典的重视度，我们同样不能否认为了确保本次活动的万无一失，张说耗费了不少精力来制作方案，但很多事实却告诉我们，一项活动的成功与否并不在于活动本身是否精彩，而在于通过活动的举办，各方的利益是否能够得到满足。

然而张说的封禅大典策划案里，并没有涉及这一点。

后来的事实证明，封禅大典虽然给张说带来了无限的荣耀，却也是他人生走向低谷的开始。

开元十三年(725 年)十月十一日，在经过了将近一年的准备后，李隆基带领文武百官从东都洛阳出发前往泰山，十一月六日到达泰山。

十一月十日在泰山顶上首先祭祀昊天上帝，值得一提的是，这天的祭祀活动，跟在李隆基身边的是张说及其亲信，其余的人全在山下等候。请大家一定记住我说的这些，因为这对后边事情的走向，至关重要。

一天后下山，在社首山(今山东泰安市西南)祭祀地神，至此封禅大典全部完成。

我这样说大家可能会感觉很简单，封禅大典本身当然还有很多既定的程序，鉴于这并不是我讲述的重点，所以不再赘述，即使把那些详细的程序说出来，相信大家也不一定感兴趣，而接下来我要说的则是透过封禅大典，它背后所隐藏的利益之争。

在张说的策划和指挥下，整个封禅大典进行得十分顺利，李隆基满足了内心好大喜功的愿望，终于铭刻了自己的丰功伟绩，而大臣们则有幸跟着皇帝见识了封禅大典的全部过程。放眼整个中国历史，又能有几人?

按说事情到这一步，君臣之间皆大欢喜，接下来该是迅速返回工作岗位，继续干该干的事儿。不可否认，张说是这样想的，但很多人并不这么想。

只因为一样东西，那就是前边我提到过的——利益!

部分人通过这次封禅得到了丰厚的利益回报——升官，这些人是张说的亲信。十一月十日在泰山顶上祭祀昊天上帝的时候，李隆基下令将张说的亲信就地升职。

而另一部分人通过这次封禅并没有得到丰厚的利益回报，换句话说这一部分人没有升官，他们是十一月十日在泰山脚下等候皇帝陛下的人。

同样是参加封禅大典的朝廷官员，为什么张说的亲信能上去，我们就不能上去？为什么张说的亲信能够就地升官，我们却不能？

没有人将矛头指向李隆基，因为他们不敢。但这些人又必须找出一个罪魁祸首，大家好同心协力地进行指责，甚至是痛打。

所以，张说就成了众矢之的！

事实上，在十一月十日当天，李隆基下令将张说的亲信就地升官的时候，当时就有人站出来提醒过张说，这样做恐怕会引起非议。

提醒张说的是时任中书舍人的张九龄！

张九龄，字子寿，韶州曲江（今广东韶关市）人。七岁能文，三十岁擢进士第二，授校书郎。他在开元年间历任左拾遗、左补阙、礼部员外郎、司勋员外郎等职，开元十年（722 年）在张说的举荐下官居中书舍人。

作为张说的亲信，张九龄是十一月十日当天就地升职官员中的一个，可是和其他官员不一样的是，张九龄并没有因为自己升了官而兴高采烈。相反，他特意在下山之后提醒张说如此大规模提拔自己的亲信，恐怕会引来非议。

我不敢说张九龄当时是不是已经从中预感到了什么，但对张说来讲这是他扭转局势的唯一机会。可惜张说并没有听进去，他的理由很简单：当下的朝廷，自己是炙手可热的人物，而且就地升官的决定是皇帝下的命令，与自己无关。

通过张说的话，我忽然想起了赵丽蓉老师小品中的一句台词：狂！狂没有好处！

张九龄的提醒并没有起到任何效果，但从这件事情我们可以看出张九龄是个具有敏锐洞察力的人，不过这件事仅仅是他小试牛刀而已，很多年后已经身为宰相的张九龄利用自己敏锐的洞察力差一点挽救了大唐帝国的国运。可惜的是，李隆基重蹈张说的覆辙，没有听张九龄的话，关于这件事在后边我会详细说到。

至此，张说在群臣的一片指责声中，渐渐地陷入孤立的境地。一年后，如果张说再次想起张九龄的话，他一定会懊悔不已。

现在官运亨通的张说当然看不到来自四面八方的非议，即使看到了他也不会在乎，还是那句话，他始终认为自己是当下最炙手可热的人物。

直到那个强大的对手出现。

这个对手的名字叫宇文融！

强大的对手

宇文融，京兆万年人，隋朝礼部尚书宇文弼的玄孙。开元初年，他担任富平县(今陕西富平县)主簿，后来得到源乾曜的赏识，升任监察御史。

表面特长：理财。业绩：解决农民流亡问题，增加国家租赋收入。

隐藏特长：整人。业绩：整倒张说。

开元盛世虽然令万邦景仰，但并不是一点问题没有，在当时困扰李隆基最大的问题就是农民的流亡问题。造成这个问题的根源在于农民被沉重的赋役所逼迫。

大量的农民被迫逃离原籍，有的沦为流民，有的成为地主的佃户，使全国农民的户籍大大减少，严重影响了国家的财税收入。如果这个问题无法得到有效解决，久而久之就会成为影响延续盛世局面的危险因素，甚至会产生动荡。

当时有很多人看出了问题的严重性，但却几乎无人能够找到解决的办法，其中也包括皇帝李隆基。

李隆基经常为这个问题所困扰，幸好他的身边还有宇文融。

在张说官运亨通之际，在张嘉贞愤恨不满之时，在很多人混日子的时候，宇文融在官场斗争中并没有显山露水，而是开动脑筋去想怎样解决困扰皇帝陛下的问题。

在经过一番调研和分析后，开元九年(721年)正月，宇文融上疏李隆基，率先建议检括逃户，以增加租赋收入。奏疏递上去立即得到了李隆基的首肯，然后李隆基又让宇文融详细制订检括的计划。

十二天后他的计划被批准执行，李隆基同时委任他为推勾使，让他依据簿籍检括逃户。经过短期的治理，效果十分明显。而宇文融也被李隆基从正八品上的监察御史一下子提拔为从六品上的兵部员外郎。

但宇文融明白，解决农民流亡的问题，并不是仅仅短期集中治理就可以解决的。所以从开元十一年(723年)八月起，宇文融将括户、括田及赋役改革结合进行。次年六月，颁发《置劝农使诏》，申明对编户后的流民免征正税，并提出六年起科的政策。所谓六年起科，就是对新登记的户口免除六年的赋税。史书记载，当这项政策颁布时，“老幼欣跃，唯令是从”，很明显它是受到广大农民欢迎的。

从开元十一年(723年)一直到开元十三年(725年)，在宇文融的治理下，农民流亡的问题在很大程度上得到了有效的解决。值得一提的是，宇文融虽然在这方面是行家里手，但他更明白团队协作的重要性，在多年的治理过程中，他一共任用二十九名劝农判官，多是干练人才，确保了治理的广泛性和科学性。

经过将近三年的治理，到开元十三年(725年)，全国共新增户口八十万户，据统计新增田地与新增户口基本成正比，从结果来看，宇文融及他的合作团队功劳是很大的。

而成功治理农民的流亡问题，也使宇文融获得了丰厚的回报。

开元十二年(724年)八月，宇文融晋升御史中丞。半年后又兼任户部侍郎。

从开元九年(721年)到开元十三年(725年)，宇文融的官职一路飙升，由八品升为从三品，名副其实地连升四级半。

按说张说身为中书令，宇文融身为御史中丞兼户部侍郎，无论从哪个角度看，张说都是宇文融的领导。而且在开元十一年(723年)的时候，张说又将政事堂改为中书门下，并吸收吏部、枢机院、兵部、户部、刑部五个部门在中书门下。虽然御史台不在其中，但宇文融兼任户部侍郎，因此，要说张说是宇文融的顶头上司也不为过。

然而，很多事实告诉我们，官大的在皇帝那里未必比官小的吃香。

要知道农民的流亡问题一直困扰着李隆基，很长时间以来，没有人能够找到解决的办法，直到宇文融把这个问题成功解决。在李隆基看来，成功解决了农民的流亡问题远比解决任何问题都重要，宇文融的成功意味着帝国成功清除了不安定因素。所以，宇文融在几年间能够连升四级半不是没有道理的。

从宇文融的升迁速度完全可以看出李隆基对他是多么厚爱，但在官场中，无数的事实证明了，一个人红极一时就会引来别人的无限忌妒。在宇文融大有可能成为朝廷第一宠臣之际，他的顶头上司张说却倍感不悦。

因为在张说看来，刚刚成功策划完封禅大典的他才是这个朝廷中最红的人，现在宇文融居然敢抢他的天王宝座，依张说的性格，他岂能善罢甘休？

所以在平常的工作中，张说在面对宇文融的时候，总是摆出一副领导的架子，对宇文融指指点点。不仅如此，《资治通鉴》上记载说，张说厌恶宇文融的为人，而且担心他过于得宠，从而影响自己在朝中的天王地位，所以每次在上朝的时候，只要宇文融发言，张说必然站出来反对，进而压制宇文融。

史书上没有记载宇文融针对张说的挑衅有什么反应，在他最终使出杀招之前，并没有像张嘉贞那样挽起袖子准备和张说打架，从这一点来看，宇文融的素质还算不错。但前边我说过，宇文融的表面特长是理财，隐藏特长是整人。事实上，在张说咄咄逼人的时候，宇文融那和善的外表下，早已经下定决心要扳倒张说。

不过，张说作为老臣，能够在远离朝廷八年后再回来，并且一举成为炙手可热的人物，宇文融明白他绝非等闲之辈，要想扳倒张说必须首先进行试探性的攻击。

开元十三年(725年)十二月，宇文融第一波攻击开始。

当时李隆基怀疑吏部选举考试不公平，而这次选期又迫在眉睫。此时宇文融觉得自己的机会来了，于是他上疏李隆基请求把吏部分为十拴。这个建议得到了李隆基的认可。二十五日，李隆基下令让礼部尚书苏颋等十个人掌管吏部的选试，考试结束后，他们应立即将试卷送到皇宫内院，吏部的负责人不得参与本次选官的事宜。

表面看起来，宇文融好像再一次为皇帝陛下排了忧解了难，但这一次和他治理农民流亡的问题显然动机不一样。从权责归属来讲，宇文融等于是在拆张说的台。

前边我们说过，开元十一年(723年)，张说在李隆基的批准下，将五个大部门并在自己的中书门下，其中就包括吏部。宇文融身为御史中丞兼户部侍郎，其实对于吏部选官这件事，他可以有两个选择，第一是以御史中丞的名义，从监察的角度直接上疏皇帝提出自己的意见；第二则是利用户部侍郎的身份，按照程序先和顶头上司张说进行商量。

按照正常逻辑，宇文融至少应该卖张说个面子，先把自己的意见告诉张说，然后让张说上疏皇帝，但现在宇文融偏偏选择了第一种方式，由此可以推断出，他的真正目的其实是在攻击张说。

领导又如何？户部侍郎只是个兼职，发工资的是御史台！怕你不成？

宇文融的上疏其实是在提醒皇帝，吏部的选官问题产生的根源是在张说那里。吏部归张说领导，张说即使没有徇私舞弊，也应负领导不力的责任。

高！实在是高！整个奏疏虽然没有提到“张说”两个字，却又不禁让人联想起张说，这就是传说中的杀人于无形。

当然宇文融并没有奢望用一封奏疏就可以扳倒张说。不过在他看来，这封奏疏一定会让皇帝陛下将吏部选官不公的责任拍到张说的头上，而他要的就是这个结果。

宇文融在耐心等待李隆基的反应，他坚信一切都在自己的掌控之中。

不过让他没有想到的是，他在第一时间等来的却是个搅局的人。

这个人是时任左庶子的吴兢。

在李隆基决定采用宇文融的方法选官时，吴兢的奏疏也递到了李隆基那里：

“陛下妄信谗言，不信吏部的主管官员，不是为君治民、推诚感人的方法。从前陈平、邴吉是汉朝的宰相，尚且不核对钱谷的数目，不审讯斗死的案子；何况是大唐的皇帝，怎么可以代替臣子做臣下铨选的事情？这件事希望陛下能够重新委任主管的官员，停止现在的铨选。”

之所以说吴兢是搅局的人，是因为他并不是张说一派的人，他的上疏纯粹是出于公心。但宇文融从吴兢的奏疏中，却闻出了他似无意似有意地攻击自己，替张说开脱的味道。

吴兢说皇帝听信谗言，而提出设立铨选建议的是宇文融，这显然在说宇文融进的是谗言，一般进谗言的人都是小人，所以宇文融是小人。

吴兢说当年陈平、邴吉作为宰相不核对钱谷的数目，不审讯斗死的案子。宇文融的理解是张说作为宰相，选官的事情也没有必要亲自过问。

总之一句话，在宇文融看来，吴兢的上疏就是针对自己，虽然他不是张说一派的人，但却有搅局的可能。

事实证明，宇文融的预料没有错，李隆基虽然当时没有立即采纳吴兢的谏言，但在转年便恢复了先前的选官程序，并且张说没有因为此事而受到任何冲击。

由于猛人吴兢的突然搅局，使得隐藏很久的宇文融在不经意间暴露了自己，而张说并不是软柿子。史书上虽然没有记载张说针对这件事对宇文融有什么反击的行为，但并不能证明张说没有任何计划。

如果说以前宇文融一直是在隐藏自己，那么现在他和张说的矛盾已经彻底公开。而且宇文融的这次攻击行为颇有些想毁掉张说前程的味道，张说岂能善罢甘休。所以他俩的矛盾已经不可调和。

在遍览诸多的官场斗争后，其实那些所谓的胜利者只有两个诀窍——出手快和出手狠！

这次试探性攻击的失败并没使宇文融丧失信心，出手狠他已经做得游刃有余，他坚信接下来只要再加上出手快，他将会成为最终的胜利者。

“张说！你我的斗争其实才刚刚开始，当我再次出手的时候，你将毫无还手之力！”

组团群砸

宇文融的试探性攻击,最终以失败告终,张说毫发无损。

张说始终认为自己经历这么多宦海沉浮,披荆斩棘地一路走到今天,在成功策划并主持封禅大典之后,终成为天王级的朝臣。现在宇文融一个乳臭未干的后生,居然用三脚猫的功夫来公开挑衅自己,在张说看来,宇文融根本不配做他的对手。

所以史料上没有记载张说有什么反应,不是因为张说没有应对之策,也不是他根本没有发觉宇文融的企图,而是他根本就没在乎。

当时张九龄针对宇文融的所作所为,再次挺身而出提醒张说,认为宇文融当下很得宠,而且能言善辩、有谋略,让张说多加防备。而张说却认为宇文融属于老鼠之流,根本产生不了什么威胁。

事实证明,老鼠虽然只能在黑天偷些粮食吃,但它们有隐性的传播鼠疫的危害!

张说再次将张九龄的话当作了耳旁风。然而很快,宇文融就开始了第二次攻击。

如果说第一次的试探性进攻,宇文融失败于猛人吴兢的搅局,那第二次攻击,宇文融则有必胜的把握。

因为这次进攻的背后,除了宇文融之外,还隐藏着诸多人的利益,扳倒张说大家一起升官发财,正所谓"组团群砸"是也。

之所以这样说,是因为张说依然继续发挥他的性格,不断地使自己陷入孤立的境地。

事情的起因源于李隆基的一项人事任命。

开元十四年(726 年)二月,李隆基召见河南尹崔隐甫,想要任命他为御史大夫。河南尹是地方官,御史大夫是京官,这等于算是提拔了崔隐甫。

既然是皇帝陛下看重的人,相信在地方上一定有政绩,然而李隆基的这个想法却遭到了张说的阻止。

张说的理由是:崔隐甫没有什么文学修养,是不能重用的。为此,他建议任命崔隐甫为金吾大将军(皇家卫队长),张说的潜台词是:以崔隐甫的水平和能力最多做个护卫长。

崔隐甫文学修养高与不高,我们暂且不论,但张说的理由明显有些牵强,文学修养高未必能把官做好(如李白、杜甫),最重要的是,张说的阻止并不是出于公心,而是因为对于御史大夫这个职位,他有自己的人选——时任殿中监的崔日知。

这下引起了李隆基的反感,他当下拒绝了张说,并且他用一种特有的方式回击了张说,那就是给了崔日知一个左羽林大将军的职位,李隆基的潜台词是:你推荐的人,才是适合做护卫的人。

在任命崔日知的第二天,李隆基就提拔崔隐甫为御史大夫,他仿佛在告诉张说:这个帝国中只有一个人具有至高无上的权力,那就是皇帝。

自张说第二次重返朝廷一直到现在为止,他第一次在李隆基那里产生了信任危机,而这一切对多谋略的宇文融来讲,正是扳倒张说的绝好机会,甚至是唯一的机会!

在充分吸取第一次试探性攻击失败的教训后,宇文融决定这次攻击采取组团群砸的方式,毕竟人多力量大嘛!

在这个群砸队伍中,第一个被宇文融拉进名单的就是皇帝李隆基,在宇文融的计划中,李隆基的作用并不是冲在第一线扔板砖,他的作用是发板砖。

而真正向张说扔板砖的一线队员,宇文融找到了以下两个人:御史大夫崔隐甫和御史中丞李林甫!

崔隐甫能够入选这个群砸团队自然不用多说,而李林甫在此之前还没有登过场,但以宇文融的智商来看,能在这么多御史中选中他,可见这个人并不一般。从出身来看,他是高祖李渊堂弟李叔良的曾孙,算是李唐皇族的后代。

《旧唐书·李林甫传》记载:“林甫面柔而有狡计,能伺候人主意。”

《资治通鉴·唐玄宗天宝元年》记载:“时人谓之林甫口有蜜,腹有剑。”

总结一句话:李林甫属于那种他把你卖到新疆,你回来还会给他捎葡萄干的主儿,在整人领域是名副其实的狠角儿。

不过在由张说、宇文融等诸多大腕儿把持朝廷局面的情况下,李中丞还仅仅是个小角色,但他实在具备了立足官场的全部厚黑、权谋之术,所以在不远的将来他注定会成为一个可怕的人,进而足以超过姚崇、宋璟、张说、宇文融等一干猛人,而位居宰相职位长达十九年之久。

李林甫之所以能够义无反顾地投向宇文融的阵营,除了他天生具有整人的爱好之外,还因为在封禅泰山时,他是站在山下的那些官员中的一分子。换句话说,封禅当天就地升职的官员中,并没有李林甫的名字。

以李中丞的性格,如果不找个机会报复张说,那实在是说不过去。

因为各自的经历，更因为各自的利益，从现在开始群砸张说“三人帮”正式宣告成立。

开元十四年(726年)四月四日，在李隆基和张说因为人事任命问题产生分歧的两个月后，“三人帮”正式联合上疏李隆基弹劾张说，理由是张说曾经把一个叫王庆的术士招到家里占卜星象，奢侈过度并且接受贿赂。

如果这封奏疏是在一年前被送到李隆基面前，他一定会把它当作废纸扔进垃圾堆。但是现在不同，因为，在此之前和张说因为人事问题而产生的分歧，使李隆基对张说已经有了反感，在这个节骨眼上，“三人帮”的弹劾只会使李隆基那颗反感的心，进而转化成一种猜疑。

这就是宇文融看重这次机会的全部原因。

事实证明，宇文融这次押对了宝，弹劾奏疏刚递上去，李隆基就下令让另一位宰相源乾曜、刑部尚书韦抗、大理少卿胡珪和崔隐甫一起在御史台审讯张说。

从负责审讯工作的成员名单来看，没有一个是张说的人！

源乾曜和张说是暗中不和，崔隐甫恨张说恨得咬牙切齿，韦抗和胡珪虽然和张说没有什么矛盾，但也没有什么亲密的交往，审讯的结果闭着眼都能猜出来，张说即使打死也不说，这些人也会想尽办法让他招供，然后写个一切属实的调查报告递上去。

当李隆基看完报告后，下令将张说暂时下在大狱之中。对于如何处理张说，李隆基陷入了深深的思考之中。

张说的身份不同于其他人，张说曾经做过李隆基的老师，而且当初因为“功臣”的身份和姚崇的算计被贬出过京城，八年后，当李隆基需要他重新回来的时候，他没有丝毫的怨言而依然尽心竭力地为这个帝国工作。最关键的是，在当时没有任何人能够揣摩出李隆基内心深处的需要，是张说首倡封禅泰山，并成功策划实施。

对于张说的功劳，李隆基自然不会忘记。对于张说特殊的经历，李隆基有着别样的感受。

在反复思考这个问题期间，李隆基让高力士前往大狱探望过张说，高力士看到张说蓬头垢面地坐在地上，用瓦器吃饭，眼神中透露出一丝惊恐。

高力士向李隆基如实地汇报了这一情况，李隆基的脸上现出了怜悯之色。作为久在皇帝身边的贴身宦官，李隆基的一言一行，甚至是一个眼神全都瞒不过高力士的眼睛。

“陛下！张说乃有功之臣，又曾经做过陛下的老师，希望陛下能够从轻发落他。”

高力士的语调虽然很轻，但在这种氛围下，他的每一句话都不时打动着李隆基那颗怜悯的心。

李隆基点点头，然后他命人开始起草诏书。

……

开元十四年（726年）四月十二日，张说被解除中书令之职，六年的宰相生涯就此终结。不过，由于先前高力士的求情，李隆基并没有将他一撸到底，其他的官职保持不变。

对于张说而言，他对于一切已经看得很淡。当年被外贬京城八年后还能回来，他认为已经算是个奇迹，而且经过自己的努力，自己又成为朝廷中的红人，即使现在走背字，不当宰相，其他的依旧没变。

“现在，我已别无所求，宇文融你虽然现在胜利了，但是你的一生也未必能够达到我的高度！”

事实证明，在看到张说的处理结果后，宇文融的确很不满意。虽然张说已经身在宰相行列之外，但他只要在朝廷存在一天，就有可能重新被皇帝起用。

绝不能让张说再次站起来！

为了实现这个目的，宇文融再次开动自己的脑筋，团结一切可以团结的力量，制造更大的阴谋试图置张说于死地。

但很多时候，人一旦把自己交给了阴谋，就等于把成败交给了运气那乖张的胃口，没有人能够精细地把握阴谋的走向和脾气！

在我看来，宇文融虽然有权谋，但他的情商远不如他的智商高，他并没有走进李隆基的内心，去真切地体会李隆基之所以这样处理张说的原因。事实上他也不可能走进，因为以制造阴谋为自己谋取利益的人，本身只是关注于“术”。

宇文融依然肆无忌惮地和他那些盟友们攻击张说，然而他没有观察和意识到皇帝陛下早已经厌烦了他这种把戏。既然宇文融不能遏制自己的欲望，不能就此收手，那就只能由李隆基来用强制的手段终结这场争斗。

开元十五年（727年）二月二日，为了彻底结束这场纷争，李隆基决定对两个人各打五十大板，张说被勒令退休回家养老，宇文融则被外贬为魏州刺史，崔隐甫暂时解官回家照顾年迈的母亲。

整个纷争终于可以暂告一个段落，当然也仅仅是暂时。因为无数的历史事实充分印证了，朝廷的党争不会如此轻易地结束，宇文融和张说的斗争同样不例外，直到那个可怕的李林甫和颇具张说风范的张九龄逐渐走向前台时，这场斗争依然会继续。

结局

张说和宇文融都远离了朝廷这块是非之地，但他们的仕途旅程并没有就此终结，两个人最后的结局也完全不同。

开元十六年(728年)，李隆基再次召宇文融回朝，出任鸿胪卿兼户部侍郎、同中书门下平章事。次年拜黄门侍郎兼同中书门下平章事，等于晋升到宰相的行列。李隆基对宇文融的理财能力是相当认可的，所以在他和张说的争斗烟消云散后，任命他为宰相，希望能发挥他的长处，将帝国治理好。

而宇文融也的确是信心百倍，踌躇满志。他曾夸下海口说，只要自己在宰相位置上待几个月，天下就会太平无事。

即使忽悠也要看对象！要知道你面对的是皇帝。

事实证明，如果让宇文融单干一件事儿，他能做得相当出色，如检括逃户。但干宰相显然不是宇文融的长项，因为他缺少控制大局的能力。

在宰相位置上待了九十九天后，政绩平平，宇文融黯然下课，不久因为弹劾信安王李祎的案件而被罢相贬为汝州刺史。开元十八年(730年)，司农少卿蒋岑弹劾宇文融在任上贪污官钱巨万，结果他被流放崖州(今海南省三亚)，在前往崖州的路上郁郁而终。

前边我说过，宇文融的隐藏特长是整人，这当然与他身为御史中丞起家有关，他的一生有两大顶点，政务方面是检田括户，官场斗争则是用阴谋之术整倒张说。但他最终却栽在了另一个人的阴谋之下，命也？运也？恐怕谁也说不清楚。

……

在宇文融艰难地行走之时，他的对手张说在开元十七年(729年)重新被李隆基任命为尚书左丞相，从时间上推算，正好是宇文融被罢相之后不久。值得一提的是，在张说第一天上任的时候，李隆基下令为张说演奏音乐，赠给他绢布，并亲自作诗纪念张说上任这一刻。从李隆基的表现来看，虽然他曾经厌烦过张说，但张说的身份以及他曾经的功劳，实在让李隆基无法割舍下他。

从这个角度来看，张说晚年和李隆基的关系有些超出了君臣范围，或许在那时李隆基深切地感受到作为自己曾经的老师，张说一生的经历颇有些曲折，他甚至可能对曾经外贬张说有些内疚。

重新召回张说只是李隆基恩宠他的开始，而事实上李隆基好像已经预料到了什么，在张说回来没多久，他就下令让张说的长子张均官拜中书舍人，次子张垍拜驸马都尉，娶宁亲公主为妻。

谁都看得出来，李隆基此举是有意在张说身后，延续张家的富贵。

在一切都安排妥当后，命运似乎真的按照李隆基所预料的那样，诡异地前行着。

一年后张说忽然病重，李隆基每天派专使前去探望，并亲自手写药方让专使送去。十二月，张说在家中病逝，李隆基亲自撰写碑文，御笔赐谥号为"文贞"。

张说的一生三起两落，历经诸多挫折，沉浮不定，幸而晚年算得善终，相信在他弥留之际，回顾自己的一生，可以在心里说上这样一句话：

"一生虽有起落，但沉浮皆有始终，一生虽历经宦海波澜，但终有平静之时。无论身处顺途逆境，我始终无怨无悔，因为我坚信，一切艰难险阻在无惧无畏的心灵面前，都将变得渺小甚至是化为乌有。"

张说！这是一个有着诸多缺点的人，但他更是一个始终在坚持的人。

在这个世界上，坚持的道理其实谁都懂，但能够凭借毅力走到终点的其实并不多！

第五章

宫闱风波

在前边我们详细介绍了开元初年几位宰相的经历，李隆基即位后帝国在姚崇、宋璟、张嘉贞、张说等宰相的治理下，呈现出了欣欣向荣的局面。虽然在朝廷的官场斗争中，这些宰相同样表现出了各自极富特色的整人手段，但这些饱读诗书、一生“以致君尧舜上”为理想的宰相内心明白整人的手段是为了立足官场，当他们的地位稳固之后，最应该做的还是协助皇帝将帝国治理得井井有条。

所以，大唐帝国在李世民开创贞观之治后，从开元元年（713 年）一直到开元十四年（726 年），再一次迎来了一个盛世局面的到来，当然这个盛世局面并没有让李隆基满足，在前边那些贤相一一卸任之后，李隆基坚信凭借着自己睿智的双眼，一定可以继续寻找到适合做宰相的人。

李隆基确实做到了这一点，但是作为皇帝他在重新塑造盛世局面的同时，也同样面临很多烦恼，因为帝国并不是只有那些具有伟岸抱负的宰相，更多的人还是不能免俗，为荣华富贵、权势利益争来争去的并不少见。

在李隆基开创帝国盛世的同时，他同样不能摆脱来自这些人的压力，当然这些人不是来自朝中那些位高权重的名臣，而是来自那后宫之中以及以李隆基为核心的内廷势力，按照本文“依照时间顺序叙述”的原则，我们先说后宫的事儿。

争宠

开元十二年(724年)七月,在张说和宇文融之间的争斗紧锣密鼓不断上演之时,李隆基突然下诏废皇后王氏为庶人,贬皇后的哥哥王守一为潭州别驾(后于途中赐死)。时任户部尚书的张嘉贞因为和王守一交好,被贬台州刺史。

诏书一经宣布,朝野震惊,很多朝臣纷纷猜测皇帝陛下的用意何在,因为在此之前,废后这件事儿李隆基并没有和宰相们商议过,在很多人看来,皇帝陛下可能是犯了幻想性自由的毛病。然而事实上,废后这件事儿并不是李隆基拍脑门决定的,在这背后隐藏着很多不为人知的事情,甚至李隆基也是倍感苦恼。

王皇后是李隆基即位前做临淄王时的原配夫人,出身官宦世家,其父亲就是那个李隆基想要为之加高坟头的王仁皎。当年李隆基发动唐隆政变时,王皇后没少为他打气鼓劲儿,而且还出了不少好主意。其哥哥王守一也是为李隆基出过不少力,政变成功后,王皇后顺理成章地成了母仪天下的人。

在李隆基刚当皇帝的那几年,王家因为王皇后的缘故,颇受李隆基的优待,这一点从王仁皎死后,李隆基曾同意把他的坟头加高就可以看出。

李隆基是一位风流天子,身边的女人不在少数,除了王皇后之外,当时还有赵丽妃、皇甫德仪、刘才人等,这些女人无一例外地全都因为具有沉鱼落雁之容而受到过李隆基的宠爱。但随着时间的推移,一个姓武的女人逐渐超越了所有的后宫佳丽,成为最受李隆基宠爱的人。

史书上没有记载这个武姓女子的名字,因为当时她受封为惠妃,所以人称武惠妃。

如果论出身,武惠妃能够比过所有的后宫佳丽,甚至连王皇后都不能与之相比。因为武惠妃是武则天从兄武攸止的女儿。按照辈分来算的话,由于武惠妃的祖父和武则天是堂兄妹,所以李隆基和武惠妃应该算是表兄妹的关系。

武惠妃之所以进宫后能够超越众多佳丽,迅速成为最受皇帝宠爱的人,与她自身的条件不无关系。《旧唐书·贞顺皇后武氏传》记载;"惠妃少而婉顺,长而贤明,行合礼经、言应图史。"

简单一句话来概括,武惠妃是个长相漂亮、性格柔顺、知书达理、有知识、有文化的青年女子。

这样的女人别说是皇帝,即使是平民百姓,相信追求的人也不在少数,所以武惠妃能够受宠并不是偶然的。但人这辈子的性格以及诸多想法，是随着时间的变化而可能发生变化的，这句话用在武惠妃的身上实在很合适，从她后来扳倒王皇后的所作所为来看，武惠妃在久居深宫、充分感受着那深宫诡秘的斗争无处不在时，她的行为方式也在一点点地变化，这一点我们会随着时间的推移一点点地充分感受到。

在武惠妃渐渐受到宠爱时，先前的赵丽妃、皇甫德仪等人全都成了边缘化的人物，当然身为后宫之主的王皇后自身也受到了冲击。

但是谁也不会想到最终导致的结果，竟会是王皇后被废掉皇后之位贬为庶人。很多史书记载说王皇后被废的原因是本身没有子嗣，而且姿色渐渐衰退，而深受宠爱的武惠妃为了得到皇后之位不断在李隆基面前诋毁王皇后，所以最终导致王皇后被废去皇后之位。

上述的这些原因固然有道理，但当我仔细核对史料，发现事情远没有那么简单。

事实上，王皇后与武惠妃的这场斗争并不是武惠妃率先出手，相反却是王皇后率先挑衅。

不过这种挑衅也可以让人理解，只因为王皇后身处的位置与其所掌握的资源不成正比。

在母以子贵的深宫之中，皇后嫔妃如果没有儿子，那自己将会陷入不利的境地，因为皇帝迟早有一天是会伸腿闭眼的，自己的儿子继位，那新皇帝他妈就成了皇太后，古往今来不知道有多少后宫之人为了这事儿恨自己的肚子不争气。

王皇后就是恨自己肚子不争气大军的其中一员。

虽然赵丽妃生下的长子李瑛，一直由王皇后来抚养，而且也被立为太子，但那终究是别人的儿子。而且在当时来讲，李瑛肯定是未来皇位的继承者，而一旦他当了皇帝，人家还是会认自己的亲生母亲赵丽妃为皇太后，而王皇后自己很有可能是竹篮打水一场空。

所以，当时王皇后完全可以用四个字来形容：压力山大！

反观武惠妃，自从进宫以来，一直到开元五年（717 年），一共为李隆基生下了两子一女，不过可能由于是近亲结婚的缘故，这三个孩子全都早夭，搞得李隆基和武惠妃伤心欲绝，幸好武惠妃后来生下的两子两女全都健康地活了下来，也使武惠妃的地位没有受到影响。

在武惠妃接连为李隆基生孩子的时候，我们可以想象得出王皇后是个什么心理状态，然而最关键的是，王皇后本身没有多少文化，是个粗人。

在我看来，没有文化这个原因成为整个废后事件的导火索。

我们可以想象王皇后作为女人，在自己的短板（不能生孩子）充分暴露在情敌面前的时候，她的内心是怎样的一种煎熬。

正如男人天生是多情的动物一样，女人天生就是忌妒的化身。

由忌妒所产生的就是怨恨，由怨恨所衍生的就是报复。

所以王皇后接下来想要报复武惠妃其实很正常。

事实上，就在武惠妃生下第一个儿子时，女人天生的敏感已经使王皇后感受到了危险即将袭来，这一感受倒不是来自武惠妃，而是来自李隆基。

武惠妃生下第一个儿子后，李隆基每天退朝后就把他捧在怀里把玩，虽然当时李隆基已经有很多孩子了，但这个孩子却是自己最宠爱的女人生下的，所以在李隆基的眼中这个孩子是独一无二的，为此他给孩子起了名字叫李一。

"一"这个字是笔画最少的汉字，但却是所有汉字的本源，甚至在古代人的眼中，"一"也是所有事物的本源。道家有言："道生一，一生二，二生三，三生万物"，可见李隆基为孩子取名为"一"，颇有些代表上天的意思。

或许李隆基当时只是表达一种激动的心情，并没有什么目的，但他没有想到，这个举动恰恰触动了王皇后那根敏感的神经。

在王皇后看来，李隆基为孩子取名为"一"，是有深刻用意的。因为"一"的意义是唯一，天下只有皇帝是唯一的，所以在王皇后的意识中，这个孩子有可能会成为太子，而武惠妃顺其自然地会成为皇后。

如果李瑛能够继位，自己或许在宫中还有一席存身之地；如果武惠妃的孩子将来继承皇位，在王皇后看来，自己将死无葬身之地。

于是，在多疑心理的重压之下，王皇后开始迷失了方向，其行为的典型特征就是发泄怨恨。

事实上在那种状态下，发泄怨恨也是可以理解的，但没有文化的王皇后明显找错了对象，她找的对象是李隆基。

她总是寻找机会在李隆基面前诋毁武惠妃，而且说到激动的时候，还会奚落李隆基忘恩负义、喜新厌旧（时对上有不逊语），这就是典型的没事找抽了。

没有文化的王皇后可能并不明白，在那个特定的社会背景下，女人取悦男人的资本是什么，尤其是在与情敌的斗争中如何为自己赚取更大的资本。

说到这里，我倒是想起了现在某些关于女人如何挽回婚外恋丈夫的方法，说是如果想要让丈夫回心转意绝对不能大发雷霆，而是该当更加温柔体贴。

针对这个观点我要说的是，在现代社会这只是其中的一种方法，而在王皇后的那个时代，这绝对是唯一的方法。

因为在那个时代即使你身居高位，即使你是女人中的超级牛人，也别忘了给予你这一切的是男人。

王皇后的行为可以被认定为具有“争宠”的性质，这一切本无可厚非，但由于她自身文化素质实在有限，所以采取了最下策的方法。

事实上，随着时间的推移，王皇后在李隆基面前发泄不满情绪这种行为不经意间勾起了李隆基对历史的追忆。七十年前他的祖父唐高宗李治整天面对王皇后的牢骚而不知所措，最终倒向了武则天一边。现在李隆基同样面临一个王皇后的不满怨恨情绪，不过与李治最初的不知所措相比，李隆基很快找到了答案。

没有子嗣使王皇后失去了权力博弈的筹码，没有文化使王皇后在情感之争中不具备任何优势的地位，而那些怨言则使她与李隆基开始渐行渐远。

也就是从此时开始，李隆基萌生了废后的想法。

王皇后没有想到她的莽撞策略反而更加将李隆基推向了武惠妃那一边。当然废后这件事不仅仅是皇帝的家事，而李隆基也早已经过了意气用事的年岁，他明白当年祖父李治在废掉王皇后时，经历了来自诸多方面的压力，使其备受煎熬，其中就有来自宰相长孙无忌、褚遂良等人的压力，在这个问题上宰相们基于稳定的前提，一定反对废后，所以找宰相商议不是个好办法。

经过慎重的思考，李隆基决定首先从内廷的人开始，然而出乎他意料的是，他的计划最先就栽在了内廷人上。

泄露

在历朝历代都有内廷与外廷之分，外廷是指以宰相班子和各权力部门组成的处理国家大事的机构，而内廷则是指为皇帝私人服务的机构，如太监、秘书之类的人。内廷的人虽然不如外廷的人尊贵，但由于是皇帝的贴身人员，所以与皇帝显得更加亲近。

不过，由于历朝历代朝廷斗争瞬息万变，局势相当复杂，有时候内外廷的人可以互相转化，例如，宗楚客是当年内廷后妃势力的人，同时又是宰相。

李隆基这次决定找内廷的人来商量废后的事儿，可以看出在处理后宫的问题上，他对于内廷的人还是很信任的，想来想去，李隆基决定找姜皎商议。

姜皎和他的弟弟姜晦曾经因为宋璟进言的缘故，被李隆基外贬出京城。不过到底是内廷的红人，兄弟二人没过多久又被李隆基召了回来，姜皎被任命为秘书监，姜晦更是坐上了吏部侍郎的职位，两个人可谓官运亨通。

李隆基找姜皎商议的本意是想让他替自己找个废后的理由，姜皎的反应还算不赖，和李隆基的想法不谋而合，他们一致认为皇后无子是最好的废后理由。既然已经达成共识，那接下来就是该如何运作的问题，这个问题李隆基交给了姜皎来思考。

在姜皎离去的时候，李隆基似乎意识到了什么，他叫住了姜皎，然后说了一句话：

"此事虽是后宫之事，却事关朝廷大局，卿且细思量。"

姜皎点了点头，转身离去。

在宫门外，他碰到了濮王李峤，两个人平常关系十分要好，于是开始攀谈起来。

在接下来这番对话中，虽然言语平淡，却蕴含着极深的玄机。

"姜兄刚才去见皇上了？"

"是啊！皇上有事找我相商。"

"哦？皇上只找你一人。"

"嘿嘿，当然了，皇上找我商量的事儿可是件大事。算了，不跟你说了，皇上还让我回去仔细思考呢！"姜皎说完转身想要离去。

"哎……姜兄，皇上找你什么事啊？你看你这么着急回去，不如说出来我也替姜兄想办法。"李峤一边说着，一边拉住姜皎。

"不能跟你说！这可是件大事啊！"姜皎小声地说道。

"大事？那就更应该和我说了啊，我是皇上的宗亲，应该知道啊，你快告诉我，不然的话我进宫亲自去问皇上。"李峤故意威胁道。

"这个……我要是跟你说了，你可不许泄露出去啊！"

"姜兄放心，咱俩这么多年你还不了解我？"李峤拍着胸脯信誓旦旦地说道。

姜皎四下看看没有人，然后将嘴凑在了李峤的耳边，说出了他本不应该说的那个秘密：

"皇上想要废后！"

话一出口，李峤顿时犹如五雷轰顶。如果换作其他人，或许反应不至于这么激烈，但李峤除了是宗亲之外，他还有另一个身份——王皇后的妹夫！

"你可不许泄露出去啊！我走了！"

……

姜皎离去时所说的这句话，李峤压根就没听到耳朵里，虽然他当着姜皎的面没有露出惊讶的表情，但李峤的手心里早已经冒出了冷汗，因为王皇后一旦被废，身为她的妹夫，李峤的前途实在未卜。

我们并不知道当时姜皎告诉李峤这个秘密是源于本身脑子的问题，还是出于对朋友的信任，不过以姜皎的智商来看，废后这么天大的秘密，他是不应该如白痴一般泄露出去，而且泄露的对象还是皇后的妹夫，所以我猜想姜皎对李峤说出这个秘密其实是有用意的。

很多史书上关于姜皎泄露废后的秘密是源于没有脑子的说法，则缺乏可信度。要知道姜皎能混到皇帝内廷的红人级别，且在被贬之后还能让皇帝召回来，说明他绝非等闲之辈。

其实如果你细心体会上面这番对话，你会发现姜皎始终是对话的引导者，他用了很多模糊的话语试图引起李峤的好奇心。

或许是出于一种同情，或许是因为自己和李峤要好的关系，在我看来，姜皎告诉李峤这个秘密，或许是有意识让李峤想办法挽救王皇后，因为他认为李峤凭借皇后妹夫和皇帝宗亲的双重身份是有机会让皇帝陛下改变想法的。

而他之所以制造出一种看似李峤逼他说出来的场景，事实上很有可能是为自己留了一条后路，毕竟是自己和皇帝陛下的秘密，如果他主动和李峤去说，那就是结党营私。

将来一旦皇帝知道，他还可以拉李峤垫背，凭借自己和皇帝的私人关系，最多落个口风不严的罪名。

总之一句话，在姜皎看来，李峤在朝廷待了这么多年，虽然不如姚崇、张说等一干猛人的脑系，但他一定会采取变通的方式力争使李隆基放弃废后的想法。

然而姜皎过高地估计了李峤的智商以及能力，甚至他也高估了皇帝陛下的忍耐力以及自己在其心目中的地位。如果他知道李峤接下来会采取什么样的方法去挽救王皇后的话，他一定会在心里说上一句“早知道打死也不说”。

昏招

李峤并不是没有脑子的人，他知道皇帝陛下想要废后，一定是因为皇后无子。而且作为皇后的妹夫，他当然知道这个大姨姐正面临来自武惠妃的威胁，出于自身利益的考虑，李峤在姜皎走后，当即决定出手相援。

问题的关键是，该采取什么样的方式方法。

废后这件事属于皇帝的家事，在李峤看来自己的身份其实很敏感，搞不好会将自己毁掉，所以思前想后，他决定抛弃所谓的权术与计谋，进宫坦然面对李隆基，用自己的诚意去打动李隆基。

不可否认，李峤的方法还是不错的，但他显然忽略了姜皎兄弟的安危。

李峤进宫面见李隆基，刚刚把废后的事一说，李隆基就立即意识到是姜皎把这个本应该只有他们两个人知道的秘密泄露了出去。作为皇帝，李隆基一方面须要维护自己的尊严，另一方面还要顾及朝廷的局势，所以在李峤劝说他的同时，他的头脑里瞬间形成了一个计划，这是一个暂时可以压制此事的方法，同时也是一个置姜皎于死地的计划。

“姜皎简直就是挑拨离间，我什么时候说过要废后？来人！把姜皎抓来！”

当姜皎被五花大绑押到李隆基面前时，李隆基已经好言安抚李峤让他先行告退。虽然朝堂之上只有太监、宫女和侍卫等并不重要的人，但李隆基依然要将变脸进行到底。

姜皎的眼神中已经露出惊恐之色，他隐隐地感觉到李隆基在短短的时间内，态度来个180度大转弯，一定与自己刚才在宫门外和李峤的那番对话有关，但他实在没有想到皇帝陛下会这么快就知道了消息，他更猜不到是什么原因会让皇帝陛下如此对待自己。

“你和濮王（李峤）说朕要废后，朕什么时候说过？你知道濮王刚才进宫问朕的时候，朕有多尴尬？”李隆基冲着姜皎咆哮道。

刹那间，姜皎明白了，原来一切根源都在李峤处理这件事的方法上。

李峤你是个什么脑子啊？怎么可以直接和皇帝说这件事？

“陛下！是您……”

“闭嘴！狗奴才！居然敢散布谣言、挑拨离间！来人！杖责六十！”

在姜皎刚要张嘴争辩的时候，李隆基就知道，如果自己不阻止他的话，那么即使姜皎受到处罚，废后这件事也一定会被人认为是自己的想法。所以，即使现在朝堂上没有什么重要的人物，李隆基也不能卸掉自己伪装的面具。

“为了让自己脱困，只能将一切责任推到姜皎身上。”这是李隆基此刻在心底反复说得最多的一句话。

最终，姜皎不仅挨了打，而且李隆基为了不留后患，将他流放到钦州（今广西钦州）。他的弟弟姜晦也受到牵连，被贬到春州（今广东阳春）。

在我看来，李隆基没有下令杀掉姜皎，已经是很够意思了，但这位仁兄显然身体不济，其屁股挨了打之后，伤口一直溃烂，还没走到钦州，他就一命呜呼了。

姜皎的结局告诉我们两个深刻的道理：

第一，不要用自己的智商来衡量别人的智商；

第二，领导的秘密知道得越少越好，尤其是领导的家事。

处理完姜皎后，李隆基终于可以长舒一口气，不过废后风波并没有就此终结。李隆基虽然将此事暂时搁置，但这个世界上没有不透风的墙，废后的传言还是传到了王皇后的耳朵里。

在王皇后看来，无论是姜皎挑拨离间在先，还是李隆基本身就有这个想法，其实都不重要，重要的是她不能生出孩子，而武惠妃却相反，如果照此下去，废后虽然现在可能只是传闻，但谁又能保证未来不会变成现实呢？

所以，虽然李隆基暂时压制了此事，但对王皇后来讲，事情远没有就此结束。

从某种角度而言，"王皇后"这三个字已经完全超出了王皇后本人的意义所在，在她的身后是一个庞大的外戚集团，自古以来外戚由于身份的特殊，是不可能不介入朝廷利益纷争中的，外戚们的尊贵与没落全都随皇后的地位而随时变化，现在王皇后已然处于一种危机之中，她身后的外戚集团当然是不甘心就此认输的。

当然，在李隆基那个时代，是断然不会出现王莽、杨坚等一干外戚猛人拍案而起的局面，但作为朝廷中一股强大的势力，王皇后身后的外戚集团试图通过其他的方式来保存自己这一派的地位，而谁都明白最好、最平稳的方式就是给皇帝陛下生个儿子。

在那个没有科学方法治疗不孕不育症状的时代中，人们治疗不孕不育大多依靠一种办法，那就是祈求上天赐子。当然祈求的方式多种多样，寻常百姓可以到寺庙里去拴娃娃，而地位尊贵的后宫嫔妃们则会请和尚或道士做法事求子。

不过这种方法还有另外一个专用名词，名曰："压胜"！

从唐朝建国以来，已经不知道有多少人栽在了"压胜"之法上。但王皇后的外戚集团成员们似乎并不死心，尤其是哥哥王守一专门为自己的妹子讨了一个不用做法事求子的妙方。

王守一这个妙方是从一个叫明悟的和尚那里讨来的。明悟和尚不是个普通的和尚，说起来也算是李隆基的老熟人，神龙年间经常出入李隆基所在的临淄王府，在唐隆政变中，明悟曾经资助过李隆基，所以李隆基即位后封他为银青光禄大夫。

明悟给了王守一两块霹雳木，所谓霹雳木就是被雷劈过的木头，明悟告诉王守一只要王皇后在两块霹雳木上写上“天地”两个字，再写上皇上的名字，然后将其装在香囊里，再书写一条“奉此有子，当为则天皇后”的字符，连同两块霹雳木一同放在寝帐之内，三日之内皇后必定会得到上天赐下的子嗣。

明悟的话让王守一大喜过望，但当他将这个方法告诉王皇后时，却遭到了王皇后的强烈反对。王皇后虽然是个粗人，但对于实行这种高风险的“压胜”之法会产生什么样的后果，她还是十分清楚的。她认为虽然自己没有儿子，但如果自己好好修德，或许还能维持自己的地位（而凭恃薄德，尚可苟延）；如果相信邪说，实行“压胜”之法，不用皇帝因为自己不能生儿子废掉自己，自己就无颜掌管后宫事务了（无须无子敕废，否则何颜执掌六宫？）。

王皇后的反驳应该说很正确。很多史书记载说，王皇后有病乱投医，听到哥哥王守一说的方法后，就立即照办。事实上，这种说法是不正确的，所以在上边的叙述中，我将古文原文引入其中。但王皇后的反驳仅仅是出于自身利益的考虑，本身文化素质不高的她或许并没有考虑到以王守一为首的外戚集团成员的内心深处的想法，所以她的反驳是软弱无力的。

马克思曾说过，如果有200%的利润，资本家们就会藐视法律。我要说，外戚集团只要看到维护自己利益的希望，他们就可以牺牲任何人的利益，其中包括他们的亲人，甚至是践踏王权！

面对王皇后的强烈反对，王守一当场并没有和她争辩，他知道自己这个妹子的脾气一旦上来，是八匹马也拉不回来的，所以他无奈地退了出来。

但是他并不甘心，于是没过多久他指使另一个妹妹王菱借进宫探望王皇后之际，将两块霹雳木和写有“奉此有子，当为则天皇后”的字符偷偷地放在了王皇后的床下。

在我看来，霹雳木还不是大问题，而那条字符才是置王皇后于死地的关键所在！

废后

就在王皇后的外戚集团成员们努力寻找各种方法保住自身地位的时候，由于精力过于集中，他们忽略了来自敌对势力的窥探。事实上，深宫之中的斗争往往都不是单人作战，王皇后的身后是整个外戚集团，而武惠妃同样不是一个人在战斗，由于王皇后无子，而武惠妃又是李隆基最宠爱的女人，在当时利用武惠妃做政治投机的人不在少数。

而在所有人中最想和武惠妃靠近的并不是那些朝臣，而是很多后宫的嫔妃。

女人的忌妒心虽然犹如熊熊火焰，但当自己渺小的力量不足以保护自身的利益时，她们便会立足现实寻求靠山，在那些地位比较低下、长时间得不到皇帝宠信的嫔妃中，很多人已经选择了武惠妃作为靠山。

当王守一和妹妹王菱在王皇后的寝宫不断进进出出的时候，他们是不可能避开那些以武惠妃作为靠山的嫔妃的，所以消息很快传到了武惠妃那里。

虽然当时武惠妃可能并不知道王守一指派妹妹王菱偷偷地将那个"秘方"放在王皇后的床下，但明悟和王守一之间的来往，是不可能瞒过武惠妃的，换句话说，明悟献给王守一的那个"秘方"，武惠妃也是知道的。

在武惠妃看来，掌握这一点已经足够！

很长时间以来，面对王皇后的步步紧逼，武惠妃并没有与之针锋相对。文化素质比王皇后要高出一大截的她，深刻地知道反击皇后的前提是要牢牢抓住皇帝陛下的心，除了能生孩子之外，还须要让皇帝在你这里感受到在其他女人那里感受不到的温情。

到目前为止，武惠妃做得相当出色。

现在她已经知道了王守一的那个"秘方"，所以反击的时刻已然到来。

武惠妃虽然温顺贤明，但此刻面对皇后之位的诱惑，没有哪个人会不动心，更何况这场纷争的挑起者本来就是王皇后，现在武惠妃要做的就是把已经站在悬崖边上的王皇后推下悬崖，这个她轻而易举地就可以做到，而做完这件事的回报有可能是得到皇后之位。

所以，无关道德，只有利益！

当武惠妃将王守一的那个"秘方"告诉李隆基时，他的第一反应是愤怒。因为这种"压胜"之法，是朝廷明令禁止的，而王皇后身为后宫之主居然顶风作案，李隆基的恼怒合情合理。

如果说第一反应是出于一种本能，那么第二反应则是出于一种故意的心态，因为刹那间李隆基似乎找到了废后的理由，当然目前为止除了王守一和王菱之外，任何人都不知道王皇后的床下是否真的放着那个"秘方"。所以对于李隆基而言，眼下第一步要做的是取证。

于是，李隆基命人火速前往王皇后的寝宫进行搜查。在当时来讲，李隆基和武惠妃两个人都没有对搜查的结果抱太大的希望，他们的目的是想通过此举，为接下来使王皇后背上"莫须有"的罪名造势。

然而搜查的结果却完全出乎李隆基和武惠妃的意料，当李隆基将两块霹雳木和那条字符拿在手里的时候，他的嘴角露出了一丝诡异的微笑，而武惠妃那依旧平静如水的表情下也终究掩藏不住一种幸灾乐祸以及征服情敌的快感！

“奉此有子，当如则天皇后”，李隆基嘴中喃喃地重复着这句话。他年少时心中立下的誓言中，就包含通过自己毕生的努力使大唐帝国摆脱被祖母拦腰斩断的阴影，现在王皇后的内心深处居然有复辟的想法，李隆基那根敏感的神经已经在剧烈地抖动。

站在李隆基的角度去想，他不可能理解这句话其实反映的是王皇后想生孩子的迫切愿望，所以王皇后的一人之下、万人之上、主宰后宫的尊贵地位就此终结。

而让人倍感唏嘘的是，王皇后自始至终完全被蒙在鼓里，她只充当了她身后外戚集团的被利用者。

事已至此，王皇后百口莫辩，她提出要当面和皇帝陛下解释清楚的请求被断然拒绝，此刻王皇后切身感受到了被曾经深爱过和给予她雍容华贵那个男人抛弃的痛苦滋味，瞬间跌落让她有些始料未及，此刻她终于明白了在那尊贵的背后，对于那个男人而言，自己就是个被摆弄的棋子。

想到这一切，她的心中反而没有了恨，因为她知道那个男人可以摆布的棋子有很多，今大是自己，或许明天就是那个最受宠的人。

武惠妃！此刻你胜利了，但是你又怎能体会到那荣华富贵瞬间逝去的凄凉之痛，希望下一个人不是你，但你又有多少资本去留住那个男人的心呢？

或许未来你依然可以是宫中最受宠爱的人，但在这诡秘的后宫中，你也许会体会到那伸手即可触摸的尊贵，但却永远也触摸不到真情！

开元十二年(724 年)七月二十二日，李隆基亲自起草了废黜王皇后的诏书，这既是一封终结王皇后尊贵地位的诏书，同时也是李隆基一舒胸中怨气的诏书：

“皇后王氏，天命不佑，华而不实。造起狱讼，朋煽朝廷，见无将之心，有可讳之恶……”

在这篇冗长的诏书中，上边这两句是李隆基对王皇后于整个事件，甚至是其一生的一个定论。

在我看来，天命不佑生不出孩子确实属实；华而不实是李隆基片面的感受，源自于王皇后的文化素质不高；而造起狱讼，朋煽朝廷的定论则有些偏颇，这句话更适合定论于她身后的外戚集团。

从天堂到地狱，王皇后的命运瞬间决定于李隆基的这封诏书，带着无尽的悲怨，王皇后于当年十月含冤去世。

文化素质不高限制了她的眼界，使她无法找到宫闱斗争有效的策略，而她身后外戚集团的利欲熏心，更使她最终走向了一条不归路。王皇后虽然是这场斗争的挑起者，但她却不是那种为了维护自己利益而置所有人的利益于不顾的人。

或许正是因为她身上的这种闪光点，很多年来王皇后和后宫的嫔妃们关系还是不错的，以至于她不幸早逝后，后宫的很多人不禁为她惋惜，甚至流下了悲痛的泪水。而这种情绪很快从后宫开始蔓延到整个朝廷，当李隆基得到王皇后去世的消息后，那一刻他的心中也有些同情，下令用一品礼仪将她安葬在长安城外的无相寺。

不可否认，同情是这个世界上很高贵的一种情感，但同情并不能洗刷王皇后的冤屈，直到三十多年后唐代宗李豫即位，才为王皇后平反，重新尊她为皇后。

屈枉的批判虽能颠倒黑白、指鹿为马，但面对时间的最终拷问，一切都会理屈词穷地显出本来面目。

……

李隆基达到了废后的目的，但他的心似乎并不能平静，我坚信在他听到王皇后去世的消息时，除了同情之外，一定还会有一种他与王皇后结发之情瞬间消逝的怅然，事实上这种感觉在今后的很长一段时间内始终伴随着李隆基。

从开元十二年(724 年)七月废去王皇后一直到开元十四年(726 年)为止，李隆基虽然对武惠妃的宠爱一如既往，但他始终没有册立武惠妃为皇后，即使是武惠妃的一切待遇完全已经达到了皇后的级别，他依然没有突破最后的底线，这不能不与上述他的内心感受有关。

武惠妃在王皇后被废之初的那段日子，她对于得到皇后之位并不着急，因为她坚信自己终将成为那个主宰后宫的人，可是随着时间的推移，她逐渐发现自己虽然距离后位很近，但却永远迈不到那一步，所以到了开元十四年(726 年)，她开始用各种方式暗示李隆基立自己为后。

面对武惠妃所释放出的信号，李隆基并没有一口回绝，而是面向所有朝臣提出这个想法，命群臣廷议。

很快，这个想法遭到了大臣们的一致反对。例如，侍御史潘好礼就认为武惠妃出身武氏一族，而当年武三思、武崇训等人可是祸害大唐帝国的罪魁祸首，何况太子李瑛并非武惠妃亲生，如果立她为后，很可能再起宫闱波澜。

其实谁都明白，潘好礼的话暗指李隆基不要忘了武则天拦腰斩断李唐王朝的痛楚，只不过因为武则天是李隆基的祖母，所以不能明说。

面对大臣的反对，李隆基暂时搁置了立后的问题。

很多史书记载说正是因为大臣的一致反对，才成功阻止了李隆基立武惠妃为后的想法，在我看来这种说法并不靠谱。两年前他想废掉王皇后时首先找的是内臣姜皎进行商议，甚至最后的决定都没有和朝臣进行商议，以李隆基的这种行事作风，现在皇后之位已经空缺了两年，完全可以不和朝臣商议，一纸诏书搞定。

在我看来，开元十四年(726 年)武惠妃没有得到后位，完全是因为李隆基暂时还不想立她为皇后，武惠妃是什么出身所有人都十分清楚，而武氏一族为李唐带来怎样的伤害，很多人更是有着切身的感受，况且那些大臣都是李唐王朝的忠实者，找他们商议那不是存心吃闭门羹吗。

事实上，李隆基命朝臣廷议立后这件事，本身就是想借大臣的嘴来暂时断绝武惠妃对后位的渴望，因为在他的脑海里始终有一个不为人知的想法，从某种角度而言，这个想法是倾向武惠妃的。

那就是，利用时间去扭转武惠妃在所有人心中的形象。

废后事件虽然已经过去了两年，不可否认王皇后是整个事件的挑起者，但大多数人的本能是同情最终的失败者，而对让王皇后最终落下悲惨结局的武惠妃历来没有什么好感。

武惠妃的出身是不能改变的，除此之外的，唯有时间可以去淡化。

所以，暂时不立她为后，在李隆基看来是有利于她的。

我们不知道以武惠妃的智商，当时是否能理解李隆基的良苦用心，但从后来的事实发展来看，她可能读懂了李隆基的心思。

因为在此之后整整十年的时间里，史书上没有任何关于武惠妃的记载，换句话说，她按照李隆基的设想将自己隐藏了起来。

皇后的桂冠非我莫属，我现在要做的就是历经时间的考验，当那个时刻来到的时候，我将如凤凰展翅一般，用自己的光芒照亮这了无生机的后宫！

王毛仲的变化

以上我们详细介绍了开元十二年(724 年)到开元十四年(726 年)关于废后的事件，鉴于王皇后已经被废，后宫之争暂时告一段落，武惠妃就此消停了十年，所以我们先让武娘娘暂时退场，以利再战，关于她的事情还没有完结。在她重新登场之前，我们先来说一说宫闱风波的另一个事件。

要说李隆基这个皇帝当得着实不易，宰相打来打去，老婆们争来争去，甚至就连他贴身的奴仆也有许多非分之想。

这些奴仆从某种角度而言，既属于后宫的人，也属于内廷的人。因为所谓奴仆都是些太监、秘书、贴身侍卫等。这些人虽然地位不高，但随时跟在皇帝身边，可以充分发挥狐假虎威的做派。

不过大家害怕的还是狐狸身后的老虎，如果没有老虎，狐狸简直不值一提。

可惜有的人并不懂得这个道理！

王毛仲就是其中的一个。

这个本是高句丽人的李隆基的贴身奴仆，小时候父亲因为吃了官司被没入官府，王毛仲当时流落飘零来到潞州，因为机灵聪明、善于骑射，被时任潞州别驾的临淄王李隆基相中，从而进入其府中成为一名奴仆，同时兼任贴身侍卫。

唐隆政变之前，在李隆基争取北门禁卫军万骑的过程中，王毛仲出力不少。但在唐隆政变当天的关键时刻，王毛仲却不知去向，直到事变成功后，王毛仲才回到李隆基的身边，虽然李隆基并没有因为此事和王毛仲较真，但后来的事实证明，这件事情还是在李隆基心中留下了阴影，以至于王毛仲最终的悲惨结局不能不说和这件事情有关。

从李隆基继位一直到开元十五年(727 年)，王毛仲的表现还是很优秀的，在协助李隆基诛灭了太平公主集团后，被李隆基封为检校内外闲厩兼知监牧使。

说得简单点，就是为全国的军队养马、看马的官。

在很多人的心中，王毛仲的这个官职和当年孙猴子那个弼马温的官职有得一拼。在这里我要告诉你，在唐朝如果你要当了皇家的弼马温，那说明你在皇帝心中地位是很高的，除了官职的级别高(正三品)之外，还在于这涉及国家军队战斗力的关键问题。

中国历史上，汉朝和唐朝的军队战斗力相对而言算是强的，究其原因则是骑兵的战斗力强，要保持骑兵很强的战斗力，其中一个关键的因素就是马匹的数量要多、质量要过关，所以养马的官员对帝国来讲是十分重要的，而当时李隆基能将如此重任交给王毛仲，足见他对这个曾经的贴身奴仆的信任程度。

而王毛仲也的确没有辜负李隆基的厚望，他知道李隆基是个雄才大略的帝王，开创武功是其长久以来的梦想，所以他在任上努力工作，认真钻研畜牧的相关知识，通过他十年不懈地努力，使帝国的军用马匹从二十四万匹上升到四十三万匹，差不多翻了一番。

最关键的是，皇家的弼马温是个十足的肥差，在这个位置上顺手牵马，搞点灰色收入，那简直是小事一桩，但王毛仲在任上十年的时间里，居然做到了不贪污、不受贿、不浪费。

而且王毛仲还很具有经济头脑，由于每年马匹都有损耗，对于死去的马，王毛仲并没有就地一埋了之，相反他却利用这些死马在市场上做起了买卖，每年都会为朝廷赚回相当于八万匹绢的钱。

王毛仲的努力没有白费，开元十三年(725 年)泰山封禅的时候，他终于得到了丰厚的回报。由于他精心挑选了几万匹上等的好马，跟随李隆基一同前往泰山，在路上这些马匹从远处望去好像彩色的绸缎在起伏飘扬，这让李隆基感觉很是悦目，而且也很有皇家气派，回来后让时任宰相的张说亲自写了一篇《牧监颂》夸奖他，并加封他为开府仪同三司。

开府仪同三司虽然只是个名誉官职，但李隆基时代只有四个人获此殊荣，其他三位分别是姚崇、宋璟和王仁皎。两个宰相，一个皇帝岳父。奴仆出身的王毛仲能和这老哥仨平起平坐，说他至此达到了人生的顶点，一点不为过。

随着地位的提高，王毛仲的身份也在不知不觉中进行转换，那就是从皇帝家奴的身份向着宠臣的身份进行转换，至少他自己是这么认为的。事实上他的这种认为，仅仅是局限于内廷的武将中间。

不可否认，当时在李隆基身边的贴身侍卫中，王毛仲的地位是最高的。除了官衔最高之外，由于和李隆基是发小儿的缘故，在情感上让李隆基很是依恋。每次举行宴会李隆基都会让他坐在自己的身边，哪个活动要是王毛仲没出席，李隆基肯定是闷闷不乐。

事实证明，人处在这样一种境遇下，心中都有一股更强的欲望，更何况是奴仆出身的王毛仲，但他却在自己人生的顶点时，在一个不合适的场合，用一种不合适的方法做了一件非常不合时宜的事情。

他居然公开向李隆基讨要兵部尚书的职位！

史书记载:“帝不悦！毛仲怏怏！”

这是王毛仲来到李隆基身边后，双方矛盾公开化的标志！

《新唐书·王毛仲传》记载:他之所以敢公开向李隆基要兵部尚书的职位，是因为王毛仲本来就是个志满气骄的小人。

在我看来，这个评价并不准确。如果他本来就是个小人，在弼马温的职位上是不可能遵守“三不”原则的，而且一个奴仆出身的孩子居然能在雄才大略的李隆基身边，混到了正三品的官职，如果是小人品性是不可能升到这个位置的。

可见，王毛仲并不是个小人。不仅不是小人，而且还是个十分正直的人，除了当弼马温时奉行“三不”原则之外，他在李隆基废后的事件中，还曾经引用李世民为长孙皇后修建望陵台的事情来劝说李隆基应该效仿李世民的做法，不要忘记王皇后曾经立下的功劳。

从这一点来看，王毛仲是个有良心的人。

那我们不禁要问，为什么在很多人看来王毛仲从谦虚谨慎的努力工作者突然变成了一个骄傲自大的小人？

通过仔细地翻阅史料和对王毛仲一生轨迹的梳理，我得出了一个颠覆性的答案，那就是至少在公开讨要官职的时候，王毛仲的内心其实并没有变化，而之所以在很多人心中造成了骄傲自大的印象，则是因为他讨要的方式以及遭到李隆基拒绝后内心失衡的状态。

事实上王毛仲公开向李隆基讨要兵部尚书的职位是有其根源的，除了本身就身兼皇帝侍卫之外，开元九年(721 年)又被李隆基任命为朔方道防御大使，和时任左领军大总管的王琚、时任天兵节度使的张说一同前往幽州，和幽州都督裴伷先一同商议帝国北边的防御事宜。

也就是说，当时王毛仲的身份已经暂时突破了内廷范围，成了统领帝国一方军队的长官。有了这样的一个背景，当王毛仲有了开府仪同三司的头衔后，他觉得自己是有能力和有资格当兵部尚书的，并不是他自大，而是他想站在一个更高的平台上，继续为大唐帝国发挥自己的才智。

王毛仲的这种公开讨要的方式，其实算是一种毛遂自荐，可惜他没有仔细思考对象是谁。或许是他认为自己和其他人不一样，毕竟有着和皇帝的私交，但王毛仲显然想得过于简单了。因为他要的是权力，而且是任何一个皇帝都颇为看重的兵权。

所以李隆基当然要拒绝，在李隆基看来，王毛仲一个奴才起家的小儿，自己已经给他很多了，为什么还不知足？所以主仆这次矛盾的公开，其实究其本源，可以用一句话来总结：一个雄心壮志，另一个理解有偏差！

如果王毛仲就此打住，依旧努力工作，或许未来还有机会，但他却触碰了官场最不能触碰的底线——产生抵触情绪，而且还在背地里发牢骚，所以给人造成了一种志满气骄的印象。

最关键的是，在一片非议声中，王毛仲的政治敏感度过于低下，在这种最不合时宜的时候，他和驻守玄武门的禁军将领葛福顺结为了儿女亲家。

事实证明：舆论可以将一个人捧上天，但也可以瞬间让其摔得粉身碎骨。

不可触碰的禁忌

玄武门，这个自唐朝建国以来发生过四次宫廷政变的地方，似乎成了一个让人挥之不去的梦魇，从李世民发动的玄武门之变一直到李隆基发动的唐隆政变，唐朝历次宫廷政变成功都是因为胜利者事先掌控了驻守玄武门的禁军。

李隆基成功当上皇帝后，玄武门禁军的将领陈玄礼和葛福顺成了有功之臣，在李隆基大肆贬黜功臣的时候，由于他们官职不高，李隆基并没有为难他们，所以一直到开元十五年(727 年)，玄武门的禁军依然维持在开元初年的样子，没有什么变化。

但是进入开元十六年(728 年)以后，情况出现了变化。

王毛仲和葛福顺两家的联姻，其实并不意味着什么，两人本来都属于皇帝的贴身武将，而且都曾经是身份不高的功臣，所以两家联姻算是门当户对，但由于先前王毛仲给人造成了一种志满气骄的印象，所以不免引来很多人添油加醋的排挤。

当时任吏部侍郎的齐澣就向李隆基进言，说葛福顺掌握着玄武门的禁军，现在和王毛仲结成亲家，小人如果恩宠过盛，很容易产生邪念，如果不事先做准备，恐怕后患无穷。

齐澣的这些话实际上是指出了王毛仲由于地位、身份变化所带来的潜在危害，首先弼马温的官职让他统管着帝国全部的战马，其次和葛福顺联姻又让他与玄武门禁军有所联系。如果没有人多心，那实在是没有道理。

最终齐澣为李隆基提出了解决问题的方案：“高力士小心谨慎，加宦人可备禁中驱使，腹心所委，何必毛仲哉？”

简单一句话：以奴才治奴才是也！

不过当时或许谁也没有想到，恩宠至盛的王毛仲最终确实栽在了高力士的手上，而且随着高力士的介入，这场斗争也逐渐增添了另一份色彩。

其实，齐澣推荐高力士并不是出于什么私心，而是他看到了当时王毛仲和高力士是有矛盾的，这种矛盾起源于王毛仲发迹后对于宦官们的不屑，史书多有记载王毛仲奚落宦官犹如对待自己的下人。可是在宦官们看来，你王毛仲不也是皇帝身边奴仆出身吗？正像《红楼梦》里所说的：“梅香拜把子——都是奴才！”

神气什么?

面对齐瀚的提醒,李隆基当时并没有多说什么,史料上说他当时回答齐瀚说这个事情不是那么简单,需要仔细地斟酌。

虽然这是一句冠冕堂皇的话,但在我看来,齐瀚的提醒以及建议已经打动了李隆基,只是作为皇帝,他不能让大臣看出他内心深处的想法。

在齐瀚提醒过后,李隆基虽然对王毛仲和北门的禁军搞在一起的确有些心有余悸,但是对于这个跟随自己多年的发小,李隆基还没有下定决心进行整治。而且王毛仲确实立下过不少功劳,无论于公于私李隆基都有些不忍,他依然在观察,依然在等待。

“王毛仲!我多么希望你能走进我的内心,我可以给予你无尽的荣华富贵,但愿你不要触碰那不可触碰的禁忌。”

然而事实证明:王毛仲的做法让李隆基很是失望。

《新唐书》上记载说:王毛仲在和葛福顺结为亲家之后,越来越焦躁,经常和奴才李守德、左监门将军卢龙子、唐地文以及左右威卫将军王景耀、高广济等数十个人干些违法的事儿,王毛仲仗着和皇帝的私交,在所有人中干的坏事儿最多。

但史料上并没有列举这些人到底干了什么坏事儿。我仔细阅读了很多史书,发现唯一能证明王毛仲干坏事儿的证据,就是开元十七年(729 年)他私自从太原运兵器到京城。

对于老百姓而言这实在不算个事儿,但对于朝廷而言这确实是件很坏很坏的事儿。

之所以这样说是因为当时私自运兵器是违反朝廷规定的,当时规定如果某个官员要调动十名以上的兵士、十匹以上战马或者十件以上兵器,手里须要有三样东西:皇帝的敕书、兵部给地方官的公文和兵部的鱼符。

当地方刺史得到这三样东西后,先审阅敕书和公文,然后将兵部的鱼符和自己的鱼符合对在一起,如果能完全合对上,便允许发兵。

可王毛仲运送武器的时候,只有自己的牒文,其他三样东西全都没有,这明显不符合规定。时任太原少尹的严挺之发现了王毛仲的违规行为,立即密奏朝廷,觉得王毛仲的行为有些反常,希望朝廷能够重视。

这是史料上唯一能证明王毛仲干坏事的记载,但并没有记载他私自运送兵器的目的是什么,从严挺之的奏疏来看,似乎王毛仲有非分之想,但是直到开元十九年(731 年)年初王毛仲被赐死长达一年多的时间里,我们并没有看到他有任何越轨的行为。

综合上边所说的，我觉得史书上说王毛仲干坏事有些夸大其词，如果说他干了触碰李隆基底线的事情还比较靠谱。

公开向皇帝要兵权，这已经让皇帝很是不高兴；现在明知道私自运兵器乃违规行为，却依然顶风作案，王毛仲的行为可以被理解为是一种宣泄不满情绪的体现。

严挺之的奏疏递上去后，李隆基并没有作出什么反应，但这不能说明他对这个问题丝毫不重视，依照李隆基的性格，在这件事上没有反应，恰恰是一种反常的表现，在我看来，只有两种可能。

一是李隆基对这个奴才发小儿依然不忍下手；二是他很可能继续为王毛仲挖一个巨大的坑，就像当年李世民明知道李承乾做了很多不堪的事，但依旧在等待一样，不需要过多的理由，只需要合适的时机，出手必无回旋余地！

从后来的事情发展走向来看，李隆基此时很可能在酝酿开元初年贬黜功臣的老招数，那就是在整个事件中，他需要一个助推器，继续将自己隐藏，充当幕后的推手。相比于开元初年的姚崇，现在李隆基选中的人选或许更为得心应手。

因为他选中的人和王毛仲有着不可调和的矛盾。

这个人就是高力士！

赐死

在王毛仲一步步走向深渊的过程中，如果说最初的阶段是因为他方式不对而引起众怒的话，那么从他和玄武门禁军将领结亲、私自运送兵器触碰李隆基的底线开始，综合王毛仲很长时间以来的表现，在李隆基的心中已经开始有了清除他的想法。这个奴才未来的命运，并不掌握在自己手里，只看李隆基什么时候出手。

李隆基之所以选中高力士，并不仅仅是因为齐澣的建议，经历过诸多斗争的他，现在坐在这个宝座上，俯视着朝廷中的一切，早已经将一切了然于胸，以高力士为首的宦官集团和王毛仲那伙儿人的矛盾，他是不可能不知道的。

当王毛仲和李隆基渐行渐远的时候，高力士依旧延续其一贯的良好表现，对李隆基忠贞不贰，这也使李隆基有意通过这场斗争，进一步抬高高力士等宦官的地位。

宦官本来也同属于皇帝的家奴，从开元初年李隆基有意识地提高宦官地位之后，经过十几年的时间，宦官的权力与日俱增，当时宦官被加封三品官的比比皆是。都说王毛仲横行不法，其实当时那些品阶高的宦官们也并不干净，他们到地方去巡查，地方官唯恐迎接得不及时，被宦官们在皇帝面前告状；而且他们每经过一地所得到的贿赂，最少的也有一千贯钱；京城附近的田地，三分之一都是宦官的。

这些情况李隆基当然心中有数，之所以选中宦官当助推器，并不是因为宦官们具有崇高的觉悟，纯粹是因为宦官已经形成了势力，而且就目前来看是一股颇为听话的势力。

我前边说过，这场斗争还有另外一层色彩，现在可以说出来了，那就是在李隆基的精心安排下，宦官与家奴之争同时上演。

皇帝是一切的操控者，宦官充当头排进攻者，家奴们则在一片险境中，仓皇接招。

事实证明，打一场无准备之仗，其代价是相当惨重的！

开元十八年(730 年)十二月，王毛仲的妻子生了一个男孩，三天以后，李隆基派高力士前往王毛仲府邸去慰问。派谁去不好，偏偏派高力士去。在我看来，这显然是李隆基有意安排，其目的是试探。

这是决定王毛仲命运的一次试探，如果应对得好，他或许还有转机，稍有差错便会陷入万劫不复的境地。

作为皇帝的使者，高力士的表现还是不错的，见面后代表皇帝赏赐了很多酒食、金钱、布匹等，然后他当众宣读了皇帝赐封孩子五品官的诏书。

高力士并没有因为和王毛仲有矛盾而表现出失礼，但王毛仲的表现实在糟糕，他抱着襁褓中的婴儿，瞥了一眼高力士，然后面对众人嬉笑着说道：

“这孩子难道不能做三品官吗?”

值得一提的是，高力士当时的品阶正是三品官！

王毛仲说完，高力士的脸色顿时变得铁青。

三品官？那我算什么？你的儿子？

高力士当时倍感尴尬，但是敏锐的洞察力使他意识到，皇帝明知道自己和王毛仲有矛盾，为什么还要派自己来呢？这不是让王毛仲有意刁难我吗？

不！这绝不可能！皇帝陛下一定是另有深意。

刹那间，高力士变换了脸色，他抿嘴一笑，然后对王毛仲说道：

“我一定会将您的意思，转达给皇上！”说完后，高力士转身离去。

面对高力士离去的背影，王毛仲感受到了久未有过的快慰，在众人面前让自己的政敌如此难堪，这让王毛仲很是提气。

不过此时表面上恩宠至盛的他似乎忽略了三个重要的问题，一是高力士和自己有着不可调和的矛盾，皇帝为什么偏偏派他来？二是面对自己的当众挑衅，高力士为什么表现得出奇镇静？

最关键的是第三点，封孩子为五品官是皇帝的旨意，王毛仲当众说的那些话如果让皇帝知道了会怎样理解呢？

不能说王毛仲缺乏政治敏感，只能说人在如此境遇下，很难做到继续冷静地看待这个世界。

……

高力士完成了皇帝派给他的任务，而且是很出色地完成了。慰问是否到位并不重要，关键是王毛仲的表现。

所以当高力士回宫复命时李隆基的第一句话就是询问王毛仲的表现：

"毛仲高兴吗？"

这是一句内心所想与口头表达截然相反的一句话，换句话说李隆基的这个问话，希望得到的答案是王毛仲不高兴。

"毛仲抱着襁褓中的婴儿给臣看，他说：'这个孩子难道不能做三品官吗？'"高力士如实回答，客观上也算是兑现了将王毛仲的意图转达给皇帝的诺言。

高力士在说完这句话后，并没有按照常规逻辑向李隆基大倒苦水，状告王毛仲当众侮辱自己，他之所以这样做，其实也是一种试探。因为在王毛仲府邸时他自己的心底猜测，毕竟只是猜测，而皇帝陛下的真实意图，高力士此刻并不知晓。

"这个狗奴才！从前诛杀韦庶人时，关键时刻就不见他的人影，鬼才知道他当时心里怎么想，只不过朕不愿意计较罢了；今日竟然敢因婴儿的封赐而埋怨朕！岂有此理！"

我之所以说所有的一切都是李隆基的布局，就是源于他这次激烈的反应。

显然李隆基将王毛仲当众侮辱高力士的话，当成针对自己的，但这件事和先前王毛仲用结亲的方式掌控玄武门禁军，以及私自从太原运送兵器比起来，性质并不算严重，但无论是齐澣的建议，还是严挺之的密奏，李隆基先前全都没有任何反应，而这一次他却大发雷霆，所以答案只有一个，他在为王毛仲挖一个巨大的坑。

在触碰那不可触碰的禁忌后，王毛仲一步步跳进了这个巨坑之中，而彻底葬送他的则是侮辱皇帝的罪名。

此时王毛仲的话是针对谁，已经不再重要，重要的是皇帝如何理解！

李隆基的激烈反应，终于亮出了自己的底牌，高力士也由此知晓了皇帝的意图，于是他不失时机地说了一句话：

“北门（玄武门）的那些奴才们官位太高，彼此很是一心，如果不早除掉他们，必定会发生大祸。”

至此，宦官的助推作用已经完成，李隆基的目的已经达到。

开元十九年（731年）正月，李隆基下诏将王毛仲贬为瀼州别驾，理由是不忠和发泄怨恨的话语。将他的四个儿子贬到边疆去当参军，同时将葛福顺、唐地文、李守德等一干亲信也全都贬到边远地方，可以说京城里已无王毛仲一党。

按说事情到这个局面也可以就此打住了，但是当王毛仲走到永州的时候，李隆基却下令将他赐死，那我们不禁要问，是什么原因使李隆基改变了先前的主意？而王毛仲真的罪该致死吗？

答案显然是否定的！

如果想弄清这个问题，我们先来看一看在王毛仲一党被成功解决掉后，谁是最受益的人。

姿态

无论王毛仲是受恩宠还是被赐死，李隆基都是高高在上的皇帝，这场斗争对于李隆基来讲充其量是清除了一个不安定分子，所以李隆基并不是最受益的人。

史书上记载，高力士此时更受李隆基的宠信，李隆基曾经说过：“力士值班，我睡得安稳。”所以从王毛仲倒台开始，高力士则很少离开朝堂，朝臣呈上的奏章，都先由高力士阅览，如果是小事情高力士可以不请示李隆基直接做主。当时金吾大将军程伯献、少府监冯绍正等很多内廷成员争相和高力士结拜为兄弟。

用《资治通鉴》上记载的四个字来总结当时高力士的地位，那就是“势倾内外”！

从很长时间以来受王毛仲的欺压，到现在的势倾内外，可以看出这场斗争的最大受益者当属高力士。

而高力士的背后则是整个宦官集团,所以在开元十九年(731 年)年初这场斗争落下帷幕,其实是宦官集团地位再上新台阶的标志。

如果说开元初年宦官的地位开始提高,那么现在以高力士为首的宦官集团开始掌握了内廷的实权。

问题的关键是宦官集团借助皇帝之手清除了王毛仲,已经达到了目的。而从李隆基的一贯表现来看,他很少诛杀臣子,为什么这一次却对王毛仲大开杀戒,而且是在做出贬黜的决定后追加赐死?

王毛仲是走到永州(今湖南永州)时被赐死的,从长安到永州不是个短距离,那我们不禁要问从王毛仲离开京城到永州的这段时间,是什么原因促使李隆基改变主意将他赐死呢?

对于这个问题,史书上没有明确的记载,所以我们只能发挥逻辑推理的力量,来还原李隆基当时内心深处的想法。

按照常规的逻辑来推断,一定是王毛仲走后,高力士怕有一天李隆基怀念起王毛仲又将他召回(参看宇文融的经历),毕竟是曾经的发小,所以在李隆基面前想方设法地继续诋毁王毛仲,让李隆基将王毛仲赐死。而此时高力士已经成了内廷的一号人物,备受宠信,所以能使李隆基言听计从而改变主意赐死王毛仲。

表面上看来,似乎存在这种可能。但如果仔细研究前边所发生的一切,我们就会发现这种可能仅仅局限于理论。

在高力士慰问完王毛仲回宫如实复命的时候,李隆基表现出了对王毛仲的严重不满,所以高力士才不失时机建议李隆基及时除掉王毛仲。请注意高力士用的是“除掉”两个字(不早除之,必生大患),而不是“外贬”。换句话说,在那个最能激起皇帝愤怒的关键时刻,高力士已经清楚地表达了自己的意思。

然而在李隆基后来下达的诏书中,却将王毛仲判为外贬,也就是说高力士虽然建议杀掉王毛仲,但李隆基并没有采纳,这至少说明在王毛仲离开京城之前,李隆基并不想对这个自幼跟随自己的奴才痛下杀手。

值得注意的是,高力士作为皇帝的贴身人员,能够长时间以来得到李隆基的信任和宠爱,并且逐渐成为内廷的一号人物,除了性格温和、办事得力之外,他一定还是个能够走进李隆基内心世界的人,至少很多事情能够揣摩出皇帝的心思。从这个角度来看,在自己清楚地表达杀掉王毛仲的意思,而皇帝陛下没有采纳的情况下,他是不可能再厚着脸皮继续劝说李隆基一定要杀掉王毛仲的。

所以,李隆基追加赐死王毛仲的原因,并不是高力士这个外因,而是在王毛仲离开京城的这段时间,李隆基对这场内廷的风波并没有停止思考,相反他用自己那颗敏锐的心去不断揣摩整个事件的来龙去脉。

事实上,李隆基改变主意决定赐死王毛仲,是因为他经过冷静的思考后,觉得应该用实际行动表现出一种姿态,一种让以高力士为首的宦官们感觉他们才是内廷中独一无二的姿态。

不可否认王毛仲一党被贬后,高力士等宦官备受宠信,但从政治斗争中摸爬滚打出来的李隆基,深切地明白要想使自己永远不再受政敌的威胁,唯一的方法就是让政敌从这个世界上永远消失;当年韦皇后、太平公主就是最好的例证,所以换位思考,李隆基能够体会得到宦官们此时的所思所想。

对于这个问题,绝不是你给宦官们多少赏赐、多少权力就能解决的问题,虽然在王毛仲走后,李隆基说过“力士值班,我睡得安稳”之类的话,我相信这也是在给高力士吃定心丸,但只要王毛仲存在,以高力士为首的宦官集团心中就会一天都不踏实。

因为从王毛仲的经历中,宦官们已经悟出了所谓的恩宠,犹如皇帝手中的玩物,今天可能是你,明天可能就是他。而王毛仲现在还活着,只要活着就还有希望!

这大致是当时高力士等宦官们的想法。如果说对宦官们的这个心思,李隆基在下诏书贬黜王毛仲等人时并没有深入地考虑,或者说依然出于一种感情而不忍杀王毛仲的话,那么王毛仲离开京城上路后,李隆基冷静下来仔细回味这场斗争后,他发现自己的决定并不妥当。

其实原因只有一个,那就是在李隆基经过宰相之争、后宫之争、奴才不安分之后,他忽然发现只有宦官们才是最听话、让自己最放心的人。

既然如此,那就应该让这些忠于我的人,体会到一种安全感!

从现在开始,内廷中没有人能够取代你们的位置,除了给予诸多赏赐以及诸多权力之外,我要用实际行动让你们感受到,在我的身边你们是独一无二的!

这就是李隆基追加赐死王毛仲的全部奥秘所在!

作为一个皇帝曾经的家奴,王毛仲之死在当时很多人看来实在不算个大事,但从整个唐朝历史的宏观角度来看,王毛仲之死其实是宦官们逐渐走向唐朝历史前台的标志。

我们不能否认高力士是个有觉悟、素质高的好宦官,但唐朝后来的史实告诉我们，由于生理上的某种残缺，最终还是使宦官们那变态的心理随着客观局势的变化而逐渐显现出来。

直到他们可以随意地呵斥皇帝和所有朝臣，甚至是擅权废立皇帝！

第六章

宰相混战

皇帝虽然高高在上，具有至高无上的权力，但很多时候在面对纷繁复杂的朝廷事务时，手中的权力并不是放在哪里都能管用。纵观李隆基继位以来这十几年的皇帝生涯，虽然帝国在他的治理下已经逐渐步入了黄金时期，但朝廷内部的政治斗争却是从未终止，甚至是此起彼伏。从诛灭太平公主开始到动用权术驾驭功臣，再到宰相班子成员的来来往往，甚至是内廷宫闱的斗争，李隆基这个皇帝当得着实不轻松。

因为他手中的权力无法阻止那无休止的斗争，甚至这种权力俨然成了各色人等争相利用的筹码。从这个角度来讲，皇帝有时候真的是名副其实的孤家寡人，所以我理解了在遍览诸多纷争之后，李隆基为什么对宦官那么抱有好感了。

事实上就在内廷权力斗争的同时，外廷的斗争依然在继续，从你来我往到彼此混战，从波澜不惊到沧海桑田，而最终的结果却只是成就了一个人。

一个充满矛盾，内心复杂的人！

来来往往

朝廷还是那个朝廷，依然是由内廷和外廷组成。

内臣是皇帝的私臣，外臣是国家的公臣。外臣之中地位最高的当属宰相班子的成员。自张说罢相之后，让李隆基没有想到的是，在很长一段时间内，继任的宰相们居然出现了混战的局面。

之所以会出现这样的局面，一方面是继任人员的素质、个人资历问题。另一方面则是制度问题。

开元十四年(726年)四月张说罢相后，李隆基改变了自开元以来的“首相”制度，恢复了先前的“群相”制度，换句话说，宰相班子再也不是曾经姚崇、宋璟、张说一人主宰局面的时候了。李隆基之所以要这样做，是因为从姚崇一直到张说，历任宰相的任期超不过五年，即因各式各样的问题而不得不被迫罢相，而且张说担任宰相的最后时间段里，还引发了他和宇文融的当政矛盾，所以现在李隆基在天下大治的局面下，有意尝试恢复先前的宰相班子制度。

然而让他想不到的是，接下来的局面不仅丝毫没有改观，相反带来了更大的麻烦！

李隆基当时一口气让两个人充实进了宰相班子，这两人分别是杜暹和李元纮。

在此之前，杜暹是户部侍郎，李元纮是安西副大都护。一个擅长理财，一个擅长军事。虽然分属不同的门类，但两个人都有一个共同的品质——那就是为官清廉。从两个人的特长来看，可以说李隆基是在打造一个互补型的宰相班子；从个人品质角度来讲，李隆基的用人理念并没有变，依然是注重官员的德行。

不可否认，两位大人的德行，那实在让人佩服得五体投地。李元纮身为宰相成员，出门时只穿一件普通的长袍，骑的坐骑是一匹瘦骨嶙峋的老马，而且从来不用兵丁鸣锣开道，单从打扮上来看，和上街买菜的市井大爷没啥区别。

而杜暹的所作所为更加让人称道，除了自己省吃俭用之外，还对亲戚们严格要求，三姑六婶二大爷要想从他这捞些实惠，那可是碰上了铁公鸡——一毛不拔。

按说这两个品行端正、才能出众的宰相，一定会充分发扬精诚合作的精神，共同协助皇帝将这个国家治理得更加上水平才对，然而事实告诉我们，个人品行与工作是否能够融合到一起，并没有必然的联系。

据史书记载，自杜暹和李元纮上任以来，两个人压根就没有合作到一起，每次在皇帝面前商量事情的时候，从来都是各执己见，没有统一过，甚至有时还发生激烈的争吵。史料上也没有明确记载究竟是什么原因导致这种局面的出现，不过在我看来，很有可能是因为他们原先各自的履历。

杜暹原先是户部侍郎，是朝廷的行政官员；而李元纮原先则是安西副大都护，是边境的军政长官。换句话说，两个人先前的仕途之路没有什么交集，也就是攀不上什么派系关系。没有派系背景固然是一件好事，但这又产生另一个问题，彼此之间并无顾忌。

资历相当，又各有所长，现在又都是宰相新兵，凭什么你的意见就是对的？

我想，这就是杜暹和李元纮合不来的原因所在。

但显然他们忽略了一个很关键的问题，那就是进了宰相班子之后，自己的身份已经发生了微妙的变化。两个人有矛盾可以进行暗战，但当着皇帝的面明战实非明智之举。

叫你们来是为了做事，不是看你们打架，一次、两次还可以忍，但是长时间耽误李老板的经营业务，那结果只有一个——炒鱿鱼！

杜暹和李元纮这对宰相虽然合作的时间不算短，从开元十四年到开元十七年，共有三年的时间，但政绩平平，而且经常互斗搞得李隆基心烦意乱，终于被李隆基一同罢免。

在他们走后，接替他们的是萧嵩和裴光庭。

从才能上来讲，萧嵩相当于李元纮，时任兵部尚书兼朔方节度使；而裴光庭则属于复合型人才，时任兵部侍郎，升任宰相后又兼任吏部尚书。

萧嵩之所以被李隆基相中是因为在此之前，他在解决吐蕃的问题上立下了大功。

开元十五年(727 年)，吐蕃攻陷瓜州，接着西北新崛起的回纥部族又伏击了唐朝的军队，造成了河西节度使王君奂阵亡，自从贞观时代郭孝恪阵亡以后，王君奂是唐朝近一百年来阵亡的最高级别将领。此事当时震惊了整个朝廷，为了稳定局势，李隆基将萧嵩安排到了瓜州前线。

萧嵩这个人很奇特，要论文化水平他比不上当朝的那些文官，可他也不是那种猛将张飞式的人物，他的这种高不成低不就的风格，以至于给很多人造成了一种绣花枕头的印象。然而谁也没有想到，萧嵩居然用了一种四两拨千斤的方式，瞬间稳定了瓜州前线的局势。

萧嵩到达瓜州前线后，并没有和吐蕃人立即交手，而是仔细分析了目前的局势。在经过一番调查研究后，他发现瓜州的局势完全可以不通过战争来稳定，而要想做到这一步，就须要找到实现这个目的的关键因素。

所以他的策略并没有从相关的战略战术下手，而是从一个人身上寻找突破口，这个人就是吐蕃的一个大将，名叫悉诺逻恭禄。

悉诺逻恭禄是一个既勇猛又很谨慎的将领，在吐蕃具有很高的地位，先前就是他率领着吐蕃大军攻陷了瓜州，并且扬言要继续东进。

不过在萧嵩看来，外表越坚强的人，反而越有最致命的弱点。悉诺逻恭禄由于打了胜仗，又放出话来说要继续东进，所以就引起了吐蕃国王强烈的征服欲，他下令让悉诺逻恭禄不要耽搁时间继续向东进攻。然而悉诺逻恭禄却迟迟没有行动，这倒并不是悉诺逻恭禄故意违反命令，是因为作为前线指挥官，他才是最了解战局的，在他看来，军队刚刚打下了瓜州，目前最需要的是补充军需。

国王要向前，大将要军需，所以矛盾就出来了！

而这个矛盾恰恰被老谋深算的萧嵩看到。

于是，他开始让人四处放风说悉诺逻恭禄之所以迟迟不向东进兵，并不是因为军需不够，而是因为他想和大唐和谈，实现以战养战的目的。这个计策其实很常见，后世明朝的袁崇焕就是这么死在了崇祯的刀下，而此刻悉诺逻恭禄的命运和袁崇焕一样，被吐蕃国王找个借口召了回去，一刀结果了性命。

看来，反间计对身处高位的人来讲，确实是屡试不爽。

接下来的事情，相信不用我说大家也能够猜到，没有了悉诺逻恭禄的吐蕃军队实力大减，几次战役下来伤亡惨重，不得已放弃了瓜州，退回吐蕃国内。

消息传到长安，李隆基大喜过望，没过多久就将萧嵩充实进了宰相班子，任命他为中书令。

萧嵩出奇谋打败吐蕃，凭军功进入宰相班子，这一点和当年的张嘉贞颇为相似，相对于萧嵩，另一位宰相裴光庭的经历就有些平淡了。

很意外

裴光庭幼年丧父，母亲狄氏被武则天召为御正（女官名）。由于颇受信任，所以裴光庭长大后也屡次得到升迁，官至太常丞。后来因为做了武三思女婿，曾一度受牵累被贬官为郢州司马，开元初年，升任兵部郎中。

裴光庭性格内向，不善与人交际，进入仕途的很长一段时间内，并不被官场人所看好，所以一直得不到升迁。直到开元十三年封禅大典的举办，裴光庭才迎来了转机。

当时中书令张说认为：前往泰山举行封禅大典，京城必然防备空虚，他担心西北边境的各部族会趁火打劫，所以建议李隆基增兵西部边境以防不测。

但这个建议却遭到了裴光庭的反对，他认为泰山封禅本来是为了宣扬仁义，现在主动在边境制造紧张氛围，这与封禅的原则相违背。他建议要想巧妙地解决这个问题，可以邀请四夷部族的首领一同参加封禅大典，这样既表示了大唐对各部族的尊重，又不用担心在封禅期间边境会起战事。

裴光庭的这个建议得到了张说的赞同，后来李隆基知道这是裴光庭的建议后，立即将他破格提拔为兵部侍郎。

虽然在兵部侍郎的职位上，裴光庭并没有拿得出手的政绩，但由于性格温和，开元十七年（729年），身为老资格的他成功实现跨界升迁，被任命为中书侍郎、同中书门下平章事，正式进入宰相班子。一年后，又升任门下省侍中，兼吏部尚书，成为继萧嵩之后的宰相班子二号人物。

从裴光庭的经历来看，我们不难看出李隆基将政绩并不显赫的裴光庭，充实进宰相班子的用意，那就是用一个不那么强势的人来协助萧嵩，但这并不意味着又重新回到当年姚崇、宋璟独揽相权的时代，因为从资历上来看，萧嵩和裴光庭旗鼓相当。

可以说李隆基充分吸取了先前杜暹和李元纮的经验教训，在选人的过程中可谓费尽心思，因为在姚崇、宋璟、张说等一干人接连被推出政局后，能胜任的人就那么几个。

李隆基坚信这一次新一届的宰相班子一定能够精诚团结，不会再出现掐架的局面了。事实上李隆基只猜对了一半，掐架确实没有出现，但据《旧唐书·萧嵩传》记载，两个人同位数年，情颇不协。

通俗一点说就是面和心不和！

不过相对于杜暹和李元纮的势同水火，裴光庭在开元二十一年（733年）不幸病逝，所以和萧嵩的矛盾也仅仅是停留在暗中较劲儿的程度，不然的话，两个人最终真的有可能重蹈杜暹和李元纮的覆辙——一同被罢官！

裴光庭的病逝使两位宰相的矛盾到此为止，对萧嵩来讲，这算是一件好事，但对于费尽心思构建这届宰相班子的李隆基来讲，确实是个意外的打击。因为接下来该干的事儿还得干，在遍览朝廷众臣后，李隆基一时还真找不到合适的人选，于是他征求萧嵩的意见，问谁适合进入宰相班子。

对萧嵩来讲，这是一个掌控宰相班子的绝好机会！

坦白地讲，萧嵩并不是那种权势欲很重的人，他只想找一个能和自己共融的人，他坚信只要做到这一点，就完全可以使自己成为整个宰相班子的掌控者。现在李隆基向他征求意见，正好给他这样的机会。

萧嵩给李隆基推荐的人选是时任右散骑常侍王丘。萧嵩之所以推荐这个人，并不是因为王丘有多少才能和政绩，而完全是因为王丘和自己要好，算是铁哥们。这个提名李隆基并没有反对，但王丘在得到消息后，立即表示自己不能胜任，推荐了另一个人选——时任尚书右丞(右仆射)的韩休。

韩休是个正直的人，早在先天年间就被人称为德才兼备的人，历任左补阙、主爵员外郎等，开元十二年出任虢州刺史。虢州距离京城很近，当时分担京城的马车草料税。韩休到任后，认为这个政策很不合理，应该将这个税收平均分摊到其他各州，不应只由虢州来承担，于是他准备向时任宰相的张说提出这个申请。

手下人都劝他说这样做是和宰相作对，未来没有好果子吃。但正直的韩休却坚持己见，他认为作为地方父母官就应该为民请命，所以他坚持向张说提出了这个申请。当时虽然张说不太愿意同意这个申请，但由于韩休申请的事实清楚、论据充分，最终不得已免除了虢州的车马税。

开元十二年年底，韩休因为母丧解职回家守孝；三年后回京，出任工部尚书；开元十九年，调任尚书右丞。

韩休的仕途并不没有什么大起大落，可谓一步一个脚印地逐渐走向了高位。当王丘提名韩休进入宰相班子的时候，李隆基将决定权授予了萧嵩。

萧嵩和韩休在仕途之路上并没有什么交集，当韩休在朝廷中一步一个脚印地行进时，萧嵩正在西北边境做他的安西副大都护，即使是了解，也仅仅是直觉表象上的。

韩休的正直，萧嵩心里十分清楚，而且很长时间以来韩休给萧嵩的是一种恬静和气的印象。这样的人萧嵩是十分欢迎的，所以向李隆基表态，韩休做宰相比较适合。

既然人选已经敲定，接下来就进入了实际工作阶段。

事实证明，当萧嵩和韩休真正搭伙做事儿时，萧嵩才发现自己对韩休的判断是错误的。

这种判断始自韩休对李隆基的态度！

当时有个将军名叫程伯献，目无法纪，专干欺压老百姓的勾当，韩休一直想找个机会将其拉下马。此时正巧有一个万年县尉名叫李美玉，因为言语失当被李隆基下狱治罪。皇帝陛下很生气，后果当然很严重，所以当朝的官员们全都不好再说什么。

但是韩休偏不这么认为。

他上疏李隆基要求如果要处理李美玉，那就先处理程伯献。李美玉只是言语失当，而程伯献才是明显触犯了法律。韩休的公然顶撞，使李隆基很是不满意，他并没有立即表态，而是说了句：窃钩者诛，窃国者侯。

其实这等于是将韩休顶了回去。

李隆基认为自己的恼怒可以把韩休彻底压制下去,但显然韩休并不吃这一套,他的反击策略是,如果皇帝不治程伯献的罪,自己身为宰相就无法处理李美玉。

这一次李隆基彻底无语了!

虽然李隆基此时已经愤怒至极,但他并没有头脑发热地将韩休罢免或者治罪。因为通过韩休的这些做法,李隆基虽然在韩休这里栽了面子,但他更体会到了这种做法背后所隐藏的内涵,那就是公正和无私。

李隆基不是昏君,所以他放弃了自己的固执,并说了句意味深长的话:太宗伟业之成乃有魏徵之功。

韩休公开顶撞李隆基这件事,出乎了很多人的意料。当然,由于身份、地位不同,每个人对于韩休都有着不同的看法,比如宋璟就对韩休大加赞扬,说韩休看起来是忠厚温和的人,没想到在原则面前这么坚决不妥协,实在是个勇敢的人。

既然有赞扬就会有贬低,当时也有很多人认为韩休的做法是沽名钓誉,目的是引起皇帝的重视,而有的人表面上不发表评论,但内心深处对韩休是很有意见的。

而萧嵩则是这些人中的代表。

一损俱损

萧嵩实在没有想到韩休居然这么生猛,归根结底有两个原因,第一个是他对韩休先前的经历并不十分了解,其实细数韩休的履历,他当过左补阙,也就是谏官出身,试问谏官哪个不是敢言的主儿?第二个原因则是萧嵩和韩休的性格截然相反。

这也是萧嵩在内心深处对韩休有意见的关键所在。在外人看来,萧嵩因为武官出身,可能更加粗犷;而韩休则是文臣,应该更加温婉一些。

事实上,这两个人的性格如果反过来,反而更加准确。萧嵩其实处世圆滑,典型的官场老油条:韩休却是个坚持原则,刚正不阿的人。

所以综合各种原因,也就注定了萧嵩和韩休肯定是不能融合的。

当韩休顶撞李隆基的时候,萧嵩就意识到当初举荐韩休进入宰相班子是个错误的选择,因为这样的人实在不好驾驭,但是现在自己又不能立即将韩休踢出去，如果那样无异于自己扇了自己的耳光。

所以，萧嵩的策略只有“等”，等待机会的出现，等待韩休出现纰漏。

这种等待注定是熬人的，因为彼此性格和处事方式的差异，其实韩休对于萧嵩的很多做法也很是不屑，这让萧嵩很是不爽。

萧嵩喜欢巴结有权势的宦官，韩休嗤之以鼻；萧嵩喜欢为李隆基歌功颂德，韩休认为他虚伪。总之，萧嵩在官场上所做的在别人看来全都很正常的一切，在韩休的眼里都显得格格不入。而韩休的性格和经历又注定使他不会像卢怀慎、源乾曜那样甘愿做个好好先生。所以随着时间的推移，韩休的不满情绪渐渐地显露出来。

据史料记载，韩休经常当面奚落萧嵩，说他是个没有原则的人，更有甚者还经常在李隆基面前揭萧嵩的短，这让萧嵩倍感尴尬。很多人都认为韩休是一个不懂得感恩的人，他之所以能够进入宰相班子，全赖萧嵩之功，现在即使看不惯萧嵩的所作所为，至少也不应该当众发飙，最起码应该让老领导的面子过得去。

在我看来持这种看法的人，其实根本没有换位思考，站在当时的环境去分析这个问题。韩休能够一路升迁走到今天，绝不是靠痛骂大臣、顶撞皇帝走过来的；以韩休的智商不会不懂得官场的规则，萧嵩作为他的举荐人，他难道会不知道应该照顾萧嵩的面子？

事实上，韩休之所以如此对待萧嵩，其本身的性格因素并不能完全解释得通，最多算是个诱因，而隐藏在背后的，其实是皇帝对韩休的看重。

《资治通鉴》上记载说，韩休进入宰相班子后，每当李隆基在皇宫内举行各式各样的宴会及在苑举行狩猎活动时，往往都会下意识地向手下人问韩休是否知道自己在干什么，从这一点可以看出，李隆基对于韩休是一种敬畏的态度，和当年李世民对魏徵的态度颇为相似。而李隆基每次问完之后，韩休的谏书都会在第一时间送到李隆基的面前，李隆基不用看也知道又是在劝自己不要铺张浪费、追求奢华生活之类的话。

那些善于逢迎的太监们知道李隆基作为一个具有正常思维的人、一个具有至高无上权威的皇帝，本能地对韩休的谏书有一种排斥心理，所以在李隆基面前吹风说：自从韩休做了宰相，陛下比以前瘦了很多，应该立即将韩休赶走。

而李隆基的回答却出乎了这些人的意料：朕虽然比以前瘦了，但天下的百姓一定比以前胖了，萧嵩虽然每次都顺着我，但朕每天睡得并不安稳：韩休的话虽然不中听，但是朕睡得安稳，用韩休并不是为了朕，而是为了大唐！

从这个事例我们明显看出，对于韩休的性格以及品性，李隆基其实是有着很深了解的，他对韩休的工作作风是肯定的，甚至是推崇的。

所以我始终认为，韩休不断奚落萧嵩，是因为韩休知道自己的这种作风皇帝是认可的。而通过史料，我们还能知道萧嵩虽然厌恶韩休，但史料上并没有他和韩休当庭争辩甚至是暗战的记载。萧嵩并不是怕韩休，而是担心一旦得罪了韩休，那个坐在皇帝宝座上的人不知道会是一个什么态度。

但韩休的做法显然有些过火。皇帝虽然肯定他的工作作风，但如果破坏了团结，这是任何一个皇帝所不愿看到的，然而韩休并没有意识到这一点，在这里他的性格因素就凸显出来了。面对韩休的紧逼，萧嵩显得很彷徨。每次在李隆基面前，当韩休直面顶撞他的时候，他都是默默无语，因为他始终在观察李隆基的态度，通过几次认真地观察后，他发现李隆基对韩休这种丝毫不考虑别人感受面争廷记的方式也有些不满。

于是，一个将韩休踢出宰相班子的计划，在他的头脑中逐渐形成了。他的这个计划名叫“以退为进”。

事实证明，萧嵩其实是一个不善于搞权术的人，因为这个计划最终却将他自己也卷了进去。

开元二十一年(733年)十月，萧嵩突然向李隆基提出退休的申请，虽然当时萧嵩已将近古稀之年，但由于先前没有任何迹象表明萧嵩有退休的想法，因此这让李隆基有些始料未及。

于是，李隆基就立即召见萧嵩问个究竟。

“这几年你做得不错啊，朕也没有嫌弃你老啊，为什么这么着急想着退休呢？”李隆基不解地问道。

“臣得到陛下的厚恩，在宰相的位置上已经得到了太多的富贵，在陛下不嫌弃臣的时候，臣应该有自知之明主动隐退，如果等到陛下厌恶臣的时候，恐怕臣那时已经性命不保，就不可能做到如愿退休了。”

言罢，萧嵩的眼角淌下了泪水。

面对萧嵩的一番话，李隆基一时间不知道该如何回答，于是他只得采取拖延的策略，对着萧嵩说道：

“你请求退休这件事太过突然，这里边还涉及很多事情，你先回去，容朕仔细斟酌。”

“臣遵旨！不过希望陛下能够理解臣的苦衷，臣已经老了，实在没有精力再纠缠一些琐碎的事了。”

萧嵩说完，叩头离去！

整个对话能够表达萧嵩真实意愿的只有这最后一句。

在萧嵩看来，自己的最后一句话，一定会让李隆基联想到韩休如何对待自己的，从皇帝陛下的语气中，萧嵩明白了皇帝其实是不舍得自己退休的，在这种情况下，皇帝联想到韩休的所作所为，必然会认为是韩休逼自己走的，那么接下来皇帝必然会对韩休有所动作。

这就是萧嵩自认为的一招"以退为进"的妙棋。

他坚信即使皇帝不立即罢免韩休，至少也会心生出这个想法。于是在离开朝堂的瞬间，萧嵩很为自己的这个计划感到得意。

但显然他忽略了一个问题，那就是他的表演有些过于逼真，以至于这种逼真居然真的把皇帝陛下忽悠住了。

就在萧嵩扬扬得意，准备看韩休的好戏时，三天后，李隆基的诏书送到了他这里。

"韩休免职，任为工部尚书！"

萧嵩激动得差点蹦了起来，要不是碍于身份，他真的想立刻找个没人的地方，一次乐个痛快。

然而后边还有一句话："同意萧嵩辞去宰相职务，改任尚书左丞！钦此！"

此话一出，萧嵩犹如从天堂跌到地狱一般，差一点瘫坐在地上。

……

从李隆基的这份诏书来看，我们明显看出他是明白萧嵩的部分用意的，不然的话他是不会在萧嵩只字未提韩休的情况下，将韩休免职的。

但萧嵩逼真的表演确实也让李隆基产生了错觉，所以最终的结果就是一损俱损。

随着萧嵩那聪明反被聪明误的计划失败，开元十四年以来第二届宰相班子就这样以一种戏剧化的方式结束了使命。

几乎在萧嵩和韩休被免职的同时，有一个人从家中走了出来。在此之前，他因为母丧在家守制，如今三年过去了，他接到了来自京城皇帝陛下的诏书，起用他为中书侍郎、同平章事，等于进了宰相班子。

于是他立即收拾行囊，匆匆上路回到了京城，又一次开始了他充满艰险的仕途之路。

这个人的名字叫张九龄！

张九龄

张九龄，字子寿，广东韶州曲江（今广东韶关市）人，西汉留侯张良之后，西晋开国功勋壮武郡公张华十四世孙，唐朝第一位出身岭南地区的宰相。

在母丧回家守制之前，张九龄的仕途之路颇为顺利，因为他遇到一个颇为赏识他的宰相——张说。能够得到张说的赏识，则全凭张九龄的文采。

元年间的宰相能够得到李隆基的重用，基本上都有各自的特点，姚崇擅长政务，宋璟秉守法度，张说擅长文学，就连彼此掐架的李元纮和杜暹也都以尚俭为名。

张九龄的文采自他很小的时候就已经表现得淋漓尽致，13 岁的时候得到了著名书法大家王方庆赞赏，预测张九龄"此子必能致远"。后来王方庆的话真的得到了验证，20 岁的张九龄凭借自己的才学，一举考中了进士，这在唐朝"五十少进士"的时代确实是个奇迹。

进入仕途后，不能不说张九龄的运气也实在不错，除了仕途之路一帆风顺之外，更得到了同样文采出众的张说的信任，张说称赞他为"后来词人称首也"。

张说的称赞并不为过，事实上，张九龄的文学成就远远超过了张说，除了妙笔生花，下笔如有神助之外，还因为张九龄为后世们留下了许多脍炙人口的佳篇名句，其中最著名的便是那首《望月怀远》：

海上生明月，天涯共此时。
情人怨遥夜，竟夕起相思。
灭烛怜光满，披衣觉露滋。
不堪盈手赠，还寝梦佳期。

这首诗除了抒发离乡之后，思念远方的亲人、爱人之情外，我们还从诗中读出了张九龄那志向高远，清高秀丽的雅士之风。

作为诗人，清高秀丽的雅士之风绝对会让人羡慕不已甚至是引来众人的钦佩赞许，但是身在官场，张九龄身上的这种特质，并不一定能够为他带来好处。开元十八年张说病逝后，张九龄正好母丧回家守制，三年后当他重新回到那个充满尔虞我诈、钩心斗角的朝堂之后，在没有张说的庇护的情况下，张九龄的第二次仕途之路注定不会平坦。开元二十二年（734 年）正月，张九龄刚刚回到朝廷后，所做的第一件事就是上疏李隆基，建议不必禁止私铸钱币。因为在当年宋璟治理江淮恶钱的事件后，朝廷对于民间私铸钱币管理得相当严格，以至于经过这么多年，已经由当年查治恶钱，逐渐演变成了禁止私自铸钱了。

张九龄的这个建议一经传播，便立即遭到了很多人的反对。例如，和他同时进入宰相班子的裴耀卿就认为如果放开私铸钱币这件事，恐怕那些不安分的小人就会不再农耕劳作，而去追求铸钱所得到的利益，很可能又会出现恶钱泛滥的局面。

时任秘书监的崔沔和右监门录事参军的刘秩也认为铸钱这件事本就不是平常百姓所做的事情，如果放开了，肯定是那些富有的人去干这件事，这样一来，平常百姓就永远受制于那些富人。他们还举出了当年西汉吴王刘濞之所以造反，就是因为私铸钱币的原因所造成的例子来反驳张九龄。

最终，在众人的反对下，张九龄的这个建议没有通过。

我们不能否认张九龄是个具有敏锐洞察力的人，这一点从先前封禅大典他提醒张说注意封赏问题就可以看出，但从这件事情来看，张九龄显然违反了新官上任"急于知事"的原则，所谓"急于知事"是指新官上任后，在对待工作上首先要充分了解情况，努力做到将情况烂熟于胸，且有据可查。并且知事要做到：一定要弄清过去的情况如何；以前是怎样做的；现在情况如何；未来的目标是什么。

史书上没有记载张九龄建议不必禁止私铸钱币的理由是什么，但从众人的反对和这个建议最终被驳回的结果来看，这个建议的确很不成熟。这件事情虽然没有影响张九龄日后的升迁，但从这件事中我们还是可以看出张九龄的弱点，那就是内心有一种自负之感。

这种感觉来自他那超越常人的文采，同样也来自他那先前颇为一帆风顺的仕途经历，没有经历过宦海风浪的张九龄此时或许没有想到，前方等待他的将是一个又一个政治旋涡。

开元二十二年(734 年)四月，张九龄被任命为中书令，裴耀卿为侍中。与先前的宰相班子由两个人支撑门面不同的是，这一次李隆基又将一个人充实进了宰相班子。

这个人就是时任礼部尚书的李林甫，和张九龄的清高自负相比，李林甫堪称是一个八面玲珑、左右逢源的高手。

让张九龄想不到的是，他的二次仕途旅程，最终就是断送在这个与他一同进入宰相班子的同僚手上。

升迁之路

李林甫当时能够进入宰相班子出乎了很多人的意料，因为在此之前他政绩平平，最重要的是和张九龄比起来，李林甫是个不折不扣的文盲，而且还曾经当众闹过笑话。

中国古代将生儿子称为“弄璋之喜”，“璋”代表美玉的意思，表示这家得了儿子就像得了美玉一样。可是有一年李林甫的表弟得了儿子，李林甫在贺信上将“弄璋之喜”写成了“弄獐之喜”，结果所表达的意思完全是猴吃麻花——满拧，人家生的儿子成了禽兽。

在进入宰相班子之前，李林甫能够给人留下深刻印象的，还是他跟着宇文融一起排挤张说那件事。而从那件事过后，李林甫就逐渐归于平静，一直到开元二十二年初突然进入宰相班子。

李林甫能够拜相看似一种偶然，貌似天上掉下个金元宝砸在了他的头上，而事实上仔细分析李林甫的发迹之路，就会发现他能够进入宰相班子其实是一种必然。

我们都知道在仕途之路上能够得到升迁，无非是当事人具有出众的能力，但是这种能力又可以划分出多种概念，纵观李林甫身上的能力，可以用八个字来形容：眼光独特，巴结权贵！

巴结权贵不就完了吗？为什么还非得加上眼光独特？

事实上，官场中巴结权贵十分需要独特的眼光，因为权贵实在太多了，如果巴结不好，站错了队，那不仅是竹篮打水一场空，甚至还可能断送了自己的前程。

在这一点上，李林甫做得那是相当到位。

从进入官场开始到开元二十二年进入宰相班子，李林甫巴结的权贵有很多，除了宇文融之外，对他升迁之路有决定性影响的一共有四个人。

第一个人：姜皎！

姜皎是李林甫的舅舅，李林甫在刚进入官场时，就已经看重姜皎内廷宠臣的身份，所以他找到各种机会，尽其所能地巴结这个舅舅。姜皎喜欢吹拉弹唱等娱乐活动，李林甫就天天带着乐器到姜皎的府上去取悦这个舅舅，最终通过姜皎的关系，李林甫得到了太子中允（五品）的官职。

虽然是个有名无实的闲职，但巴结姜皎的成功经历，使李林甫悟出了一个道理，那就是没有文化的他，如果想在高手如林的官场闯出一片天地，唯有靠依附有前途的权贵，来实现自己的成功目标。

第二个人：源乾曜！

对于姚崇而言，源乾曜可能是个摆设，但是对于李林甫而言，源乾曜可是个大人物，除了源乾曜是宰相班子成员之外，还因为他和姜皎是姻亲关系，算起来源乾曜和李林甫也算是沾亲带故。有了这样一层关系，李林甫接下来要考虑的就是采取什么方法靠近源乾曜，在仔细分析现状后，李林甫决定以源乾曜的儿子为突破口。

当时源乾曜的儿子和李林甫年龄相仿，而且也是身居闲职，两个年轻人在一起，总会有谈不完的话题，再加上李林甫善于揣摩人心，所以很快两个人成了无话不谈的好朋友，加上这样一层关系，李林甫不用自己说，源乾曜的儿子也会帮忙，结果从源乾曜那里，李林甫得到了太子谕德（四品）的官职。

随着时间的推移，李林甫的巴结之术日益提高，从身居闲职到跻身权力部门，他是仗着巴结宇文融而得到了御史中丞的官职，后来由于宇文融后来被罢免，李林甫的仕途之路暂时陷入沉寂，但这种状态并没有持续太久。因为精明的李林甫是不会死抱一棵大树的，遍观朝廷所有的人，他发现皇帝身边有一个人对自己的前途可能有着至关重要的影响，于是李林甫义无反顾地向这个人主动靠拢，而正是这个人对他能够跻身宰相班子起了至关重要的作用。

第三个人：武惠妃！

李林甫巴结武惠妃并不能仅仅用投其所好来解释，因为这涉及接下来要介绍的储位风波事件。众所周知，在前边介绍的王皇后和武惠妃的斗争中，武惠妃虽然取得了最终的胜利，但并没有立即顺利地登上后位，这里边固然有李隆基自己的原因，同时也有大臣反对的原因，而大臣反对的其中一个理由就是如果武惠妃当了皇后，该如何对待现在的太子？

这个问题对于武惠妃而言的确是一个棘手的问题，但对李林甫来讲却是个难得的机遇。他敏锐地洞察出了太子的问题才是羁绊武惠妃不能当皇后的根本问题，如果自己向武惠妃表态，自己能够帮助武惠妃的儿子当上太子，那绝对是雪中送炭，武惠妃一定会感激不尽。

当然，对于这种支持，李林甫是要求回报的，而李林甫看重的就是武惠妃那强劲的枕边风威力。

有时候女人温柔甜美的话语，远胜过男人们那义正词严的说教！

在李林甫下定决心之后，他决定从武惠妃身边的太监入手，能贿赂的全都贿赂到，能巴结的全都巴结上，只为了最终的一个目的，让武惠妃明白自己是和她站在同一战线的,大家共同实现心中的愿望,你好,我也好!

面对李林甫的主动投靠,武惠妃当时犹如抓住了救命的稻草。为了回报李林甫,同时也使这个战友更有力地支持自己,武惠妃没少在李隆基耳边吹风,这种吹风或许暂时不可能改变李林甫的地位,但潜移默化中李隆基对李林甫肯定是建立了一种更加良好的印象。

如果说武惠妃的枕边风在李林甫进入宰相班子的道路上,起到一种推波助澜的作用,那么接下来的第四个人,则是李林甫成功拜相的直接举荐人。

第四个人:韩休!

正直的韩休按说应该看不起李林甫这种没文化的人,但天底下的事情很多时候却是机缘凑巧。韩休能够举荐李林甫进入宰相班子,并不是李林甫有意巴结他,而是多种因素促成的结果。

李林甫有个秘密情人,这个情人名头并不响亮,但她却有个名头响亮的老爸——武三思。武三思的这个女儿曾经帮助过高力士在武则天当政时渡过困境,知恩图报的高力士下定决心未来有机会一定要报答她。

武三思的女儿做了李林甫的情人后,请求高力士在李隆基面前举荐李林甫,正好那个时候李隆基准备任命韩休进入宰相班子,于是高力士看准机会在李隆基下达任命诏书前,将这个消息告诉了武三思的女儿,让她转告李林甫立即到韩休那去道贺。

李林甫就凭着这样的内部消息,和韩休攀上了关系。当李隆基任命的诏书下达到韩休那里后,韩休立即将李林甫视为生命中的贵人,对李林甫刮目相看,最终在离开宰相班子时,正式向李隆基推荐李林甫做宰相。

李林甫凭借着巴结之术,以及生命中几个贵人的帮助,在开元二十二年和张九龄、裴耀卿一起进入了宰相班子。当然,和前两位相比,此时的他资历尚浅,所以最多只能算是跟在两位大人身后帮个腔。

然而,城府极深的李林甫并不满足当前所得到的一切,而且他已经承诺武惠妃,协助她的儿子当上太子,所以这就决定了李林甫未来的宰相之路不会平坦。

因为他深切地知道,实现这个目的的前提,首先是自己须要像当年姚崇、宋璟那样,成为朝廷的首席宰相。

在李林甫看来,完成这个任务并不容易,裴耀卿注定不是个关键人物,但张九龄绝对是他最大的对手!

但资历和职位皆处于下风的李林甫,目前只能在张九龄面前装孙子,他坚信终有一天，通过自己的努力，矮人一等的孙子将终会成为高高在上的爷爷。

自负

从张九龄和李林甫同时进入宰相班子那一刻起，就决定了这对宰相同样要延续先前杜暹和李元纮、萧嵩和韩休掐架的局面，唯一不同的是，由于开元年间诸多矛盾的日益显露，以及李隆基的内心变化，使这对宰相的斗争逐渐衍生出各种影响大唐历史走向的事件。

张九龄和李林甫的矛盾从没进入宰相班子以前就已经形成了，张九龄是张说的人，而李林甫先前跟随宇文融一起弹劾过张说。张说和宇文融两个本不属于同一派系，甚至是斗得你死我活的敌人，各自的接班人现在居然成为必须合作的宰相，不知道李隆基在重新整合宰相班子的时候，有没有考虑过这个问题。

事实上，张九龄由于才学出众、自负清高，内心深处根本瞧不起大字不识一个的李林甫。李隆基在任命李林甫做宰相前，曾经征求过张九龄的意见，张九龄认为宰相关系到国家安危，而李林甫自身没有文化、不学无术，如果当了宰相，恐怕国家会有忧患。

在我看来，张九龄对李林甫的评价有些偏颇，才学不高这的确是事实，但不学无术则是冤枉了李林甫，其实李林甫所学的那些东西，通过后来的事实证明，远比张九龄要实用得多。

李隆基之所以没有听从张九龄的建议，其实也是看重了李林甫解决实际问题的能力。

在刚刚进入宰相班子的时候，张九龄在李隆基心中占有很重要的位置，甚至可以说是一种崇拜，李隆基曾经评价张九龄说："其(张九龄)文章自有唐名公皆弗如也。朕终身师之，不得其一二，此人真文场之元帅也。"

而且张九龄每次上朝时，都会表现出精神百倍的样子，李隆基经常说每次见到张九龄都会感觉精神顿生。可以说张九龄的个人气质当时对整个朝廷有着潜移默化的影响，如果照此下去，张九龄将永远是当时的首席宰相：如果照此下去，没文化的李林甫将永远被张九龄的光辉所掩盖。

然而，这个世界很多事情并不是一成不变的，冥冥之中似乎自有定数。当李林甫决定暂时隐忍的时候，朝廷的政治走向出现了有利于他的转机，而这一切都来源于张九龄的自负与清高。

开元二十三年(735 年)正月，幽州长使张守珪在边境打败契丹人，并将其国王屈利和大将可突干斩首，将人头送往李隆基身在的东都洛阳报捷。

李隆基得到消息后，决定任命张守珪为宰相，张九龄立即表示反对。

“宰相是代天子治事，不是用来赏赐功臣的，希望陛下能明白其中的利害。”张九龄当着所有朝臣开口说道。

李隆基内心明白张九龄的反对其实很有道理，因为自姚崇、宋璟时代以来，不赏边臣已经成了惯例，更何况还是一下子进入宰相班子，如果张九龄不反对，那就是失职。

“朕只给他个头衔，不让他真的任职，可以吗？”李隆基说道。

表面看起来李隆基的这句话似乎是一种妥协，但实际上他是在给自己和张九龄寻找一个契合点，他既不希望自己的想法被彻底否定，又不想给朝臣留下一种拒不纳谏的印象，所以这句话其实是在告诉张九龄，你的意见说到这里就可以了。

但自负的张九龄并没有理解李隆基的深意，他继续回绝了李隆基：

“不可以！名义和职权都不能轻易授予人。张守珪刚刚打败契丹人，陛下就想用他做宰相，如果将契丹和奚全部灭掉，陛下该怎么赏赐张守珪呢？”

一句话，让李隆基哑口无言！

从道理上讲，张九龄的话完全无懈可击，而且不赏边臣是朝廷的惯例，张九龄的据理力争没有错误，但他面对的对象是皇帝，和皇帝讲理，那是要看皇帝心境的。

当时间走进开元二十三年的时候，李隆基的内心已经发生了微妙的变化，二十多年来的励精图治使这个帝国走向了辉煌的黄金时刻，但同时也让李隆基付出了许多心血，现在看着这辉煌的成就，怎能不使人心潮澎湃？

每个人的一生大体都会经历这样一个过程，年轻时努力打拼，中年时享受成果所带来的荣耀，晚年时回忆美好。李隆基是一个实实在在的人，事实上也在经历着这样的过程。此时的李隆基已经整整50岁，正是享受经过年轻时努力打拼所带来的成果的时候，而且这个成果足以超越所有人，成为中国历史辉煌灿烂的篇章。

成就固然可喜，但同时这种成就有时也会让人失去方向，甚至是陷入一种自我陶醉的境地，普通人尚且会出现这样的状况，更何况是具有无上权威的皇帝。据很多史书记载，此时的李隆基已经不同于开元初年那个励精图治的李隆基，长久以来的富足使他逐渐产生了懈怠，四海升平的歌声让他渐渐麻醉，以至于完全呈现出一种自大的状态。

这种状态外在的一种表现形式就是拒谏！

所以，当张九龄据理力争后，李隆基沉默了。

这种沉默其实是一种无声的抗议，虽然最终张九龄达到了目的，张守珪只得到了右羽林军大将军兼御史大夫的官职赏赐，但李隆基的心中不爽，已经让他开始对这个文学天才有了一丝排斥心理。

然而张九龄却没有看出其中的端倪。

一年后，在关于另一个人的处理问题上，张九龄继续扮演着和皇帝据理力争的角色。

开元二十四年(736 年)四月，张守珪手下的一个将领在讨伐契丹的战争中擅自冒进，结果中了埋伏，被打得损兵折将，当时张守硅上奏李隆基请求杀掉这个将领，如果不是临刑前这个将领那一声大喊，恐怕他早已经人头落地。

这个将领的名字叫安禄山！

安禄山本是营州的杂胡人，本名阿荦山，之所以称为杂胡，是因为谁也不知道他的生身之父是谁。安禄山在很小的时候，就跟着以卖弄巫术为生的母亲嫁给了突厥人安延偃，所以改名叫安禄山，长大后因为勇猛有力，在幽州参军，后来又因为勇猛善战和善于迎合张守珪，而颇得张守珪的赏识，被任命为捉生将。

几年来安禄山跟着张守珪在讨伐契丹和奚的战争中屡立战功，进而又升迁为坐骁卫将军，这一次当他因为冒进吃了败仗后，张守珪虽然内心十分不愿杀安禄山，但为了严肃军纪，所以不得不做出杀安禄山的决定。

当安禄山被绑在柱子上，刽子手即将行刑时，安禄山索性来个最后一搏，他口中高声喊道:“将军难道不想灭掉契丹和奚了吗？怎么能够杀掉禄山，而让敌人高兴呢?”

从这句话我们可以看出，安禄山虽然是个武夫，但绝不是那种只有蛮力，没有脑子的人，这句话他其实是借用了春秋时期秦晋肴山之战，秦穆公没有因为吃了败仗而杀掉孟明而继续重用的典故，来试图打动张守珪。

在刽子手的刀即将砍掉自己的脑袋时，居然还能从容不迫地说出典故，从这一点来看，安禄山绝对是个颇有心机、应变能力极强的人！

事实证明，他这一招十分有效，不管是这句话真的使张守珪动了恻隐之心，还是为张守珪找到了可以后退的台阶，总之这句话暂时将安禄山从鬼门关上拉了回来。张守珪决定将他押往东都洛阳，让皇帝陛下亲自处理这件事。

当张九龄知道这件事后，在第一时间上疏李隆基，他在奏章中列举了春秋时期穰苴杀庄贾、孙武杀吴王姬的典故，来试图说明必杀安禄山的理由。

张九龄的奏疏句句在理，然而面对这封奏疏，李隆基却没有理会，只是下诏免除安禄山的官职，以平民的身份继续带兵。

表面看起来，李隆基的做法颇有些当年秦穆公不杀孟明的风范，但仔细分析，李隆基这么做事实上是对张九龄的一种回击。

朕的意志岂能为你所左右？

当张九龄看到皇帝没有理睬自己后，他决定动用杀招来做最后的努力，于是他亲自面见李隆基，说出了下列一番话：

“安禄山违抗命令损兵折将，按照法律不能不杀，而且臣看他面貌上有造反的特征，如果不杀他必定日后会祸国殃民，请陛下一定要三思啊！”

而李隆基的回答则是：“你不要像石勒看王衍那样冤枉安禄山！”

通过二十年后那场持续八年之久的叛乱来看，这是张九龄仅有的几次极为精准的预言之一，继张说没有听从张九龄提防宇文融的劝告后，李隆基也错过了拯救大唐帝国国运的绝好机会。

究其原因，乃是自负的意气战胜了理智使然，纵是高高在上的皇帝亦不能突破这个局限！

处理安禄山事件，是李隆基第一次在张九龄担任首席宰相后，没有听从他的劝告，而按照自己的意志行事的一件事。在很多人看来，这件事最多不过说明了君臣二人在具体问题上有分歧，并不能说明有什么严重的矛盾。

然而对于心机深沉的李林甫来讲，他却从中嗅到了一丝皇帝内心有些排斥张九龄的味道，只是现在他还不敢妄下定论，他需要采取试探的方法，来逐渐摸清皇帝的真实想法。

只有这样，李林甫才有扳倒张九龄的机会，正所谓：知己知彼，百战不殆！

试探性的进攻

开元二十四年（736 年）十月，京师长安发生了震级不算高的地震，似乎是在轻轻召唤已经离开它将近三年的皇帝陛下尽快归来，或许是因为受到了某种感应，身在洛阳的李隆基决定在来年二月返回长安。

可是在李隆基刚刚通知完大臣们这个消息的当天夜里，寝宫里边忽然出现了奇怪的声音，这种声音一直持续到清晨才渐渐消失，当时搞得王公大臣全都人心惶惶。

在那科学并不发达的年月里，出现这种事情人们大多会用什么上天警示、天神感应之类的说法来做解释，所以李隆基转天便立即召集大臣们，商议是不是不要等到来年二月起程，应该立即起程回长安。因为在他看来，做出来年二月返回长安的决定，上天可能觉得并不妥。

朝堂之上当李隆基说出自己的想法后，张九龄一如既往地站出来表示反对：

“陛下！现在农家尚未收割完农作物，希望陛下等到仲冬过后再起程吧！”

张九龄的这句话，其实所表达的意思就是不希望朝廷此时出发，因为大队人马一路行进肯定要踩踏到一路的庄稼，农民们一旦收成不好，势必会影响国家的税收。

不过张九龄这次站出来反对并不是孤身一人，另一位宰相班子成员，时任门下省侍中的裴耀卿这次和他站在了同一阵营。

“张中书所言极是啊！仲冬时节过后，我们再起程回去，到那时农家已经收割完毕，所有人一定会感激皇上的。”张九龄说完后，裴耀卿补充道。

坦白地讲，张九龄和裴耀卿所说的的确很有道理，而且都是以体恤民生为出发点阐述反对的理由，但他们显然忽略了一个至关重要的问题，那就是备受昨天夜里怪声困扰的皇帝陛下，此刻内心是一种什么状态。

张九龄和裴耀卿虽然都有各自突出的才能，但并不善于揣摩人心，当然在此基础上，他们更不会找一个折中的办法来解决问题，要知道身为宰相，不仅仅是要指出存在什么问题，关键是要找到解决问题的办法。

在张九龄和裴耀卿说完后，李隆基感觉瞬间犹如一盆凉水从头泼到脚，在他看来，偌大的一个朝廷怎么就没人切身站在他的角度，在乎一下他的感受呢？

“这个事情改日再议吧……”李隆基尴尬地说道。

……

接下来的朝会在一片凝重的氛围中进行着，可想而知，这种氛围下的朝会根本没法解决实际问题，所以只是象征性地维持了很短的时间，李隆基便宣布散会。

谁都知道，张九龄和裴耀卿两位宰相大人，一上来就坏了皇帝陛下的兴致，所以朝会不欢而散是必然的。

大臣们依次退出朝堂之外，向着自己官邸走去，但有一个人却径直前往了李隆基的寝宫，这个人就是李林甫。

此刻他之所以没有和众人一同散去，而是私下里去面见李隆基，是因为通过今天的朝会，他察觉到这是一个绝好的试探皇帝陛下真实想法的机会。

通过这场朝会后来凝重的氛围，李林甫明显地感觉出，皇帝陛下心中不爽，这种不爽除了张九龄和裴耀卿当面否定他的想法之外，还因为满朝那么多大臣，居然没有一个人出来为自己解围。李林甫本想在那个时候站出来，因为他已经想出了一个两全其美的办法，只是李隆基的沉默，让他不敢轻举妄动，毕竟那个时候站出来，自己是以一对二，而且皇帝陛下还未必能够站在自己这一边。

所以，稳妥的办法就是私下里跟皇帝陛下说出自己的想法。

李林甫来到李隆基的寝宫后，在口头行礼过后，他发现皇帝陛下面部的阴云依然没有散去，显然还是为早朝议论的还京事件而郁闷。

此刻，李林甫并没有主动开口讲话，他要等皇帝问自己，才好说出口。

“刚刚散了早朝，爱卿来面见朕，是不是有什么紧急的事情？”

“嗯……陛下！恕臣直言，刚才早朝的时候，您是不是被张、裴两位大人扫了兴致？”李林甫小心翼翼地问道。

“唉！昨天夜里出现的怪异声音，朕听得毛骨悚然，朕明白一定是上天在警示朕，来年二月回到长安有些晚，爱卿你说张九龄和裴耀卿他们为什么就不明白朕的心思呢？”李隆基越说调门越高。

在李隆基说话的时候，李林甫虽然不敢直视高高在上的皇帝，但是他努力地将眼睛往上抬，不断观察皇帝陛下说话的表情，透过李隆基刚才说的话，他知道如果说出自己心中的想法，势必会在皇帝面前赚足印象分。

“陛下！其实依臣来看，还京这件事很好解决！”李林甫说完故意停住。

“接着说啊，看来你有办法。”

“其实无论是长安还是洛阳，无非都是陛下东西两宫而已，陛下想去哪里就去哪里。现在陛下想回长安了，立即就可以起程，为什么还要等到仲冬以后呢？”

“难道早朝时你没听到张九龄和裴耀卿反对的理由吗？”

“哎，他们说的问题，实在是个很好解决的问题。”

“李林甫！你别卖关子！朕知道你机灵，赶紧说你有什么办法！”李隆基站起身来，不耐烦地说道。

“陛下息怒！张九龄和裴耀卿他们反对的理由不就是怕踩踏了庄稼，影响了农家的收成，没法收税嘛！陛下尽管走路，到时踩到了哪里的庄稼，就把那个地方的税免掉一年就可以了啊！不知道这个办法陛下是否满意！”李林甫说完躬身在李隆基的身旁。

雨果曾经说过:没有任何东西的威力比得上一个适时的主意。

李林甫的话让李隆基顿时豁然开朗,此时他不禁抚掌大笑夸奖李林甫道:“还是爱卿有办法啊!比起张九龄那些只知道写漂亮文章的人管用多了!哈哈哈!”

“陛下过奖了,臣建议明天召集百官,陛下和他们说这个方法,然后下令立即起程!”

“好!就这么定!不过朕不明白,爱卿你为什么早朝的时候不说呢?”李隆基不解地问道。

此时面对李隆基的这句问话,心机深沉的李林甫再一次意识到,这是一个可以给张九龄进谗言的机会,虽然未必能够立即有什么效果,但既然有机会就坚决不能错过。

经过瞬间的思考后,李林甫开口说道:

“不是臣那个时候不想说,而是张、裴两位大人反对后,陛下没有什么反应,臣实在不知道陛下心中有什么想法,所以……”

“所以你就私自来见朕?”

“请陛下恕罪!”

“唉……其实朕心里实在有些反感张九龄,每次朕有什么想法,他总是站出来第一个反对,可是反对的理由听起来还很有道理,爱卿你说让朕怎么办?”李隆基有些无奈。

在李隆基说话的时候,李林甫一直在认真地倾听,他在仔细揣摩此时这位皇帝陛下的心理,综合整个对话,李林甫已经明白了李隆基现在迫切需要一个为自己挎刀的人。

如果他自己能够充当这个角色,无疑对自己未来的前途十分有益,不过他明白此时如果在皇帝面前一味地贬低张九龄,精明的皇帝或许立即就能察觉出他的真实意图,于是他假装自言自语地说道:

“呵呵!张中书其实也是好意,不过身为宰相应该更多的是为陛下分忧,而不仅仅是反对!”

“嗯……爱卿所言极是,朕明日立即召集所有大臣,还京的事情就这么定。”李隆基一边点着头,一边坚定地说道。

在他说这句话的时候,李林甫的嘴角露出了一丝诡异的微笑,对李林甫而言,这次对张九龄的试探性进攻已经圆满完成。

朝堂争执

李隆基和李林甫这次私下里的对话，其实是一次双赢的对话，不仅李林甫摸清了皇帝陛下的深刻想法，更让李隆基对这个被人评价为不学无术的宰相有了全新的认识。

在此之前，李隆基对李林甫的印象大多来自宦官和武惠妃，之所以把他拉进宰相班子，完全是因为很多人的良好评价，说这个人是一个很温和的人，可以给张九龄、裴耀卿做个帮手。其实，李隆基并没有真正地看出李林甫究竟有什么过人之处。

但是通过这次私下里的对话，李隆基不禁对李林甫有些刮目相看，他已经看出了李林甫实际上是个应变能力极强、善于解决实际问题的人。

而身为宰相能够解决实际问题这一点很重要，但张九龄和裴耀卿显然在这方面有所欠缺。

也就是从此时开始，李林甫在李隆基心中的地位陡然上升。如果说先前他因为朝廷里能够胜任宰相的人少之又少，所以有些时候不得不屈从张九龄等人的意见，那么李林甫的这次出现，让他刹那间似乎意识到了什么，这是一种朦胧的感觉，他隐隐约约地感觉到李林甫假以时日可能是张九龄很好的替代者。

有了这样的感觉，李隆基下定决心，在未来的日子里，如果张九龄再来个面折廷争，自己可以不必再屈从他的意见。

事实证明，李隆基并没有等待太久的时间，仅仅一个月后，他就等到了这样的机会。

当李隆基在百官面前说出李林甫的那个方法后，所有人全都拍手称赞，就连张九龄和裴耀卿也都在埋怨自己为什么没有想到如此两全其美的办法。当然，善解人意的李隆基并没有在众人面前说这是李林甫的主意，因为他知道既然李林甫私自找到自己，就说明他不想把自己明摆在张九龄和裴耀卿的对立面。

十月二十一日，李隆基等文武大臣终于回到了阔别了将近三年的长安城，值得一提的是，此后李隆基再也没有到过洛阳，一直到他去世为止。

回到久违的长安，让李隆基的心中充满兴奋，只是这种兴奋还没有维持多久，就又被一盆凉水迎头浇了过来，而浇凉水的人正是张九龄。

事情的起因和上次张守珪的问题一样，只不过这次换成了朔方节度使牛仙客。

作为一方的军政长官，牛仙客在当地颇具声望，不仅严于律己，还能够为国家节省开支，粮食储备充足，武器装备精良，最重要的是这一切都不是朝廷的刻意要求，而是牛仙客凭借很多年的努力，精心治理的结果。

于是，很多人在李隆基面前开始保举牛仙客，而李隆基在经过详细地调查后，确认了牛仙客的先进事迹，准备把他提拔到尚书级别的官职，只是李隆基一直在考虑该把他放在哪个部门。

就在李隆基思考的这段时间，张九龄上疏表示反对。

这一次张九龄的理由和上次反对任命张守珪的理由有些区别："陛下！大唐自建立以来，只有当过宰相的名扬天下以及德高望重的人才有可能被任命为尚书级别的官员，牛仙客原来是河湟节度使判官，如果现在让他担任国家权力机要部门的官员，恐怕有辱朝廷的名声。"

对于张九龄犹如幽灵般的反对声音，李隆基事先倒是有所准备，于是他耐着性子说道："那么只加实封可以吗？"

"不可以！封爵是用来奖励有功之人的，边防的节度使使仓库充实、武器精良，这是他们应该做的，只是尽到本分而已，不能算是他们立了功劳，陛下可以赏赐金钱物品，封给爵位恐怕不适宜。"

一番话说得李隆基再一次无语。

朝堂上顿时寂静无声，高高在上的皇帝阴沉着脸，跪在下边的张九龄看起来要坚持到底，此刻没有人出来打圆场，朝堂之上顿时陷入了一片尴尬的境地。

其实所有人都在思索着接下来会出现怎样的一幕，其中就包括李林甫。

如果上一次在张守珪的问题上，李林甫由于没有摸清皇帝的想法而不敢贸然出头的话，这一次他再也不能将自己隐藏起来，因为他深知上次私下面见皇帝，其实已经摆明了自己的立场，精明的皇帝陛下岂能不知？这一次和上一次的情形是那么相似，皇帝陛下一定是希望自己站出来的，如果不出头，恐怕皇帝陛下那里未必能够交代过去。

更何况这也是一次排挤张九龄的绝好机会！

在整理好思绪后，李林甫从朝臣中闪出身来躬身说道：

"陛下！臣认为仙客具有当宰相的才能，任命他为尚书级别的官员又有什么不可呢？"说完后，他瞥眼看了一下张九龄，然后继续说道：

"九龄是书生，实在不通大体！"

朝堂之上一片哗然！

李林甫站出来说出自己的意见也就罢了，但是公开贬低张九龄，这可是谁也没有想到的事情，虽然同为宰相班子成员，但怎么说张九龄也比李林甫的官职要高。

于是有的人开始窃窃私语，有的人开始偷偷地抬起眼睛观察张九龄此时的表情。

此时的张九龄虽然嘴上并没有反驳李林甫，但他内心着实吃了一惊，这个表面看起来柔弱的李林甫为什么今天会如此一反常态，虽然两人不和由来已久，但公开挑衅实在有些出乎他的意料。

他隐隐觉得李林甫这种强硬的态度，其背后可能是皇帝意志的体现！

“好了！李爱卿的说法朕赞同，不过到底该给个什么官职，明天再议！”李隆基的话打断了张九龄的思绪。

事实上，没有人比李隆基此刻想得更多，李林甫的挺身而出，让他找到了可以就此退身的台阶，而且李隆基最后所说的话，也表明了对李林甫的肯定，但是他不想就此在朝堂之上让张九龄丢了身份，如果自己顺着李林甫的思路和他站到同一阵营，那么身为首席宰相的张九龄无疑颜面尽失。

其实归根结底只有一句话，李隆基认为凭借张九龄的聪明才智，通过这次朝堂之上的争执，他应该能够悟出些什么，从而能够使自己变得圆滑一些。

然而高层大厦都是由带有棱角的砖瓦所建成，如果将它们打磨成没有棱角的石头，那么只能变成深水中让人观赏的鹅卵石。

当第二天继续讨论这个问题的时候，张九龄的表现终于让李隆基再也不能忍受下去！

“陛下！牛仙客万万不能任命啊！如果开了先例，臣恐怕未来一发不可收拾，如果陛下执意如此，臣不敢奉诏！”

张九龄你才学如此出众，为什么就不开窍呢？看来“读死书，死读书”这句话，就是说你这样的人。

面对张九龄的固执，李隆基终于不再忍耐，因为此刻张九龄的话在李隆基看来，已经变了味道，不再是衷心纳谏，而是故意限权！

“难道什么事情都由你做主吗？”李隆基顿时翻脸！

“陛下不嫌弃臣的愚昧，让臣身在宰相的职位上，臣怎么能不实话实说呢？”看到李隆基翻脸，张九龄顿时跪倒在地。

“你嫌弃牛仙客出身低微，而你是名门望族出身吗？”显然李隆基这次已经下定决心不再给张九龄留任何面子。

“臣是岭外海边微贱的人，比不上牛仙客出生在中华大地，然而臣身在宰相之位,掌管各种事务多年,而牛仙客是边陲小官不识文学,如重用他恐怕众人不服!”

“懂文学有什么用?朕需要的是能为朕分忧的人,朕就是要重用牛仙客!”李隆基的声调越来越高,说到最后已经有些歇斯底里,说完后他起身怒气冲冲地离开了朝堂。

朝会又一次不欢而散!

张九龄的固执和皇帝陛下的愤怒,李林甫全都看在眼里,显然皇帝陛下已经忍无可忍,但是在李林甫看来,皇帝陛下离开朝堂之前最后的那句话,是对自己的一种暗示,因为在此之前的还京事件中,他已经充当了一次为皇帝陛下分忧的角色。

但是今天朝会上针对牛仙客的问题,实质上并没有讨论出最终的结果,李林甫现在要做的就是让皇帝陛下尽快做出重用牛仙客的决定。

于是,他再一次私下找到李隆基。

“陛下千万要息怒,如果真的有才干见识,何必非懂文学!陛下贵为九五之尊,现在想用人,有什么不可以的!”

李林甫的这句话,既是在举荐牛仙客,同时也是在推荐他自己!

最终在李林甫的不断怂恿下,一个月后,李隆基下诏赐牛仙客为陇西县公,并给予食邑实封三百户。

牛仙客事件是张九龄担任宰相以来,李隆基第一次公开在朝堂上和他翻脸,这里边固然有张九龄的固执不圆滑的原因,也有李林甫挑拨是非等诸多因素,但在我看来最关键的原因还是在于李隆基心态的微妙变化。

此时的李隆基不能说完全放任了自己,但是与开元初年相比,他的确缺少了那种锐意奋进的势头,相反的是自大、唯我独尊开始在他的心中生根发芽。

事实证明,随着时间的推移,李隆基逐渐陷入了一种畸形状态,其标志性事件就是在很多人看来,表现出李隆基残忍绝情的一日杀三子事件!

第七章

废立太子

李隆基一日杀三子事件是开元年间一件影响大唐帝国命运的事件。貌似大唐帝国在行进一段时间后，总会出现以时间为节点的转折事件，例如，武德九年的玄武门事变、贞观十七年的储位之争、唐隆元年的唐隆政变等，大唐历史在曲折婉蜒中既书写着壮丽的辉煌，同时也写下了血腥屠戮的残酷。

开元二十四年(736 年)注定会成为李隆基时代的一个转折年份，不仅因为他公开和张九龄翻脸，也不仅因为李林甫的跃跃欲试，更因为从这一年开始很多人的命运即将改变。

要说清楚一日杀三子事件的来龙去脉，我们须要从一个人说起，那就是已经将近十年没有亮相的武惠妃。

武惠妃的等待

自开元十四年(726 年)谋求皇后之位受阻以来，俯仰之间已经过去了将近十年，虽然这十年中，武惠妃过着具有皇后之实的生活，但在那个注重名分的时代，一个女人是不可能不在乎名分的，更何况一个年轻女人的十年，意味着青春已经远逝，岁月的印痕开始清晰地浮现在面庞。

武惠妃虽然感到自己在后宫的地位稳如磐石，但历经十年而没有登上皇后的宝座，又让她时常忐忑不安，因为她深知李隆基是一个多情风流的皇帝，自己凭借美丽的容貌而受宠，但终有一天那美丽的容颜会随风消逝，赵丽妃、皇甫德仪、刘才人的经历已经是最好的证明。

此时已近中年的武惠妃已经开始迫不及待地二次谋求登上皇后之位。

十年前的那场斗争依旧历历在目，冷静分析眼前的局势，她感到阻碍自己登上皇后宝座的依然是十年前的老问题——太子问题。

大臣们反对的理由也是太子已经确立，如果武惠妃当了皇后，那太子的地位会十分尴尬，因为武惠妃自己是有儿子的。

就是这个问题，让武惠妃足足等待了十年，但这显然不是时间能解决的问题，因为太子李瑛随着年龄的增长，已经将近而立之年，而且聪颖好学，才干俱佳；如果不出意外，他未来一定是皇位的接班人，而武惠妃到那个时候只能是作为先皇的宠妃，像当年武则天一样，被勒令出家为尼。

一想到这些，武惠妃不免胆战心惊，但目前她似乎并没有任何办法来扭转这个局面。也效仿当年武则天攀上太子这棵大树吗？似乎没有这个条件，所以目前她能做的只有等待和祈祷上天能够眷顾她这个等了十年之久的人。

然而让武惠妃没有想到的是，她的祈祷真的应验了。

开元二十四年(736年)十一月，几乎就在李隆基公开和张九龄翻脸的同一时间，太子李瑛犯下了大错！

李瑛是李隆基和赵丽妃所生，李隆基刚即位时，赵丽妃正受到宠幸，加上王皇后没有子嗣，所以被立为太子。李瑛是个颇具才干的人，一向谨小慎微，恪守本分。但是由于母亲赵丽妃早在王皇后被废之前就已经去世，再加上后来武惠妃受宠，所以李瑛的这个太子当得并不舒服。

原因只有一个，武惠妃的儿子寿王李瑁是当时所有皇子中最受宠的。从感情角度来讲，李瑁的待遇事实上已经超过了李瑛，要不是“储君不可轻易废立”的观念深入人心，恐怕谁当太子还是说不准的事儿。

有了这样的一种心结，李瑛很容易在诸多皇子中找到志同道合者，其中皇甫德仪所生的鄂王李瑶和刘才人所生的光王李琚，他们和太子李瑛关系最好，不仅因为共同嫉妒李瑁的受宠，更因为三个人的母亲全都因为武惠妃的出现，而受到父皇李隆基的冷落。

事实证明，哥仨的共同经历和共同指向的目标，在不知不觉中已经让他们三个结成了小派系，这在充满尔虞我诈的内宫深处，其实是很危险的，最关键是由于年轻人的阅历浅薄，很容易出现情绪化的波动。

据史料记载，鄂王李瑶和光王李琚，经常聚在一起暗中发泄牢骚，表达对李瑁和武惠妃的不满，这种情绪随着时间的推移渐渐地转到了太子李瑛的身上。

从身份角度来看，李瑛其实是不应该过多理会两个弟弟的态度的，如果李瑛是一个深谋远虑的人，他甚至应该制止两个弟弟的言行。

然而，李瑛并没有充分意识到这件事所带来的危害，甚至他不假思索地向两个弟弟传达了同样的不满情绪。

没有经历过你死我活的残忍搏杀，没有人生大风大浪的侵袭，他们不懂得失去母亲受宠这强有力的支点后，在某一个暗中角落，那些政治投机分子，早已经用凛冽的目光觊觎他们很久很久了。

驸马都尉杨洄就是紧盯三兄弟最紧的人，因为他的老婆咸宜公主是武惠妃的女儿。

《资治通鉴》记载："开元二十四年岁末，太子李瑛与鄂王李瑶、光王李琚聚于内第，皆以母失爱而有怨言，驸马都尉杨洄尚咸宜公主，常伺三子过失以告惠妃。"

"常伺三子过失以告惠妃"这句话，同时也证明了三兄弟的一举一动早已经被杨洄盯上，只是以前的那些事儿都不足以构成杀伤力。但杨洄坚信，这一次如果运作得当，三兄弟将永无翻身之日。

如此看来，三兄弟的政治敏锐性实在不是一般的差，我们只能说和那些官场老手相比，孩子，你们还是太年轻！

虽说年轻没有失败，但有的时候失败一次需要用一生去埋单！

很快，杨洄将三兄弟聚在一起宣泄不满情绪这件事，暗中报告给了武惠妃，并同时给武惠妃出招，让她千万不可错过这个好机会，一定要充分发挥出枕边风的强劲作用，一举击沉三兄弟。

杨洄的报告终于让武惠妃体会到了"皇天不负有心人"的感觉。当然，如何能够最大限度地实现自己的目标，武惠妃一直在思考，在她看来仅仅是向皇帝陛下反馈杨洄传来的消息，显然有些苍白无力，没准皇帝陛下只是将三兄弟训斥一顿，说些下不为例的话了事，如果那样的话，可真是竹篮打水一场空。

所以须要将三兄弟发泄不满这件事转变性质，才有获胜的希望。

历经深宫斗争的武惠妃当然明白作为高高在上的皇帝，内心最忌讳、最痛恨的是什么。

"太子阴谋结党，鄂王李瑶和光王李琚私下发泄不满情绪，只因为他们的母亲不受陛下的宠爱，臣妾真的担心他们将害妾母子，甚至直接指斥陛下！"

当武惠妃对李隆基说出这番话时，连她自己都没有绝对的信心，毕竟三兄弟发泄不满是事实，但阴谋结党谋害武惠妃母子则是空穴来风，直接指斥皇帝更是无中生有。

不过，出乎武惠妃意料的是，李隆基听完后勃然大怒，立即让太监传旨，第二天早朝时商议废黜太子三兄弟。

真实的想法

连武惠妃都没有想到皇帝陛下仅仅听了自己只言片语，便会勃然大怒要找宰相商议废黜太子三兄弟。在她看来，自己在皇帝陛下心中的地位并没有降低，而且太子结党这个理由的确触动了皇帝陛下那根敏感的神经，所以她吹完枕边风后，并没有再过多地说什么，因为她懂得什么叫适可而止，接下来她应该充当一个旁观者，去等待皇帝陛下为自己带来胜利的果实。

那我们不禁要问，虽然此时的李隆基已经逐渐显露出了自大、唯我独尊的心理状态，但作为一个经历诸多政治斗争、历经无数凶险的皇帝，李隆基真的仅仅因为武惠妃的几句话，就勃然大怒到要废黜太子吗？

在我看来，答案是否定的。

要弄清这个问题，我们暂且放下这个问题，来看看接下来所发生的一切。

当李隆基转天在朝堂将想要废黜太子三兄弟的想法说出来后，张九龄义无反顾地站出来反对，并说了一大段感人肺腑的话语。

"陛下即位将近三十年，太子和诸王从没有离开过深宫，他们天天受到陛下的教导，天下人都庆幸陛下子孙昌盛。现在三位皇子全都已经成年，没听说他们有什么大过错，陛下怎么能因为一些没有根据的话，突然发怒就把他们废掉呢？"

张九龄清了清嗓子，继续说道：

"从前晋献公听了骊姬的谗言杀掉申生，引起了三代的大乱；汉武帝相信了江充诬告太子的话，造成了京城的流血事件；隋文帝杨坚听信独孤皇后的话，废掉了太子杨勇立了杨广，最后失去江山；这些事例都说明太子是不能轻易废立的。如果陛下执意要废掉太子等三兄弟，臣不敢奉诏！"

张九龄越说越激动，最后竟然是泪流满面！

李隆基听完张九龄的话后没有反应。有的史书记载李隆基很不高兴，也有的记载是默然良久，总之，李隆基当时没有表态。而事实却是在张九龄被免去宰相职务之前，太子等三兄弟的地位并没有受到冲击。

表面上看起来，貌似是张九龄这一大段感人肺腑的话语，让李隆基恢复了理智，但上次因为是否重用牛仙客的问题，李隆基已经公开和张九龄翻脸，换句话说,张九龄的首席宰相之位已经受到了挑战。如果这次换作其他人站出来说这番话,或许李隆基还可以接受,但恰恰是李隆基很反感的张九龄站出来,这反而有可能会火上浇油,让李隆基彻底失去耐心和理智。

然而事实却是李隆基没有任何反应,这不能不让人觉得这件事情远没有想象中的那么简单。

所以,问题就回到了我们上边所说的,武惠妃的话李隆基真的就轻易不假思索地相信了吗?

在我看来,当武惠妃说出那些话后,李隆基的内心其实是一种矛盾状态,一方面他看出了武惠妃说这番话的用意所在,毕竟十年没有登上后位,也是因为太子的存在。另一方面他也知道武惠妃的话并不是空穴来风,一定是太子三兄弟的言行有什么不当之处,但要是说太子阴谋结党,李隆基内心并不一定完全相信。

自古以来每个皇帝内心都有着同样的心结,那就是生怕有人结党营私。如果这个人是太子,那么更会引起皇帝百分之二百的警觉,所以李隆基明知道武惠妃的话含有水分,但还是本着不怕一万,就怕万一的原则决定利用这个机会来敲打一下太子三兄弟。

不过有人可能会问,李隆基当时如果真的不想废掉太子三兄弟,完全没有必要想出这么复杂的方法来,他可以否定武惠妃所说的话,然后将三兄弟找来当面训斥一顿,当面敲打岂不更加简单明了?

对于这个问题,我想说的是,我们不应该用常人的思维来判断李隆基的行为走向,他之所以能够击败韦皇后、太平公主,能够轻松驾驭颇有个性的姚崇、宋璟、张说、李林甫等人,带领这个帝国走进黄金时代,这本身就说明李隆基的思维在某些时候是异于常人的。

更何况作为高高在上的皇帝,他也须要有超越众人的眼光和视角来看待问题。

事实上,在是否废黜太子三兄弟这起政治事件中,还隐藏了李隆基内心深处一种不为人知的情感。

这种情感就是他对武惠妃深切的爱!

李隆基一生拥有无数个女人,除了后来的杨贵妃之外,在此之前武惠妃可以说是李隆基生命中最重要的女人,不仅因为这个女人出现后,先前的王皇后、赵丽妃、皇甫德仪、刘才人等全部失宠,更因为她去世后,李隆基很长时间没有从悲痛中走出来,以至于后宫之中居然没有称心如意的人,直到杨贵妃的出现。

开元十四年，武惠妃有机会荣登皇后的宝座，但由于客观原因，最终与其失之交臂。说是大臣反对也好，还是李隆基有意保护也好，在这个问题上武惠妃当时没有过多的纠结，因为她坚信，渡过这个敏感的时期，皇后之位非自己莫属。所以她耐心地等待着，谁也没有想到这一等居然就是十年。

史料上没有这十年间关于武惠妃争取后位而采取行动的记载，但这并不能证明武惠妃内心不渴望后位，而这一切李隆基其实十分清楚。

直到这一次，武惠妃终于抓住太子三兄弟的把柄，对于这个足足渴望了十年的女人，她当然不能错过这个机会，其实当她向李隆基汇报的时候，她的意图已经被李隆基所知悉。

在我看来，李隆基的勃然大怒其实是一种姿态，对于这个他心爱的女人，他的做法其实是在告诉武惠妃，皇后之位的事情他并没有忘记，武惠妃依然有希望当上皇后。事实上他是在给武惠妃一种希望，但是这个想法如果仅仅通过语言来表述，显得过于苍白。

然而李隆基内心十分清楚，目前的情况下，武惠妃当皇后依然是痴人说梦，但当他看到武惠妃好不容易抓住太子三兄弟发泄不满这根救命的稻草，立即向自己报告那种迫不及待的劲头时，他怎么能够忍心一口回绝这个心爱的女人呢？

所以他假装勃然大怒，决定召集宰相商议废黜太子三兄弟的事儿。他明知道耿直的张九龄一定会第一个站出来反对，这样他自己就找到了挡箭牌，以宰相阻力太大的理由，将张九龄推向了前台，这时他就可以来个不置可否，既实现了敲打太子三兄弟的目的，武惠妃这里也能交代过去。

总之，李隆基在武惠妃面前撒了谎，但这却是一个善意的谎言，一个对自己心爱女人的怜惜和不能给她应有名分的无奈之举！

事实证明，在张九龄据理力争之后，武惠妃确实认为阻力来自宰相那里，她甚至私下里派人找过张九龄，希望张九龄能够帮忙，日后必定永保他的宰相之位，但被耿直的张九龄严词拒绝，并立即向李隆基如实汇报武惠妃的话，但李隆基却没有任何反应。

值得一提的是，李林甫也曾经私下找过李隆基，认为废立太子是皇帝的家事，何必问外人，李隆基依然没有反应。

综合以上所说的这些，我们有理由认为，这次废立太子事件，本身就是李隆基布下的一个局，结局早在他的掌控之中。这既是个充满钩心斗角的凶险布局，更是个充满爱意的温情布局。

所有的一切都不能掩盖李隆基那让心爱之人永不放弃希望的努力！

当然，前边我们说过，我们不能用常人的思维来衡量李隆基，这次废立太子事件张九龄站出来据理力争，李隆基没有公开和他翻脸，这是他布局之下的需要，但这并不意味着李隆基内心不排斥张九龄。

事实上，就在这次事件不久之后，张九龄就被罢免了宰相，随之而来的将是一片腥风血雨！

严挺之事件

很长时间以来，张九龄十分郁闷，从张守珪问题一直到这次废立太子事件，他明显感觉到皇帝陛下对自己的态度大不如前，尤其是牛仙客事件皇帝陛下大发雷霆，的确出乎张九龄的意料。而通过那次事件他也明显感觉出李林甫似乎大有从先前装孙子的角色，冲向前台之势。

综合多个事件，张九龄已经意识到自己的宰相之位有可能不保！

此时，他开始重视起这个“不学无术”给自己打下手的人，张九龄明白如果没有皇帝的撑腰，李林甫不可能在牛仙客事件中，公然在朝堂上贬低自己。在张九龄看来，未来最有可能替代自己的就是李林甫。

面对自己日益陷入的窘境，张九龄开始想办法试图挽回局面，于是他写了一首《咏燕》诗寄给李林甫：

海燕何微渺，乘春亦暂来。
岂知泥滓贱，只见玉堂开。
绣户时双入，华堂日几回。
无心与物竞，鹰隼莫相猜。

在诗中张九龄自比一只渺小的燕子，将李林甫比作一只雄鹰，表示自己无心也无力与翱翔的雄鹰去竞争，希望李林甫这只雄鹰能够放过自己一马。

显然，张九龄通过这首诗想向李林甫释放一种和解的信号，但他忽略了一个至关重要的问题，那就是官场斗争不是小孩子过家家的游戏，“政敌”这个概念本身无关于道德水平，而是一种争夺利益的碰撞。

更何况，这场矛盾还是源于他看不起的“不学无术”的李林甫。

不可否认，张九龄的诗写得实在漂亮，也很诚恳，但这种诚恳丝毫没有打动李林甫，反而在李林甫面前暴露了底气不足的弱点。这再一次证明了张九龄是个很出色的文学家，却并不是个合格的官场中人。

不过，张九龄有一个最大的特点，那就是对很多事情都有着惊人的预先判断，从泰山封禅提醒张说提防宇文融一直到预测安禄山会谋反，我们不得不对张九龄的精准预测表示钦佩，而他同样对自己前途的判断也十分精准。除了这次向李林甫低头之外，事实上，张九龄还曾经让好友时任中书侍郎的严挺之主动巴结李林甫。

张九龄当时想推荐严挺之进入宰相班子，但他知道如果没有李林甫的帮助，仅凭自己目前的现状，很难帮助严挺之成功，所以他告诉严挺之，现在李林甫是皇上面前的红人，你一定要主动去拜访他，和他联络感情。

在我看来，张九龄给予严挺之的建议，除了有帮好友升官的意图之外，很可能还有一种“曲线救国”的味道，那就是在自己地位岌岌可危的情况下，严挺之如果进入宰相班子，那未来无论如何自己都能够得到照应，而眼下要实现严挺之进入宰相班子，李林甫那里是首先须要迈过去的一道关，谁让人家已经渐渐成为皇帝陛下眼前的红人了呢？

但是有句话叫：物以类聚，人以群分。能够和张九龄成为好友的人，一定是具有文人风采，才学出众的人，而且都对李林甫那种“不学无术”的小人嗤之以鼻。

李林甫曾经举荐心腹萧炅担任户部侍郎，萧炅和李林甫一样，是个没有什么文化水平的人。他曾经当着严挺之的面将“伏腊”错念为“伏猎”，引起了严挺之的一阵嘲笑，并告诉张九龄说，朝廷里怎么可以有“伏猎侍郎”，没过多久，萧炅就被派往岐州去做刺史。

这一切李林甫全都记在心里。

有了那次过节，加上严挺之的高傲，所以他并没有听从张九龄的建议。

但这个世界上很多事情往往是不是冤家不聚头，不久之后，严挺之让李林甫抓到了把柄，张九龄也因这件事而被罢相。

事情的起因源于蔚州刺史王元琰贪污案件。

王元琰虽然称不上什么大人物，但他有个身份特殊的老婆，之所以说特殊，是因为她曾经是严挺之的前妻。

这个案子一经查证，事实清楚，证据俱在，王元琰马上就要被治罪，全家老小全都慌了神，于是纷纷行动起来，能动用的关系全都动用上，就连家谱上能和皇室攀上亲戚的祖宗全都被翻了出来，一心就想营救王元琰。

而他的老婆也就是严挺之的前妻出于无奈，不情愿地硬着头皮找到了严挺之，希望他看在往日夫妻的情分上，能够出手相援营救自己的现任丈夫。

有时候男女感情这种事是很难说清楚的，虽然离婚了，但感情真的没有了吗？其实未必。在我们心上某一个地方，往往有着挥之不去的记忆，当那个深藏在自己心间的人忽然某一天站到面前有求于自己的时候，说理智能瞬间战胜情感那纯粹是胡扯。

说是同情也好，怀旧也罢，严挺之最终答应了前妻的请求。他开始积极运作，营救王元琰，当然在他运作的同时，李林甫也在暗中盯上了他。

严挺之是个有情有义的人，但处在险恶的官场中，这种情义往往是致命的，更何况是他遇到了和他存在过节、有仇必报的李林甫。

好不容易找到了把柄，李林甫岂能错过这个机会，于是他像一头猎豹一样，以迅雷不及掩耳之势，向他的猎物凶猛地扑去。

很快，李林甫将严挺之营救王元琰的事情报告给了李隆基，李隆基当即召集宰相商议如何处理严挺之。

而作为首席宰相的张九龄当然是无论如何也逃离不了这场讨论的，事实上通过后来的结果来看，这又是一次考验张九龄政治智商的时刻。

从法律角度来讲，严挺之搭救王元琰本就属于徇私舞弊的行为，李林甫虽然是出于一种公报私仇的心理将他揭发，但揭发这种做法的本身在皇帝看来，却是一种大公无私的体现。

而张九龄在这次议论中，却是情感战胜了理智。

"严挺之营救王元琰这件事，你们说该怎么处理呢？"李隆基向众人问道。

"陛下！王元琰罪名属实，严挺之身为国家栋梁，故意偏袒罪犯，应和王元琰一并治罪。"李林甫立即站出来说道。

"陛下！王元琰这个案子和严挺之没有关系！无非是因为王元琰的夫人是严挺之的前妻，但是既然已经离婚了，也就没有感情了。要是还有感情，怎么会离婚呢。请陛下明鉴！"张九龄立即辩解。

李隆基用冰冷的目光注视着张九龄，片刻之后他缓缓地说道：

"虽然离婚了，但未必就没有偏私啊！"

李隆基的这句话摆明了是要将严挺之治罪的，而且这句话让张九龄倍感尴尬，这等于是在嘲笑张九龄，你的情商有些过低！

讨论过后，张九龄尴尬地退了出去。没过多久，他先前的预料成为事实。

张九龄被罢免宰相,改任为尚书右丞(右仆射),李林甫接替了他的中书令职位,一同受到连累的还有和张九龄交好的另一位宰相成员裴耀卿,他的官职和张九龄正好对应——尚书左丞(左仆射)。

张九龄早就料到罢相这一天迟早会到来,不过让他百思不得其解的是,这一天并没有在牛仙客事件时皇帝公开翻脸之后到来,反倒是严挺之营救王元琰这件和自己关系不大的案子,使皇帝陛下做出了罢免自己宰相职位的决定。

张九龄或许没有想到,在他出面为严挺之辩护的时候,这个案子在李隆基看来事实上已经变了性质。前边我们说过,每个皇帝内心最忌惮的就是结党营私,李隆基认为严挺之能够无视国家法律,胆敢出面营救王元琰,其实是一种结党营私的行为。而张九龄出面辩护,说明他们最大的保护人正是张九龄,综合以前张九龄的多种表现,不被罢相那实在是没有天理。

不过更加让张九龄想不到的是,不久之后,他曾经举荐的官员周子谅因为触犯了李隆基,张九龄被加以举荐失职之罪,贬为荆州长史,一直到开元二十八年(740年)逝世为止,他再也没有回到长安。

张九龄以文士之风进位宰相,同样也因为文人身上的那种桀骜不驯,最终输给了更加务实的李林甫。不能否认,张九龄是个赤胆忠心的人,但身处险恶的官场,仅有一颗赤诚的心灵是远远不够的。

“草木有本心,何求美人折?”张九龄曾经在诗中,自比傲立风中的兰桂,而他的结局,再一次告诉我们自古以来文人们大多都是理想主义者,虽然这种理想使他们的灵魂变得充实和丰满,但个体的灵魂实在太过渺小而短暂,难以抵御这俗世的摧残,终究没有人能在理想主义的道路上一往无前。

对于李隆基开创的开元盛世而言,张九龄的被贬是一个标志性事件,诚如《资治通鉴》所载:

(皇上即位以来)所用的宰相,姚崇崇尚通达,宋璟崇尚法治,张嘉贞崇尚吏治,张说崇尚文学,李元纮、杜暹崇尚节俭,韩休、张九龄崇尚正直,他们各有各自的长处。九龄既获罪,从此朝廷的官吏,全都保身禄位,不再直言上谏。

在我看来,最悲哀的人其实不是张九龄,而是李隆基!

二十年后,当他急如丧家之犬般地前往蜀中躲避安禄山的叛乱时,他终于想起了当年张九龄跟他说过安禄山必反的话,只是那个时候全都为时已晚。

赤诚的心灵往往被世俗的鄙薄所污染,但历经时间的洗练、岁月的冲刷,终还其本来面目。

感叹长如此，使我心悠悠！

中计

说张九龄被罢相是一个标志性事件，不仅是因为未来大唐历史走向受到影响，更是因为在此之后武惠妃意识到太子李瑛已经失去了张九龄这个最后的保护伞，于是她由先前的防守反击改为主动进攻。

对于李隆基先前的那个布局，武惠妃是不知道其中深意的，她一直将以张九龄为首的宰相班子（李林甫除外）当作自己前进的障碍，现在这个障碍已经清除，所以机不可失，时不再来。

武惠妃有自己的决心，但让她想不到的是，她的决心从客观上改变了李隆基先前只是想敲打太子三兄弟的态度，而猛然转变为对三兄弟施以重拳。

不过，虽说是主动进攻，但如果对方防线布置得严密，武惠妃就不会轻而易举地得手，这一点武惠妃十分清楚。上次杨洄带回来三兄弟发泄怨恨的消息，让武惠妃有机会向李隆基添油加醋地吹了枕边风，如果这一次故技重演，未必有什么效果。

所以这次要想扳倒太子三兄弟，就必须想出新的招数，就在武惠妃绞尽脑汁思考计策时，驸马都尉杨洄又为她带来了最新消息，太子三兄弟和太子妃的哥哥驸马都尉薛锈暗中来往密切，不知道会有什么举动。

很长时间以来，杨洄作为武惠妃反太子三兄弟的先锋斗士，可谓兢兢业业。太子三兄弟和薛锈暗中来往是不是有什么阴谋举动，史书上并没有明确记载，不过即使是暗中来往也属正常情况，毕竟都是亲戚。但这从另一个侧面也反映出在张九龄罢相之后，太子三兄弟并没有提高警惕扎稳自己的防线，要知道一旦自身陷入了孤立的境地，敌人可以利用一切可以利用的机会来大做文章，更何况先前自己还有把柄抓在敌人手里。

在我看来，虽然三兄弟和薛锈暗中往来未必想做什么，但年轻人最容易犯冲动的毛病，在会面的时候，先前那些牢骚很可能会旧事重提，而对武惠妃来讲，这些举动对于她实施接下来的计划已经足够。

当武惠妃听到杨洄带回来的最新消息后，她的脸上浮现了一丝诡异的笑容，一个恶毒的计划瞬间产生。

开元二十五年（737 年）四月二十日，在张九龄被外贬为荆州长史的同一天，武惠妃命人分别为太子三兄弟送去一个消息，说内宫中出了贼，希望他们能够进宫保护皇上的安全，并且告诉三兄弟这件事皇上也知道。

武惠妃的这个计划确实毒辣，属于典型的突然袭击式，因为在此之前，双方虽然矛盾已经不可调和，但并没有公开决裂，换句话说，见面时表面还要维持一团和气。

而武惠妃恰恰就是利用这一点，她坚信当太子三兄弟得到消息后，一定不会怀疑。因为在此之前除了那次吹枕边风之外，武惠妃并没有主动陷害过太子三兄弟，更何况她还加上一个保险阀——皇上也知道这件事！

从这句话本身来看，武惠妃是在打擦边球。如果伪造诏书通知三兄弟，最后堂前对质，武惠妃会落个矫诏的罪名，而口头通知则不用担心留下物证，并且以三兄弟的阅历来看，告诉他们皇帝也知道这件事，就不用担心他们不敢来。

事实证明，武惠妃的判断完全没有错误，当三兄弟得到消息后，立即全副武装，带领自己宿卫来到内宫，当他们刚进入内宫时，便被迎面而来的武惠妃等一行人拦住。

“你们好大的胆子！竟敢携带兵器带领宿卫直闯内宫，难道要造反吗？”武惠妃当即呵斥道。

面对这突如其来的变故，三兄弟全都呆呆地愣在那里，一时间不知所措。

“理屈词穷了？我要到皇上那里去告你们！”武惠妃言罢转身前往李隆基的寝宫。

面对武惠妃离去的背影，太子李瑛终于意识到他们兄弟三人陷入了武惠妃设下的圈套之中。

“惠妃娘娘！不说内宫中有贼吗？是你让我们来的啊？”李瑛面对武惠妃的背影高声喊道。

然而没有人理会他们。面对武惠妃的离去，三兄弟顿时陷入了急躁之中，因为此刻他们全副武装和宿卫站在朝堂之上，换了谁都不会相信他们是来捉贼的，即使捉贼也用不着三位皇子前来，他们此刻的样子只能让人认为是在发动政变。

“赶快去向父皇说明实情，不能让武惠妃陷害了咱们！”太子李瑛急忙对两个兄弟说道。

危急之时这个反应很正常，却是个将自己推向绝路的反应！

因为此刻他们全副武装，这样进宫只能让他们的父皇更加误解。

如果放在平常，这么简单的道理三兄弟不会不明白，但有的时候正应了那句话——危急之时最害人的并不是客观环境，而是没有冷静的头脑。

朝堂距离皇帝的寝宫距离并不远，在三兄弟迟疑的那一刻，武惠妃已经闪身进入了寝宫之内，等三兄弟赶到的时候，便被守门的禁军拦在了外边。

……

“陛下！太子和光王、鄂王兄弟三人全副武装，带领他们的宿卫忽然闯来寝宫，恐怕他们是要谋反啊。”武惠妃闪身进入寝宫后，见到李隆基故意惊慌失措地说道。

“什么？有这等事儿？”

“臣妾已经让禁军拦在了外边！陛下赶快下令让人捉拿太子他们啊！”

这突如其来的变故，一时间让李隆基有些不知所措，坦白地说，对武惠妃的话李隆基有些将信将疑，片刻之后，他捋了捋胡须说道：“朕要去看个究竟，如果三个逆子真的这般如此，朕定不能轻饶！”

“陛下万万不可出去啊！臣妾担心太子他们会对陛下不利，陛下可以派人出去一打探！”

在李隆基决定要出去的一瞬间，武惠妃意识到绝不能让李隆基出去和太子三兄弟见面，只要见了面有些事情便会露馅儿。

“高力士！”

“老奴在！”

“替朕出去看看！”

“遵旨！”

当高力士走出寝宫时，三兄弟依然在和守门的禁军争辩，希望他们能够让出路来，好让自己能够见到父皇亲自解释明白。

高力士看到了全副武装的三兄弟之后，心中大吃一惊，在稍加思索之后，他便想出了对策，他让身边的小太监告诉太子李瑛，说皇帝已经知道了真相，会给他们一个交代。

高力士想利用谎言来稳住三兄弟，因为他想到了如果太子等人真要谋反，是不可能和守门的禁军进行交涉的，但是三兄弟全副武装的确是事实，所以他判断三兄弟可能是有什么难言之隐。

高力士就是在这样一种模糊的状态中，稳住了三兄弟，当他在寝宫门口亲自目送三兄弟带人远去后，他立即回来向李隆基如实做了汇报。

此刻，决定太子李瑛三兄弟命运的关键时刻已经到来。

一日杀三子

高力士将自己所看到的一切全都汇报给了李隆基，其中也包括他是如何用谎言让三兄弟退去的。

对于李隆基而言，事情的来龙去脉并不重要，重要的是三兄弟全副武装擅闯寝宫是高力士亲眼所见，联想起先前武惠妃所说的太子阴谋结党，他觉得先前的敲打全都是白费，不禁怒火中烧。

“这三个逆子！真是枉费朕对他们的心血！”

看到皇帝陛下发怒，高力士急忙上前劝慰道：

“陛下！虽然太子和光、鄂二王擅闯寝宫属实，但如果真想谋反，他们为什么又要和守门禁军争辩呢？这件事情老奴实在想不明白，所以老奴才不得不对太子殿下说您已经知道了事情的真相来稳住他们，然而连老奴也没有想到，他们真的退去了，这件事情恐怕没有这么简单，希望陛下要慎重……”

“要让陛下怎么慎重？他们退去一定是以为陛下已经有所防范！要不是臣妾让禁军拦住他们，今天恐怕就……”武惠妃打断了高力士，一边说着一边哭。

武惠妃的话让高力士不再言语，他微微皱起了眉头，然后用眼角不断打量李隆基。

事实上，太子三兄弟接下来的命运并不决定于这件事的本身，而是决定于李隆基的心境。

李隆基虽然不是糊涂人，但前边已经说过自大和唯我独尊已经让李隆基和开元初年比起来，显得有些焦躁和刚愎自用，此刻占据他头脑的不是仔细分析事情的本真，而是自李唐建国以来那一幕幕触目惊心的储位之争。

每个人都有自身的局限性，即使高高在上的皇帝也不例外！

刚愎自用的李隆基在像过电影般地思考之后，终于将高力士亲眼所见的一切作为答案，然而此刻他绝对想不到，这个世界上眼睛看见的未必是真实的。

更何况武惠妃那不失时机的泪水，让这位爱江山也爱美人的风流皇帝不可能再理智！

“谁也不用多说了！朕只相信所看到的一切！来人！把李林甫叫来，朕要和他商议今天这件事该如何处理！”

当李隆基做出这个决定时，站在一旁的武惠妃虽然脸上还淌着泪水，但心中已经充满了喜悦之情，因为她知道自己的计划已经接近成功。

在武惠妃看来，自己和李林甫暗中成立的同盟，李隆基并不知道，从上次事件来看，李隆基是很重视宰相班子成员意见的，尤其是首席宰相。现在首席宰相已经变成了李林甫，所以大功即将告成。

李林甫到来后，发现武惠妃也在这里，他立即意识到皇帝今天召自己前来，不是与自己商讨国事问题，他隐隐预感到今天的问题可能关系到自己的前途。

“朕想要废掉他们！不知你是什么意见?”李隆基将事情的整个过程讲给李林甫，然后说出了自己的想法。

对于李林甫而言，此刻他面临着严峻的考验，虽然他和武惠妃站在同一立场，废掉太子三兄弟是他们共同的目标，但此刻听说三位皇子全副武装擅闯寝宫想要谋反，李林甫简直不敢相信自己的耳朵，在他看来这件事情远没有这么简单。

如果就此添油加醋地继续煽风点火，废掉太子三兄弟只在顷刻间，但不明真相的李林甫并不想做个不得人心的人。李林甫虽然没有文化，但他并不是没有廉耻之心的人。

更何况这本身就不是一锤子买卖，未来自己还是要在朝廷里混的，被人直戳脊梁骨的滋味可不好受。

“爱卿说话啊！朕问你呢？到底什么意见啊?”在李林甫脑子急速飞转的时候，李隆基打断了他的思绪。

“呃……”李林甫觉得今天这件事情自己想要置身事外已经完全不可能，他用余光观察了一眼站在一旁的武惠妃，他看到武惠妃虽然面无表情，但透过那双眼睛，依旧可以看出武惠妃的渴望。

“依臣来看，这是陛下的家事，不应该是我等做臣子的应该拿主意的!”

这句话足以证明李林甫实在是狡猾!

在外人看来，这句话或许是一句废话，但在李隆基和武惠妃两位当事人看来，这是一个堪称完美的答案，虽然没有表明态度，但却是一种默许，而且还落个身为人臣不越位干预皇家事务的美名。

最关键的是，未来一旦事情有什么变化，所有人丝毫抓不到李林甫在这件事情上的任何把柄。

可谓一举三得!

现在看来，这样的人能在宰相位置上干上十九年的时间，绝不是仅仅凭借自身的运气好。

当李林甫说出这句中庸的话后，李隆基和武惠妃全都露出了笑容，李隆基是赞赏的笑，而武惠妃则是大功终于告成，发自内心无比喜悦的笑。

但站在一旁的高力士脸上却布满了阴云。

……

开元二十五年(737年)四月二十五日，确实像高力士所说的那样，太子李瑛三兄弟终于等来了父皇给他们交代的一纸诏书，不过让三兄弟没有想到的是，这是一纸废他们为庶民并流放襄州的诏书，在这封长长的诏书中，最不能让三兄弟接受的是上边写着的十六个字：

同恶相济，亦既彰露，咸引其咎，孽由己作。

"我们到底做了什么？父皇如此对待我们。"面对宣读诏书的宦官，太子李瑛声嘶力竭地反复喊道。

没有人理会跪在地上的兄弟三人，李瑛那怒气冲天的吼声只能在皇宫上空久久徘徊！

经过了长时间的不断精心策划，武惠妃终于实现了扳倒太子李瑛的计划，而李林甫也通过自身的机智，在保护好自己的同时，也算是兑现了曾经对武惠妃的承诺。

然而此后不久，李隆基的又一封诏书彻底打破了这短暂的平静，因为在这封诏书中，赫然写着"瑛、瑶、琚赐死"！

史料上没有明确记载李隆基为什么会在已经废三兄弟为庶民的情况下，又如此狠心对自己的亲生儿子赶尽杀绝，我曾经努力在史书中找寻这件事可能和武惠妃有关的证据，哪怕是蛛丝马迹也好，但是很遗憾我并没有找到。

从先前的所有过程来看，武惠妃虽然极力陷害太子三兄弟，但她并没有想置太子三兄弟于死地，说太子三兄弟阴谋结党也好，说擅闯寝宫谋反也罢，其实武惠妃都基于一个大前提，那就是虎毒不食子，她坚信太子三兄弟最惨的结局也就是被废为庶民。

事实上，当李隆基下诏赐死三兄弟的时候，武惠妃也是大吃一惊，就是因为这件事情，仅仅半年多后，武惠妃便与世长辞，年仅39岁。

在此之前，没有关于武惠妃身体不好的记载，史书上给出的答案是，她经常梦见太子三兄弟前来索命，最终被吓死。

这种说法固然有迷信的成分在内，但从另一个侧面也反映出三兄弟的死实在是出乎她的意料，从而导致她压力陡升，最终精神崩溃。

正像康德所说的那样，人所敬畏的一是头顶的星空，二是心中的道德。

三兄弟的死虽然不是武惠妃直接造成的，但一日杀三子这起事件却是缘起于她那不可遏止的虚荣心！

从最终的结果来看，一日杀三子事件对于当事人武惠妃和太子三兄弟而言，没有最终的胜利者，他们全都成了政治斗争的牺牲品。但从情感角度而言，武惠妃似乎胜出一筹，因为她的死让李隆基陷入了无限的悲痛之中，甚至在有生之年，无论李隆基宠幸何人，也没有再考虑过封后之事。

最终的胜利者

武惠妃千般算计，最终也没能等到皇后的桂冠便撒手人寰，正所谓命里有时终须有，命里无时莫强求。李隆基强忍悲痛将她以皇后之礼安葬，并追认为贞顺皇后，生前没能登上皇后之位，死后能够被追认也算是有了一个最终的名分。

李隆基虽然悲痛，但他清楚地知道这种悲痛只能隐藏在自己的心中，此时他必须彻底地冷静下来，化悲痛为力量，处理好接下来的一系列问题。

武惠妃已经去世了，太子李瑛也已经被赐死，接下来该立谁为太子，将是李隆基必须思考并迅速做出决策的首要大事。如果武惠妃还活着，寿王李瑁将是储君的不二人选。事实上，时任首席宰相的李林甫在武惠妃去世后，不止一次劝说李隆基尽快立李瑁为太子，这倒不是因为他是个遵守盟约的人，而是因为在他看来，李瑁当太子乃顺理成章的事情，而且李瑁如果能够成功上位，自己无疑具有拥立之功。

李林甫的数次劝说，让李隆基一时间感到十分棘手，因为当他彻底冷静下来，他忽然发现李瑁并不是个合适的人选。

李隆基明白立储这个问题事关大唐帝国的前途，这就迫使他须要抛弃个人感情上的爱憎，更加客观、冷静地来考虑这个问题，可以说李隆基的冷静让立储这件本来很简单的问题一下子变得复杂迷离起来。

武惠妃之死使李瑁“子以母贵”赖以得宠的全部优势顷刻间化为乌有，而且公正地讲，李瑁并没有超越其他皇子的绝对优势，在李隆基三十个儿子中李瑁排行第十八，上边还有十七个哥哥，不仅年龄不占优势，同时也缺乏作为储君的气度和历练。

通过史料记载我们发现，在武惠妃和太子李瑛斗争的整个过程中，只有武惠妃、李林甫、太子李瑛三兄弟等几个人战斗在第一线，却不见李瑁参与其中。李瑁并不是白痴，他应该明白母亲武惠妃如果当上皇后，对自己而言意味着什么，如果他是一个具有政治才能的人，他至少应该为母亲出谋划策，所以从这一点来讲，至少说明李瑁是个政治才能平庸的人。

综合多种条件来看，李瑁并不是储君的合适人选，那么究竟谁才是合适的人选呢？

李隆基曾经想过长子琰王李琮，李琮各方面条件不错，而且是嫡长子，符合皇位继承的礼法，但李琮年少时有一次打猎不小心被豹子抓伤了面部，从而留下了残疾。作为大唐帝国未来的皇帝，李琮面部的残疾势必会影响大唐帝国的形象，就是这一点让李隆基只能遗憾地放弃李琮这个人选。

当李隆基将诸多皇子像过电影一样在脑海中不断筛选时，他忽然发现二皇子忠王李玙是个不错的人选。

顺便说一句，此时的忠王李玙就是三十多年前李隆基和太平公主激烈角逐时，那个险些被扼杀于母腹之中的胎儿，即后来唐朝第八代皇帝唐肃宗李亨。

史书记载李玙是个具有仁爱之心，文化素质颇高的人，善于写文章，年龄不大的时候就有过目不忘的本领，算是神童之类的人物。

李隆基之所以认为李玙是个合适的人选，除了排行占据优势、自身素质过硬之外，还因为李玙是所有皇子中最有建树的人。

开元十五年（727 年），李玙领命任朔方节度使、单于都护。开元十八年（730 年）受命任河北道行军元帅，遥统十万大军击退奚、契丹联军的进犯。虽然这次战役李玙只是名誉指挥官，并没有实际指挥作战，但毕竟亲身在北部边境体验了战争的残酷，仅这一点就比那些身居内宫的其他皇子多了一份历练。

作为李隆基的次子，在哥哥琰王李琮由于个人形象问题被淘汰出储君人选后，李玙并没因为个人排行的优势而产生什么非分之想。而且性格温和的他，也没有因为弟弟李瑛当上太子而产生嫉妒之心，这么多年来他始终恪守一个皇子应该遵循的行为准则，而且努力完成父皇李隆基交办的每一件事。

这一切，其实李隆基全都看在眼里。

如果抛开其他因素，李玙的确是个合适的人选，个人素质过硬，又经历过战场硝烟的洗礼，在李隆基的三十个儿子中还真找不出这样的人来。

但历朝历代立储这件事，并不是简单意义上的血脉延续，就连寻常百姓家分遗产还得考虑兄弟姐妹之间的关系和是否公平等诸多问题，更何况是决定国家未来命运的储君之立，所以说李隆基不考虑其他因素是不可能的。

现在在李隆基看来，诸多因素中最让他感到掣肘的就是李林甫的态度。

大唐帝国自建国以来，在立储这件事情上，宰相们都是扮演着至关重要的角色，从长孙无忌到张九龄，将近一百年的时间，宰相们似乎在某种程度上决定着储君废立的走向。实话实说皇帝虽然拥有至高无上的权力，但对立储这个问题是没法搞“一言堂”的。

只有一个原因，那就是无论立谁为储君，自己在撒手人寰之后，未来的皇帝都须要和大臣们同心协力地干事。如果大臣们不支持新皇帝，那么新皇帝将会陷入孤立的境地，因此每个皇帝在立储这个问题上，是必须考虑大臣们意见的，尤其是宰相班子的意见。

如果从这个角度来看，李玙就没有任何优势可言了，因为首席宰相李林甫是支持李瑁的，而且李隆基知道李林甫并不是一个人在孤军奋战，在他的背后是一个集团在协同作战。

纵观当时的朝廷现状，李林甫已经成为朝廷内的权臣，已经逐渐步入老年的李隆基对他是信任有加，甚至已经将他看作未来大唐帝国的中流砥柱。新的储君能够得到他的拥戴，无疑将会实现君臣协作的局面。

但通过回顾历史，李隆基内心有着另外一番忌惮，那就是不愿意看到新的太子因为权臣的拥戴而羽翼过丰。这是一种十分微妙的关系，其中的复杂只有李隆基自己能体会。

可以说综合多种原因，立太子这件事随着武惠妃的突然去世和李隆基内心的矛盾状态，而变得扑朔迷离起来。从开元二十五年（737 年）十二月一直到开元二十六年（738 年）五月，李隆基始终在寿王李瑁和忠王李玙之间犹豫不决，甚至经常闷闷不乐，以至于睡眠和饮食急剧减少。

其实很多事情表面看起来十分复杂，但往往却有着最为简单有效的解决办法。之所以当事者一时间找不到解决的办法，是因为他们无法跳出事件以外来看清事情的本质。

正所谓当局者迷，旁观者清！

就在李隆基被立储问题困扰时，有一个人始终在暗中注视着李隆基。由于身份的原因，使他注意到了皇帝陛下生活上的显著变化。这个人就是时刻不离李隆基身边的宦官高力士。

由于身处皇帝身边，可以说高力士已经深入到了李隆基的内心，甚至李隆基的一个眼神，高力士都能参透其中的含义，看到皇帝陛下茶饭不思，高力士明白皇帝陛下是因为立储问题而伤透了脑筋。

很长时间以来，高力士内心都在饱受良心的谴责，因为自己的即兴之举，使李瑛三兄弟竟没有机会和李隆基说明事情的真相。虽然当时是出于好意，但他始终认为李瑛三兄弟的死和自己考虑问题不周有着直接的关系。

良心上的谴责使高力士忐忑地度过每一天，他很想找个机会弥补自己的过失，但李瑛三兄弟已经不能死而复生，他明白唯一能够弥补自己过失的，就是在立储这件事上出一分力，如果能找到一个合适的储君人选，他内心还能够稍稍得到一丝安慰。

也就是在李瑛死后，高力士下定决心，通过自己的努力来救赎自己。

此刻，李隆基的犹豫不决，使高力士看到了希望，但他同时也明白自己即使和皇帝再亲密，也终究不过是个奴才身份，因此，他不能贸然干涉立储这件事，只能循序渐进地去引导。

在经过慎重的思考后，他决定从关心皇帝陛下的生活开始入手。

"陛下！您最近膳食减少，每天只睡两三个时辰，老奴觉得您都瘦了，不知道您有什么心事啊？"

"唉！你是朕的老仆人了，在朕身边这么多年，难道还猜不出朕的心思啊？"李隆基叹息着说道。

对于李隆基的回答，高力士感到有些意外，因为这句话等于给了他进言的绝好机会，于是他不失时机地问道：

"陛下恕老奴愚钝！难道……难道是储君的人选还没确定吗？"高力士试探地问道。

"是啊！这件事已经困扰朕半年了，现在也拿不定主意啊！"

"陛下何必这么费心思呢？其实依老奴看来，这件事情很好解决！"

"哦？那你赶紧说说，有什么办法？"

"陛下只依年龄大的来立，谁敢再争呢？自古以来都是立长不立幼啊！"

刹那间，高力士的话让李隆基豁然开朗，他立即站起身来，眼睛中顿时有了光彩，他一边拉着高力士的手，一边兴奋地说道：

"说得好！说得好啊！立长不立幼！立长不立幼！这么长时间朕怎么就没想明白呢？就这么定了！哈哈哈！"

高力士悬着的一颗心终于放了下来，在陪着李隆基一同大笑的同时，他的眼睛不禁红润起来。

……

开元二十六年(738年)六月三日，李隆基下诏立忠王李玙为太子，至此半年的立储问题终于尘埃落定。

李玙没有想到太子之位最终会落到自己的头上，除了兴奋之外，他下定决心未来要做个合格的储君，不辜负所有人的期望。当然后来的事实证明，李玙要在未来的道路上经历诸多荆棘坎坷。

然而，当李玙荣登太子之位时，首席宰相李林甫的内心已经开始不安起来，寿王李瑁没有被立为太子，使他的政治投机行为彻底失败。

在他看来，新太子李玙一定会视自己为眼中钉、肉中刺，他们不属于同一战线，从现在开始他注定要和李玙成为死对头。

第八章

杨李之爱

一日杀三子事件改变了很多人的命运，除了李瑛三兄弟被冤杀之外，张九龄、裴耀卿被罢相，李林甫成功升任首席宰相，以及忠王李玙意外得到储君之位，都与这个事件有着直接或间接的联系。而对于李隆基而言，让他情感上最受伤害的却是武惠妃的意外逝世。前边我们说过，在武惠妃去世后的很长时间内，李隆基身边就没有再出现如武惠妃一般受到宠爱的女人，但这种状况对于一个皇帝而言，不可能一成不变，很快他的身边又出现了一个具有闭月羞花之貌、沉鱼落雁之容的女子。

不用我多说，相信大家已经猜出这个女子是谁了。没错！大名鼎鼎的杨贵妃！

千百年来，人们将李隆基和杨贵妃的爱情故事描写得缠绵悱恻和沧海桑田，尤其是白居易的那首《长恨歌》，更是为他们的爱情故事增添了一份悲剧美学的意味。虽然这是一段不伦之恋，但很多人都只记得他们那些海誓山盟的恩爱场景。而我通过阅读史料发现，事实上李隆基和杨贵妃之间的爱情故事，远非人们想象得那般美好，其中隐藏了许多不为人知的秘密和人性的卑劣。

要弄清楚我提出的上述观点，首先要弄清这两个人究竟是怎样走到一起的。

杨玉环的真面目

传统史书上的记载是说武惠妃死后，李隆基因为思念武惠妃，身边一直没有宠爱的人。一段时间后，有人在他面前说寿王李瑁的老婆杨玉环长得十分漂亮，让李隆基可以见一见，结果李隆基一见之下大为惊叹，一下子看上了杨玉环，就想把她据为己有，但一想到毕竟是自己的儿媳妇，如果运作不好，恐怕就得背上个公公扒灰的坏名声。

经过详细地思考和计划，李隆基决定利用母亲窦太后的祭日，先让杨玉环出家当道士，理由是为窦太后祈福，然后为寿王李瑁另外娶了个老婆，如此看来，李瑁和杨玉环大概也算是“被离婚”，李隆基做完这一切，看到没什么风声后，最终把杨玉环接到内宫，至此两个人终于走到了一起(太真得幸)。

我们不能否认传统史书记载的真实性，但这种记载仅仅是事件的过程，因为上述的史料记载显然忽略了一个至关重要的问题，那就是在李隆基运作得到杨贵妃的整个过程中，杨贵妃究竟是个什么态度。

可以说在那个万恶的封建社会，皇帝想要得到一个女人，那个女人当然必须得顺从，胆敢反抗那就可能会招来杀身之祸，这种说法不无道理。但我要告诉你，李隆基想要得到杨玉环这件事儿本身连他自己都觉得理亏，那么儿媳妇杨玉环应该是个什么态度呢?

在我看来，杨贵妃不一定非得是极端的反抗，但是人伦道德在面对自己公公的时候，还是必须讲的，可是史料上没有杨贵妃的只言片语，这说明什么问题呢?

写到这里，我相信大家可能已经猜到了什么。但是我们先不要妄下结论，在下结论之前，我们先来看看杨贵妃究竟是个什么样的人。

除了史书无一例外地记载她貌美如花，甚至民间把她列为中国四大美女之一外，《旧唐书·杨贵妃传》说她是“姿质丰艳，善歌舞，通音律，智算过人”;《新唐书·杨贵妃传》说她是“善歌舞，邃晓音律，且智算警颖，迎意辄悟”;《资治通鉴》天宝五载(746年)记载:“(妃以)妒悍不逊”。

通过以上这些记载我们至少能得到两条信息，一方面杨贵妃是个美若天仙的才女，尤其是在音乐、舞蹈方面颇有造诣，这和李隆基很有共同语言，不然的话李隆基也不会看上她。

另一方面我们也可以看出史料形容她的部分话语，虽然表面看起来像是在夸奖，如“智算过人”“智算警颖，迎意辄悟”，但仔细咀嚼其中的含义，写史书的人其实隐约在告诉我们，杨玉环并不是个安分守己的人。

中国古代如果要真正夸一个女人，大多用“温婉贤良”“长而贤明”之类的词语，但我阅读了大量的史料都找不到这样的词语来形容杨玉环，而那句“妒悍不逊”更是暴露了杨玉环不仅不是个安分守己的人，而且是个小肚鸡肠的泼妇。这一点后来的事实会有证明，我们暂不赘述。

综合以上的分析，在我看来，真实的杨玉环并不是“娇无力”“含情凝睇”的柔弱的小家碧玉形象，而是一个内心充满算计（智算过人）、天生具有超强的敏感性（智算警颖）、善于迎合权贵（迎意辄悟）、尖酸刻薄（妒悍不逊）的女人。

以我的经验来判断，这样的女人大多不满足于现状，善于伪装，爱慕虚荣，为了达到一己之私利，不惜动用任何手段，甚至弃道德伦理于不顾。

好了！弄清了杨贵妃的真实形象，我们就可以发挥逻辑推理的力量，来分析这两个人能够走到一起的真实情况。

后来人们一提到李隆基和杨玉环的结合，总是认为李隆基这个好色之徒霸占了儿媳妇，拆散了儿子寿王李瑁一桩美好的婚姻，杨玉环是一个无辜的受害者，不仅没有能力反抗，还得顺从老公公。

然而事实果真如此吗？

不可否认，他们的最终结合，确实建立在拆散了寿王李瑁和杨玉环的婚姻基础之上，但这里边有个至关重要的问题，那就是李隆基的这种做法属于强拆还是顺势而为，换句话说，是不是杨玉环有主动上位的嫌疑？

通过前边还原杨玉环的真实形象，我们至少不能排除这种可能。

但不能排除不代表一定就是这么回事儿，所以我们还要进一步发挥逻辑推理的作用，从史料记载的蛛丝马迹中找到证据。

真相

通过分析传统史料的记载，我们可以知道李隆基在召见杨玉环之前，并没有见过她，不然的话他也不至于一见之下大为惊叹。然而在我看来事实并非如此，《全唐文》中有一篇开元二十三年（735 年）十二月二十四日杨玉环被册封为寿王妃的诏文，其中有几句是介绍杨玉环的：

“尔河南府士曹参军杨玄璬女，公辅之门，清白流庆，诞钟粹美，含章秀出。固能徽范夙成，柔明自远，修明内湛，淑问外昭……”

从这几句话来看，李隆基以前一定是见过杨玉环的，知道杨玉环是个漂亮女子，而且出身不错，和寿王李瑁比较般配。但由于身份所限，他不可能了解杨玉环的为人，所以“固能徽范夙成，柔明自远”等那些话，只能算是李隆基对杨玉环的寄语和祝福，就算是真的没有见过，大婚之日丑媳妇也总是要见公婆的。所以说传统史料说李隆基一直没见过杨玉环是不准确的。

既然李隆基见过杨玉环，那么就不存在他一见到杨玉环就大为惊叹。如果真的像传统史料说的那样，李隆基对这位儿媳妇的美貌垂涎三尺，进而霸占了她的话，那么他完全可以在武惠妃死后，用不着人提醒，强行拆散儿子的婚姻，将儿媳妇据为己有。

因此，我认为千百年来，在这件事上李隆基在某种程度上被抹了黑，李隆基和杨玉环的结合固然是公公和儿媳妇的不伦之恋，但绝不是李隆基强拆儿子的婚姻而得到的。

既然不是强拆，那就一定是顺势而为，换句话说，苍蝇不叮无缝的蛋，一定是有人给了李隆基这样的机会。

那么给李隆基机会的人到底是谁呢？

关于这个问题史料上并没有明确的记载，但人们主观上认为在李隆基面前推荐杨玉环的这个人很可能是某个宦官。因为一提到宦官，人们总会认为他们是祸国殃民的一群小人，且存在某种变态心理，将儿媳妇推荐给公公，可以满足他们的畸形变态心理。

我想说的是，如果真是宦官推荐了杨玉环，那这个宦官也一定是李隆基最为信任的贴身宦官，但能够鞍前马后侍奉李隆基的贴身宦官，绝不是白痴，有的政治水平绝不亚于当朝的大臣（如高力士）。

通过前边的分析，我们有理由相信在武惠妃死后，李隆基最初是没有想得到杨玉环这个计划的。试问皇帝是这样的一种状态，那些精明的贴身宦官敢向李隆基推荐杨玉环吗？建议公公娶儿媳妇，这是违背人伦道德的，万一李隆基勃然大怒，那么提这个建议的人是要掉脑袋的，我坚信当时朝廷上下所有人不可能有人会提这个建议，即使他们有这个贼心，也没有这个贼胆。

既然没有人推荐，那么给李隆基机会的只有一个人，那就是杨玉环本人！

有这种可能吗？

答案是：有！

前边我们还原了杨玉环的真实形象，从性格和人品角度来看，杨玉环有主动上位的嫌疑。除了相貌和才学，她的表演天赋相信任何一个男人都不可能掌控住，但这不足以证明她能够成功，真正制约杨玉环成功的因素是机遇。

换句话说，她首先须要有和皇帝见面的机会，甚至是经常见面的机会，而且是自然而然、合乎礼法的见面。

关于这个问题，史料上同样没有正面给出答案，但史料上记载，从开元二十五年(737年)一直到开元二十八年(740年)李隆基每年都会驾幸骊山温泉，当时一起随行的除了皇族成员还有内外命妇，通俗的解释就是，皇族带着家属集体到骊山泡温泉休假。

而且唐代小说家陈鸿的《长恨歌传》也对皇族每年去骊山泡温泉休假这件事进行过描写，《长恨歌传》虽然是小说，但其背景却是取材于正规史料，因此这个描写应该属实。

如此看来，杨玉环要想合乎礼法、自然而然地见到李隆基，就要每年去骊山泡温泉休假。我大胆猜测，或许杨玉环就是利用泡温泉的机会，有意识地向李隆基展示自己的娇媚和诱人的胴体，而李隆基又是一个风流好色的皇帝，就这样一来二去，他开始有了非分之想。

所以，李隆基和杨玉环的结合，并不是一见钟情式的爱情，而是杨玉环有计划、有目的的精心策划，甚至可以说，以杨玉环那"智算过人"的智商来看，想出出家当道士掩人耳目这个方法，都有可能是她的杰作。

分析到现在，整个事情似乎可以下结论了，李隆基和杨玉环的结合，并不是李隆基通过单方面强拆儿子李瑁婚姻并霸占儿媳妇换来的。

他们的结合完全是一个好色风流的多情皇帝和一个爱慕虚荣、工于心计的女人一场各取所需的交换。

结论是下了，但还有个问题需要弄清楚，因为这有助于我们深刻理解后边发生的一系列历史事件。

这个问题就是杨玉环为什么放着好好的寿王妃不当，非得甘愿铤而走险，甚至不惜背负骂名主动勾引老公公呢？

换句话说，她的目的是什么呢？

答案是：荣登皇后之位。

可以说武惠妃的意外死亡，点燃了杨玉环的内心欲望，但这个问题不能简单用爱慕虚荣、追求荣华富贵来解释，固然有这方面的因素，但这并不是全部。

事实上对于杨玉环而言，她做出这种选择除了性格因素之外，婚姻生活的不如意也是一个诱因。

史料上没有直接记载她和李瑁婚姻生活状况，但是通过拼接各种史料，我们依然能够从中找到一些蛛丝马迹。

通过前边介绍一日杀三子事件，我们知道寿王李瑁失去了当太子的资格，而这个结果所产生的另一个负面效应就是杨玉环也不可能当上太子妃。开元二十三年(735 年)杨玉环被册封为寿王妃时,正是寿王李瑁受宠之时,也就是说,杨玉环未来成为太子妃的概率很大,而太子妃再往前一步就是皇后,这一点杨玉环十分清楚。

但最终的结果却是寿王李瑁失去了竞争太子的资格,一切全都变成了镜中花、水中月。面对这突如其来的打击,以杨玉环的性格来看,她内心一定十分郁闷。

最关键的是,她并不是个就此认命的人,但她看到了丈夫李瑁并不是竞争意识很强烈的人,性格柔弱的李瑁在这个问题上根本就没有应对之策。在我看来,杨玉环一定对丈夫是不满的。

而且从开元二十三年杨玉环和李瑁正式结婚后,一直到开元二十八年她出家当道士之前,她和李瑁没有生下子女,这个问题也时刻困扰着杨玉环。不管杨玉环是个什么样的人,女人天生都有做母亲的渴望,在当时看来,杨玉环一定将没有子女这个问题,归咎于李瑁出了问题。

但后来的事实证明,李瑁和第二任妻子结婚后很快有了孩子,而杨玉环和李隆基结合后,一直到她自缢于马嵬坡,依然没能生出孩子。由此我猜测可能是杨玉环自己本身没有生育能力,并不是李瑁的问题。

综合上面的多种分析,我们可以看出杨玉环主动勾引老公公,性格和人生观是内因,失去了皇后之位的竞争和对李瑁的不满是导火索,和李瑁没有子女是助推器,三个原因终于使她下定决心,想要通过自己的努力改变这不公平的命运。而武惠妃之死使她看到了改变命运的机会,于是她义无反顾地跳了进去。

不过她一定想不到,当她努力想要成功时,从某种角度而言,她的命运也就不再由自己掌控。

不可治愈的伤痛

杨玉环以其殊艳尤态的风姿,利用每年的皇族骊山休假机会,终于使好色风流的李隆基拜倒在她的石榴裙下。两个人从最初的眉来眼去,到激情燃烧的日子,最终那不可遏止的欲望使他们不惜伤害寿王李瑁的感情,即使背弃伦理道德也要走到一起。

坦白地讲,杨玉环以出家为道士做掩护,的确是很好的办法。对两个人而言,暂时做个露水夫妻已经心满意足,但人在热恋的时候,天天黏在一起也不觉得时间久,随着时间的推移,出家为道这个他们曾经认为掩人耳目的好办法反而变成他们感情沟通的障碍。

终于,开元二十九年(741 年)十一月,李隆基再也忍耐不住,在骊山休假之后,将杨玉环接进了后宫之中。

从儿媳妇成为自己的老婆,这其中经历了一个漫长的过程。虽然很多人早已经预料到杨玉环进宫是迟早的事,但当她真的脱去道服进宫后,所有人一时间全都不知该怎么称呼这个曾经的寿王妃。

直接叫真人?似乎听起来有些讽刺的意味。叫什么什么妃,杨玉环却又没有名分。想来想去,他们发明了一个既亲切又合适的称呼——“娘子”,于是尴尬的难题迎刃而解。最关键的是这等于承认了李隆基和杨玉环的夫妻关系,后宫的人事实上用自己的实际行动在告诉皇帝陛下:您娶儿媳妇当老婆,只要您认为合适,我们完全没有意见。

在这里不得不佩服中国人的聪明才智,潜台词的表现力堪称完美!

杨玉环进宫后,仅用了一年时间,就做到了宠冠后宫,且实际待遇已经相当于皇后的地位。要知道武惠妃苦心经营了将近十二年的时间,才得到皇后规格的待遇,而杨玉环仅用了一年的时间就完成了这个任务,且此后的十年之内,无人能够取代其地位,这其中杨玉环的美貌固然是至关重要的因素,但十年的时间让皇帝专宠自己一个人,我相信还是她那“迎意辄悟”的特长发挥着最关键的作用。

天宝四年(745 年)八月,杨玉环被李隆基册封为贵妃,这是一个标志性事件,因为从贞观时代开始“贵妃”这个名号就已经废置不用,现在李隆基将它重新搬出来赐给了杨玉环,这足以证明杨玉环在李隆基心目中的地位。在杨玉环看来,不仅此刻开始有了正式的名分,这更是向皇后宝座迈进了坚实有力的一步,然而她想不到的是,至此她已经达到了人生的顶点。她终究没有越过“贵妃”这个头衔,皇后之位更是像隔着玻璃的幸福,看似很美丽,却无法触及。

无论如何,李隆基和杨玉环算是皆达到了最初的目的,好色风流的皇帝拥有了她的美色,而婚姻生活不如意的杨玉环,也因为成功上位而满足了她那如影随形的虚荣心。

但是寿王李瑁呢?

此刻他其实是一种莫名的痛苦状!

虽然性格柔弱,但李瑁并不是白痴。很多史书上说李瑁因为失去了相伴五年的妻子杨玉环,内心十分郁闷但又不敢发作,其原因是自己的老爸具有绝对的权力,如果稍有不慎便会有杀身之祸。

这种说法仅说对了一半，通过前边的分析，李瑁和杨玉环由于性格迥异，加上杨玉环对婚姻生活的不满，在事实上他们的婚姻早已经名存实亡。我猜测出家为道掩人耳目这个方法，很可能是杨玉环主动提出来的，但在那个时候李瑁并不知道杨玉环的真实意图，反而或许认为是一种解脱。可是当他得知自己的妻子最终投入了老爹的怀抱时，他才意识到问题的严重性，但却为时已晚。

因此，李瑁的郁闷并不是因为他还深爱着杨玉环，而是一种作为男人被另一个男人在情感上击败的痛楚，这个人恰恰还是他的皇帝老爸。

在杨玉环离开李瑁的一年后，从小到大一直抚养他的宁王李宪病逝，李瑁立即上疏请求为伯父守孝三年，这在当时是违背礼法的事情，也算是李瑁对自己父皇的一种变相的抗议。

从开元二十八年(740 年)一直到天宝三年(744 年)底，李瑁在极度委屈和万般无奈之中，鸾孤凤单地默默独身了四年半的时间。或许李隆基感觉自己的做法实在让儿子有些难堪，在天宝四年(745 年)正月，李隆基亲自为李瑁挑选了一位寿王妃，这位寿王妃是武则天、中宗李显时期宰相韦巨源的孙女，虽然新媳妇不如杨玉环貌美，但出身高贵，性格温和，结婚后和李瑁共生有 5 个儿子。两个人一同经历风雨三十载，一直到大历十年(775 年)李瑁病逝为止。

李瑁，曾经没有选择权的你，误入了一条畸形的情感之路，当心力交瘁的你看穿红尘俗世的变幻无常时，其实平淡的生活才是最适合你的。

李瑁的性格决定了他不可能做出过激的举动，但这种莫名的痛楚将会一直缠绕他终身。都说时间是最好的良药，但那要看是什么样的伤痛，李瑁这种伤痛即使是时间这副最好的良药也只能医治表面的苦痛，印在心里的伤痕是不会随着时间的推移而消逝的。

我不知道当杨玉环从李瑁的老婆变成了他的小妈后，他们之间是否又再见过面，但我猜想存在这种可能性。如果真的见了面，不知两个人内心作何感想，或许双方皆是闪躲的眼神，或许也在暗中不断地关注对方。

曾经的往事，撩拨起了彼此的思绪，但回忆太拥挤，我无法呼吸，让时光冲淡往事吧！鲜艳褪去之时，只留下泛黄的痕迹！

出宫事件

杨玉环虽然得到了李隆基的专宠，但作为皇帝，李隆基是不可能只有杨玉环一个女人的，与其他后宫佳丽的调情与宠幸从未间断。而杨玉环的性格决定了她认为李隆基心中应该只有她一个女人，这样一种心态驱使下，矛盾早晚会显现出来。

值得一提的是，他们的矛盾并没有最终演变成皇帝发威，女人失宠甚至被废的结局。相反却像那些寻常百姓家的夫妻那样，上演了一出“马勺碰锅沿儿”的家庭变奏曲。

李隆基为了遍览天下美色，专门设置了一个官职叫花鸟使，由信任的宦官担任，其职责是到民间寻找漂亮女子呈献给皇帝陛下。有了这样一个渠道，可想而知，内宫里会经常出现花鸟使送进来的佳丽，这固然满足了李隆基的色心，但同时也使杨玉环生起了嫉妒之心。最初她还能忍李隆基的花心，但随着时间的推移，她忽然感到了一种危机，因为她无法预料这些佳丽中哪一个会成为她的竞争对手，说不定皇帝陛下哪天口味一变，自己可就成了失宠的弃妇。

杨玉环虽然是个颇有心机的女人，但她无法改变皇帝拈花惹草这件事，她只能通过发脾气来宣泄自己的不满，至此她那妒悍不逊的性格开始暴露出来。

或许在此之前，杨玉环那“迎意辄悟”的本领发挥得淋漓尽致，李隆基没有发现杨玉环原来还有彪悍的一面，所以一经发现，李隆基也是寸步不让。

天宝五年(746 年)七月的一大清晨，在杨玉环被册封为贵妃的一年多后，李隆基第一次和杨玉环翻脸，将她遣送回了娘家，由于杨玉环的父母早亡，出宫后她只能居住在大哥杨铦家里。

李隆基遣送杨玉环出宫，本来是为了摆脱杨玉环不断的纠缠以及不能忍受她那种彪悍，但当杨玉环真的离开自己后，他忽然又产生一种莫名的孤寂之感。仿佛武惠妃刚去世时的那种感觉又回来了一样，甚至觉得自己失去了人世间一件不可复得的无价之宝，而感觉懊恼和悔恨。

从杨玉环清晨出宫一直到中午，李隆基的心情时而不安，时而暴怒。其实这种表现证明他并不是在生杨玉环的气，而是苦于找不到和杨玉环和解的办法，要知道男人历来将面子看得十分重要，更何况李隆基还要顾及皇帝的威严。

在这种局面下，最好能有第三人替李隆基出面和解这件事，好在，李隆基身边并不缺少这样的人，高力士就是典型的代表。

从清晨到中午，李隆基的表现高力士全都看在眼里。作为贴身的宦官和李隆基最为信任的家奴，高力士一眼就看透了皇帝陛下的心思，他觉得自己有责任和义务站出来，协助李隆基解决这个难题，于是他利用中午李隆基不肯用膳的机会，开口问道：

“陛下茶饭不思，是不是因为贵妃娘娘的原因？”

“唉！这个贵妃实在不像话，朕不过是说了气话，哪知道她说走就走，头也不回！”

李隆基的话，让高力士明白自己的判断没有错，于是他进一步试探着问道：

“贵妃娘娘出宫走得急，她哥哥家事先没有准备，恐怕来不及准备接待事宜，陛下不如把贵妃娘娘在宫中的物品全都送到她哥哥家吧！”

高力士的话看似和李隆基刚才所说的话没有关联，但仔细分析，其中大有深意。

这番话的精妙之处在于，高力士虽然猜到了皇帝陛下的心思，但他并没有让皇帝陛下主动召回杨玉环，那样实在有损皇帝的威严。而建议把杨玉环的物品运回她娘家，这本身其实是让李隆基投石问路，或者说是一种暗示性的感化，既不有损皇帝的威严，却仍然能清楚地表达皇帝的意图。

高力士说完后，李隆基顿时悟出了他这番话的含义，并且毫不犹豫地照办，特意让高力士带领宦官迅速整理杨玉环在宫中的物品。据《资治通鉴》记载，整理出来的物品足足装了100多车。值得一提的是，为了使杨玉环能够充分理解自己的意图，李隆基特意将御膳分出一半赐给杨玉环。

高力士带领宦官将100多车物品送到杨铦的家中时，杨玉环正在内室里以泪洗面，这次被皇帝撵出宫来，她自感十分委屈，她虽然盼望着能够再次回到宫中，但强悍的性格决定了她是不可能主动认错的，除非有人能够为她找到一个退身的台阶。

现在高力士来了，以杨玉环的智商当然明白其中的含义。

如此看来，高力士作为李隆基最信任的家奴，实在名副其实，不仅要能够了解皇帝的心思，连皇帝老婆的心思也得了如指掌，而且还能四两拨千斤地巧妙化解夫妻矛盾，家奴做到这个份儿上，他也算是家奴中的战斗机了。

不过高力士送来100多车物品后，他的任务只完成了50%，接下来他要做的则是如何巧妙地让杨玉环重新回到宫里。

皇帝已经主动妥协，接下来就看杨玉环的态度了，而她的态度很大程度上取决于高力士如何运作。

“贵妃娘娘！陛下让老奴将您的东西送回来，不知道娘娘是不是愿意要这些东西？”高力士试探着问道。

“就这么送回来了吗？难道陛下不想和我见面了吗？”杨玉环惊恐地问道。

杨玉环的态度让高力士瞬间了解了她迫切回宫的心情，于是他继续开口说道：

"依老奴看来，这次陛下恐怕真的是龙颜大怒，如果娘娘不从自身找原因的话，未来怕是要在这里待一辈子了。"

高力士的潜台词其实是：回不到皇帝身边没有什么，关键是以你的身份，未来没人敢娶你！

这实在是厉害的一招！

"臣妾知道错了，愿意向陛下当面谢罪！"高力士的话一语惊醒梦中人，让杨玉环猛然悔悟。

言罢，杨玉环从柜中取出一把剪刀，将自己的头发剪下一撮，抽泣着继续说道：

"为了证明奴家的决心，公公可将这撮发丝呈献给陛下！"

从杨玉环的行动中，高力士看出了她幡然悔悟的决心，于是他安慰杨玉环说道："娘娘有如此决心，回宫之事就让老奴和陛下去说吧！"

……

高力士平息这场夫妻矛盾的过程中，虽然他先运作李隆基率先迈出第一步，但真正表现出妥协的是杨玉环，无论如何皇帝的威严都是首先要维护的。现在高力士已经做到了这一点，那么接下来他的任务，是不能让贵妃娘娘过于跌份儿。

毕竟，人家是要回来的，未来还是你的主子！

"陛下！老奴已将贵妃娘娘的所有物品送到她的哥哥家，不过老奴去的时候正好看见贵妃娘娘在屋子里哭泣，而且剪下了一缕发丝扔在地上，依老奴来看，贵妃娘娘或许对自己的行为有些悔悟。"高力士一边说着一边将杨玉环的那撮头发递给了李隆基。

"唉！她就是这个脾气，其实朕又何尝愿意这样做呢？"

"陛下！老奴觉得贵妃娘娘很可能已经闭门思过有段时间了，想来已经有了深刻的反省，老奴还觉得惩罚不是目的，只要娘娘意识到自身的错误就可以了，还请陛下将贵妃娘娘接回宫来吧。您看贵妃娘娘不在，您都茶饭不思，这样何苦呢？"

高力士的语调虽然不高，语速也并不快，但在李隆基听起来却是那么舒服，高力士的话仿佛让他找不到拒绝的理由，甚至可以说让他不忍心反驳。

"好！就按你说的办！明日接回我的贵妃娘娘！"

“陛下万万不可！要是决定接回贵妃娘娘的话，最好是在今日晚些时候！”

“嗯？这是为何？”

“陛下想想，娘娘是被陛下撵出宫的，如果明天大张旗鼓地接回，旁人会作何感想，老奴还是认为应该晚些时候悄无声息地接回，省得有些人……”高力士并没有继续说下去，因为他知道自己最后那句关键的话，要让皇帝陛下自己悟出来才好。

还是那句话，皇帝的威严不容任何人去践踏！

“噢……朕明白了！明白了！”李隆基如有所悟地自言自语。

然后他冲着高力士露出了一丝坏笑，指着这个跟随自己多年的家奴说道：“还是你想得周全啊，不愧跟随朕多年！不愧跟随朕多年！哈哈哈！”

高力士并没有再说什么，只是随着李隆基一同微笑，因为他知道自己的努力已经成功，在皇帝陛下的心里，又增添一份对自己的信任。

二次出宫

天宝五年(746 年)的出宫事件，在高力士的努力撮合下，李隆基和杨玉环最终言归于好。其实从整个过程来看，李隆基并没有真的想抛弃杨玉环，不然的话，一个皇帝废掉一个妃子岂不易如反掌，所以这只是一场纯粹意义上的家庭变奏曲。杨玉环回宫后更加受到李隆基的宠幸。自此，后宫之内再也没有一个人能够得到他的宠幸(自是恩遇愈隆，后宫莫得进矣)。

但正所谓变奏曲不可能只变奏一次，经历主旋律的一段平稳进行后，新的变奏必然会继续开始。

天宝九年(750 年)二月，即第一次出宫的四年后，杨玉环再次被撵出宫。接下来让我们暂时跨越时间的节点，越过其中各种历史事件，来看看杨玉环第二次被撵出宫的来龙去脉。

据《资治通鉴》记载，(天宝九载二月)杨贵妃复忤旨，送归私第。

虽然只有短短的一句话，可从中却能看出杨玉环是再一次违背了李隆基的意志被撵出宫，那么究竟杨玉环违背了皇帝的什么意志呢？

对于这个问题史料上的记载很是模糊，而正是因为模糊，所以历朝历代的狗仔队们对此八卦到底，说是杨玉环二次出宫这件事和宁王李宪扯上了关系。

李宪擅长吹奏笛子，李隆基因为酷爱音乐，又和兄弟们关系十分融洽，就经常请李宪到自己的寝宫中吹奏笛子。尤其在杨玉环进宫后，李隆基邀请李宪更加频繁，常常是李宪吹奏笛子，李隆基击鼓打着节拍，杨玉环翩翩起舞。李隆基在刚即位时，曾经在寝宫的卧室中放置一张大床，名为“五王帐”，经常和兄弟们抵足共寝。

有一次杨玉环独自走进这间寝室，在“五王帐”上发现了李宪落在这里的笛子，出于好奇心她拿着吹奏起来，正好被走进来的李隆基看见，李隆基认为自己的女人吹奏自己兄长的笛子，实在有损自己的威严，结果便将她再一次撵出宫去。

上述的这些的确是个很好的理由，但我们也仅仅把它当故事听就可以了，因为，李宪早在开元二十九年就已经与世长辞，可见上述的这些完全是子虚乌有的事情。在我看来，杨玉环二次被撵出宫很可能和三个姐姐有关。

杨玉环进宫后，除了自己备受宠信之外，她的兄弟姐妹也全都一人得道，鸡犬升天，大哥杨铦官至鸿胪卿（从三品），授上柱国；从兄杨锜娶李隆基和武惠妃所生的太华公主，升任驸马都尉（从五品）兼侍御史；同曾祖兄杨钊后来官居宰相。

杨钊这个名字或许大家很陌生，但如果提起他的另一个名字杨国忠，则是大名鼎鼎。不仅因为这个人后来搅乱了天宝年间的政治局势，更因为震惊大唐帝国的安史之乱在某种程度上就是因他而起，关于他的很多事情我们后边会详细说到，暂不赘述。

三个哥哥全都升官发财，杨家三姐妹同样不甘下风，大姐封为韩国夫人；二姐为虢国夫人；三姐为秦国夫人。值得一提的是，虽然杨玉环的三个姐姐早已为人妇，但从杨玉环进宫后，她们就和李隆基产生了密切的联系。

杨玉环的三个姐姐虽然比不上这个姿色冠绝天下的妹妹，但也可称得上是美貌佳人。据史料记载，天宝四年（745 年）冬天，李隆基带领杨玉环和她的三个姐姐到骊山足足住了 62 天，天宝六年（747 年）以后，每年在骊山住的时间更长。

李隆基的风流好色众人皆知，可以将儿子的老婆变成自己的老婆，而三个貌美如花的姨姐守在身边，要说李隆基不动心那是不可能的。而这件事情纸是包不住火的，杨玉环不可能不知道，所以我猜测天宝九年（750 年）二月的出宫事件，很可能是因为杨玉环吃醋，再次发脾气，进而惹怒了李隆基。

《资治通鉴》上记载的“杨贵妃复忤旨”，很可能是在说，杨玉环早就因为李隆基和三个姨姐之间的暧昧关系而生出嫉妒之心，和李隆基闹过不愉快。天宝九年（750 年）二月，杨玉环很可能因为这件事再次向李隆基发泄不满，结果被李隆基再次撵出宫去。

都说三个女人一台戏，我要说三个女人加上一个男人，那就是一出经典的情感大戏！

如果说天宝五年(746年)的出宫事件，杨玉环在离开后，李隆基内心还有些不舍，那么天宝九年这次撵杨玉环出宫，李隆基表现得很绝情，似乎彻底要将杨玉环的后路封死，这下让杨家不禁着急起来。

事实上，杨玉环对于整个杨家而言，已经成了一块名副其实的金字招牌，这块招牌能被皇帝挂在身边，那么杨家将是凤凰冲天，这块招牌一旦被皇帝摘下扔进垃圾堆，那么杨家立即就是土鸡落地，因此，当时对于这件事最着急的并不是杨玉环，而是她的大哥杨铦。

杨铦很想亲自去面见李隆基，替自己的妹妹请罪，但他又摸不准皇帝陛下是个什么心思，搞不好连自己一同治罪，那可是得不偿失。为了稳妥起见，杨铦还是决定找个中间人出面来调解这件事情。

找来找去，杨铦找到了时任户部郎中的吉温，杨铦之所以选中他，除了平常关系不错之外，还因为吉温在皇帝那里印象不错，而且头脑灵活，善于言辞。

实际上，一个大臣要承担和解皇帝夫妻关系的任务，并不是个简单的工作，不仅因为这不是大臣的职责，更因为大臣的身份不太适宜掺和这类事，但好朋友交办的事情，吉温出于哥们儿义气，即使再苦再难也得顶上。分析完当前皇帝夫妻的现状，吉温决定从内外有别这个角度来劝说李隆基回心转意。

“陛下！妇人见识短，违背了您的意志，陛下为什么就吝啬宫中那么点地方呢？”吉温的开场词很有特色，前后两句话看似是八竿子打不着，但实则是在画圈，等李隆基往里跳。

果然，听完吉温的话后，李隆基有些丈二和尚摸不着头脑，说：“什么意思？爱卿有话直说！我知道你是说杨贵妃出宫的事情，但这和我吝啬宫中的地方有什么关系？”

“陛下仔细想想，您即使想赐死贵妃娘娘，也应该让她死在内宫中，怎么能忍心把她弃置宫外受辱呢？”

显然，吉温的话有另外一层深意，他似乎在提醒李隆基，全天下都是皇帝您一个人的财富，即使女人也不例外，都说家丑不可外扬，杨玉环被撵出宫，固然是受到惩罚，但在外人看来，李隆基的声誉也会受到影响。

综观吉温的策略，乃是激将之法。

因为他知道，这又是一场皇帝夫妻性急而制造的家庭变奏曲，根本谈不上什么严重的政治事件,动用上纲上线的理论,反而有可能会打动皇帝。

吉温的话最终起了作用,说是李隆基内心依然没有放下杨玉环也好,或是受到吉温的感化也罢,总之在吉温进言之后,李隆基立即让高力士前往杨铦家探视杨玉环。

值得一提的是,李隆基这次依然使用了四年前的方法,让高力士将一半御膳赐给杨玉环,杨玉环的态度也和四年前基本相同,除了哭天抹泪地承认错误之外,也不忘再次剪下一撮发丝,表明自己的决心。

《资治通鉴》记载:上遽使高力士召还,宠待益深。

二次出宫被召回的过程与第一次出宫基本相同,但对于杨玉环而言,却有着本质的不同。如果说天宝五年的第一次出宫事件过后,杨玉环在对待与李隆基的关系上并没有真正的改变,或者说性格因素依然占主导地位,那么二次出宫事件则使她真正悟出了什么。

前边我们说过杨玉环是个很有心机的女子,一个错误绝不犯三次在她这里得到了最好的诠释。二次出宫事件让她终于意识到,自己在实现登上皇后宝座目标的征途上,性格因素是最大的制约,而她现在的身份以及主要面对的对象(李隆基),则使她必须像只羔羊一样,温顺地匍匐在皇帝的面前,不能有任何的棱角。

可以说通过二次出宫事件,使曾经犹如一块顽石的杨玉环,被真正打磨成了没有棱角的鹅卵石。

陈鸿的《长恨歌传》记载,二次出宫事件的一年后,天宝十年(751年)的七夕节,李隆基和杨玉环有一天晚上在骊山并肩而立,仰望着天上的牵牛星和织女星,他们心中彼此立下了誓言,这就是流传了千年的佳句:在天愿做比翼鸟,在地愿为连理枝。

事实上,陈鸿这段记载完全是虚构的,因为李隆基每年去骊山休假是为了避寒,七夕节立誓这件事不可能存在,陈鸿这么写是为李隆基和杨玉环的爱情故事增添一份唯美色彩。

在我看来,二次出宫事件所衍生出来的内容,其实是杨玉环在实现政治目的的道路上,一次策略上的调整。而李隆基则是通过撵杨玉环出宫,来彻底消磨杨玉环的性格,使她彻底失去内心中十分自我的一面,完全成为自己手中的爱物,甚至犹如宠物。

和当初两个人走到一起时一样,不能否认的是,二次出宫事件虽然是一场皇帝夫妻家庭的二次变奏曲,但这个家庭实在过于特殊,其间必不可少地蕴含诸多功利目的与政治色彩。

奢华生活

李隆基和杨玉环结合后，两个人天天厮守在一起形影不离，虽然上演过两次婚姻变奏曲，不过总体来讲，关系还是十分和睦。饮宴、歌舞、赐浴、游赏、华服、美食构成了他们极其奢华的生活。

纵观唐朝近290年的历史，李隆基和杨玉环的生活堪称别具风格，说是奢华也好，说是帝王情调也罢，总之他们的生活带给世人的更多的是咂舌和惊叹。

杨玉环刚进宫伊始，每次出行的时候，李隆基都下令让高力士亲自为杨玉环牵马，并下令在宫中成立织绣院，专门为杨玉环订做各式各样的美服。据《资治通鉴》记载，当时的织绣院院工，总计人数达到700人，这些人没有什么其他的工作职责，每天就是依据杨玉环的个人形象，专门研究什么样的服饰适合她，然后设计出来样式，让杨玉环试穿，一旦她和李隆基满意，这些院工就立即快马加鞭地赶制服饰，最多的时候每天制作不同服饰100多件。在那个完全靠手工一针一线地缝制的时代，这的确是一个创纪录的数字。

不仅如此，为了满足两个人的豪奢之欲，李隆基下令扩建骊山游览区，从天宝六年(747年)开始改造那里的温泉宫，在原有温泉宫的基础之上修建楼台殿阁，园林美景，并改名为华清宫。

在李隆基和杨玉环生活的时代，那里除了是皇家休假之地，更是全国第二个政治中心。李隆基每次到骊山来都停留很长时间，在这期间该处理的政务还是必须处理。渐渐地，有些朝廷官员也跟随李隆基来到这里，时间一长，有的在这里购买房产，建置别墅，因此骊山地区的土地价格也不断飙升。

华清宫的布局是从北向南延伸，宫城以北门津阳门为正门，经后殿、前殿到达南门昭阳门。东西两侧采取左右对称的格局，左面是李隆基和杨玉环的游乐宴饮中心，其建筑从北向南依次为遥光楼、飞霜殿、九龙殿和御汤，成群的宫殿逶迤而立，温泉交错其间，宫殿都是雕梁画栋、景色宜人，置身其中让人赏心悦目。右侧的西部是庙宇禅院，人烟稀少。从北向南有七圣殿、功德院、羽帐、瑶坛等。

宫城东门为开阳门，开阳门右侧依次为宜春亭、斗鸡台、按歌台、观风楼等高大建筑，是李隆基和杨玉环进行健身活动的场所。宫城西门为望京门，顾名思义站在这里可以遥望长安城，左侧依次为粉梅坛、芙蓉园、看花台、西瓜园等园林建筑，是李隆基和杨玉环的赏花之处。

可以看出，在天宝六年（747 年）以后，由于改建和扩建，华清宫的建筑群是极其宏伟壮观的。后来元和时期的诗人薛存诚在其诗作《华清宫望幸》中专门对华清宫的宏伟进行过描述：

骊岫接新丰，岧峣驾碧空。
凿山开秘殿，隐雾蔽仙宫。
绛阙犹栖凤，雕梁尚带虹。
温泉曾浴日，华馆旧迎风。
肃穆瞻云辇，深沉闭绮栊。
东郊望幸处，瑞气霭濛濛。

华清宫的诸多宫殿虽然宏伟，但最核心的部分却是那著名的华清池。今天华清池已经成为西安著名的旅游胜地，人们到西安都要前往华清池去切身感受下当年那“春寒赐浴华清池，温泉水滑洗凝脂。侍儿扶起娇无力，始是新承恩泽时”的浪漫氛围。

华清池是由几处温泉组成，也叫汤泉、温汤。唐朝以前，几处温泉就已经存在，但并不是皇家的休闲之地。天宝六年（747 年）扩建后，将这几处温泉专门进行了归属划分，李隆基专用的叫“御汤”；杨玉环专用的叫“贵妃汤”；太子专用的叫“太子汤”；梨园弟子专用的叫“宜春汤”；大臣们使用的叫“星辰汤”。

当时李隆基颇为看重华清池每个温泉的使用情况，特别设立温泉监进行管理。温泉监的官阶是正七品，其职责是依据每处温泉的等级差别，对温泉进行有效的管理和定期的检查，严禁每个人跨越等级进行使用，并特别防止皇室成员每年不在的时候，当地的平民百姓随便使用。

可见，当时的华清宫并不是我们今天买张门票就可以随便游览的旅游地，是完完全全的皇家禁地，甚至不够品级的官员都不能随便进出，是典型的皇家、贵族、大官僚的休闲场所。

时至今日，华清宫的存在让我们见证了当年李隆基和杨玉环乃至整个皇室的奢华生活，他们在这里夜夜笙歌、沉迷声色，纵情于华丽的宫殿之中而不知疲倦，流连于温泉的水滑，而怡情养性，那一刻他们全然忘记了他们构筑的这一切都是建立在寻常百姓的血汗拼争之上。

不过华丽的宫殿和美妙的温泉并没有使这些人得到满足，事实上当奢华成为一种习惯时，正应了那几句话：没有最好，只有更好！

杨玉环这样一个美人，除了要拥有漂亮的服饰，舒适惬意的休闲场所之外，可口的美食更是必不可少。如果你仅仅认为贵妃娘娘爱吃的东西是什么山中走兽云中燕，陆地牛羊海底鲜那可是大错特错了。

事实上，这些东西对于杨玉环而言，已经吃得反了胃。据史料记载，当时杨玉环特别爱吃鲜嫩的荔枝。在当时来讲，荔枝可是一种稀有的水果，因为它只产于剑南与岭南道，也就是四川南部、广西北部地区。在那个交通基本只靠徒步的年代，长途运输与保鲜都十分困难，白居易在《荔枝图序》中说过荔枝的保鲜的困难，"一日而色变，二日而香变，三日而味变，四五日外色香味尽去矣。"如果从四川、广西等地区把荔枝运送到长安，还要保持其鲜嫩，这几乎是个不可能完成的任务。

但几乎不可能并不代表完全不可能，按照白居易所说的情况来看，只要四五天之内将荔枝运送到长安，依然可以满足杨娘娘的愿望。想要做到这一点，只有一个办法，那就是一路上不能停留，并保持最快的速度。

在这里大家不用发挥想象，来琢磨那些运送荔枝的人沿途是个什么窘相。晚唐诗人杜牧早已经有那首"一骑红尘妃子笑，无人知是荔枝来"的《过华清宫》来形象地讽刺杨玉环的这种不顾他人死活的奢华。

不过在我看来，更深刻揭露这种荒唐行为的却是杜甫的《解闷十二首》中的一首：

侧生野岸及江蒲，
不熟丹宫满玉壶。
云壑布衣骀背死，
劳生害马翠眉须。

当运送荔枝的飞骑扬马飞鞭于皇家驿道之上时，没有人理解他们那个时候的心情，一批批良骏累死在半路时，那些运送荔枝的人根本没有时间去悲伤，当漫卷尘沙地飞驰进长安城时，鲜嫩的荔枝依然鲜红光艳。

芊芊玉手捏起一颗剥落皮壳，口含其中，沁人心脾，又有谁知道皇家驿道之上，泣血良骏的哀鸣之声！

李隆基和杨玉环的奢华生活，仿佛为他们的爱情故事增添了一份浪漫的色彩，亭台宫阙，天上人间；锦衣玉食，唯美无双；在他们醉生梦死之际，外边的世界已然悄悄改变。

天宝十二年（753 年）三月三日，当杨玉环率领杨家一门兄弟姐妹前往长安城南的曲江池畔踏青游玩时，有一个人站在大雁塔上，发出了一阵哀叹之声。因为他看到那豪华的车马，鲜艳的彩旗虽然衬托出了贵族的高贵，但凭借天生的敏感，这个人隐隐约约地感觉出这喧哗庞大的出行队伍中隐藏一股诡异的气氛，仿佛这种喧哗犹如最后的疯狂一般，让人感觉到一丝惊恐。

此时，距离那场影响大唐帝国国运的事件仅仅只有两年的时间。

这个敏感的人就是千百年来人们冠以“诗圣”头衔的伟大诗人杜甫。

关于杜甫的详细情况我们后边还会说到，关于“杨李之爱”我们也并没有讲完，让我们暂时略过他们那些在历史上刻下深刻印痕的故事，去看一看开元天宝时期的盛唐气象。

事实上，李隆基在位的开元天宝时代，之所以称为是大唐帝国的黄金时代，除了国富民强之外，文化、科技的兴盛也是这个时代不可忽视的标志。

唐朝因为开放博大的胸怀，所以称为大唐，而各个领域齐飞猛进地造就了辉煌的成就，进而称为盛唐！

盛唐的气象堪称万千之最！

第九章

盛唐气象

仙乐风飘处处闻

中国历史上有很多皇帝都是很了不得的艺术家，例如，宋徽宗赵佶，书法堪称一绝；又如南唐后主李煜，诗词写得相当漂亮，更是婉约词派的开山鼻祖。但这些皇帝虽然艺术成就颇高，但在政治上却是十足的低能儿，最终都落得个阶下囚的下场。

唐朝的第七任皇帝李隆基在艺术领域的成就丝毫不逊于上述提到的他的这些后辈们，并且政治上也颇有作为，开创了大唐帝国的黄金时代。如果抛开政治不谈，李隆基堪称一个多才多艺的大才子。

除了治国才能之外，他诸多才能中，在我看来，最突出的是音乐才华。李隆基对音乐的痴迷颇有些现代"发烧友"的感觉。他曾经为练好羯鼓，敲断了上百双鼓槌，甚至在当了皇帝后，在和群臣商议朝政时，也不忘用手指抚摸龙袍内的羌笛去捕捉创作音乐的灵感。

值得注意的是，李隆基的音乐才华不仅仅局限在个人角度，作为大唐帝国黄金时代的缔造者，他的音乐才华必不可少地对那个盛世的音乐产生了深远的影响。

开元盛世无可争议地成为中国历史上最巅峰的时代，如果要用一首乐曲来代表那个时代的盛世气象，很多人都会说出那首千年以降依然具有诱人艺术魅力的乐曲。

是的！这就是那首“千歌万舞不可数，就中最爱霓裳舞”的《霓裳羽衣曲》！

关于这首乐曲来历的说法，历史上有三种版本，但不可否认的是，这些说法都无一例外地和李隆基联系在一起。

有人说这首乐曲是李隆基登上高山远眺天边，忽然产生灵感即兴创作出来的；也有人说是李隆基梦中神游月宫听到仙乐，醒来后模仿其音调而作；更有人说是李隆基在天宝十三年(755年)以太常刻石的方式，将58首大多带有胡乐曲名的乐曲重新改编成具有道家仙风道骨般的音乐，而《霓裳羽衣曲》就是改编自58首胡乐曲中的《婆罗门》。

从上述诸多流传的版本中，前两种说法固然浪漫，但明显不足为信，只有第三种说法较为可信。我在上学那会儿老师每次讲到唐代音乐时，都会让我们记住一个概念，那就是唐代由于开放程度极高，所以音乐的风格吸收了诸多周边国家的音乐风格，尤其是西域地区的胡乐。

依据这个概念来看，《霓裳羽衣曲》应该是带有一些西域佛教风格的音乐，但曲名中的“霓裳”“羽衣”又无疑具有浓厚的道教色彩。李唐王朝奉行佛道并用的宗教政策，但尤其推崇道教，还和道家学派的创始人老子攀上了亲戚，这也使带有道教色彩的音乐在宫廷中颇为流行和受欢迎。李隆基本人深爱带有道教清丽淡雅的法曲，因此《霓裳羽衣曲》改编自胡乐是较为可信的。

由于这首乐曲的曲谱早已经失传，宋代的姜夔曾经在湖南长沙的古书堆中发现了“中序”第18段商调曲式《霓裳曲》的曲谱，他将其中名为“中序一阙”的一段填了词流传了下来，这就是《霓裳羽衣曲》中仅有的一段至今还经常成为作曲家们创作的素材，令人遗憾的是，其他17段在唐代之后已经湮没在历史的尘埃之中。

其实我们现代人知道《霓裳羽衣曲》，还应该感谢大诗人白居易，多亏他的长诗《霓裳羽衣歌》，我们才能在想象中弥补不能真正观赏这部歌舞大曲的缺憾。从白居易的诗中我们得知《霓裳羽衣曲》共分为36段，包括散序6段，中序18段，曲破12段，是综合了器乐、歌唱和舞蹈的盛唐大曲。

由于《霓裳羽衣曲》实在太过著名，从某种意义上讲，它更是盛唐时代鼎盛气象的代名词，所以我们有必要对这首乐曲的整个结构做一个简要的了解，鉴于本人早年学习的是音乐专业，所以我将运用所学到的关于这首乐曲的相关知识，并且尽量避讳专业的词汇，用通俗的语言来介绍。

整个乐曲的一开始是一段序曲，这段序曲由于没有固定的节奏性，所以称为散序。有句诗形容是“磬箫筝笛递相搀，击恹弹吹声逦迤”，通俗点讲就是磬箫筝笛各种乐器谁也不让谁的互相演奏，敲鼓的、弹弦的、吹管的、唱歌的混杂在一起，制造出一种庞杂、宏大的音乐场景。

值得一提的是，《霓裳羽衣曲》之所以让人感到恢宏壮大，其中的舞蹈不可忽视，但散序中还没有舞蹈环节，只是通过各种乐器的演奏来渲染氛围，把人带入一种身临其境的感觉，就好像说评书之前须要说段垫场诗一样。

散序过后进入中序，这时候舞蹈开始加入进来，但不是那种劲歌热舞式的舞蹈，而是“飘然转旋回雪轻，嫣然纵送游龙惊”式的抒情曼舞，宛如仙女翩翩起舞从天边飘过，这种飘然多变的舞姿，让人感觉美不胜收。

随后，音乐的节奏开始急转而下，节拍由抒情柔缓转变成急促，这是进入曲破段落的过渡，当乐曲真正进入曲破段落后，整个音乐是“繁音急节十二遍，跳珠撼玉何铿铮”。随着音乐氛围的不断浓烈，乐舞达到最终的热烈高潮，最后又返回到舒缓的节奏，当乐器奏出最后一声长音时，舞蹈者也最终收拢羽翅，乐舞在一片平静祥和的气氛中圆满结束。

《霓裳羽衣曲》中的舞蹈，也可以称为《霓裳羽衣舞》。在当时的宫廷中，将这段舞蹈跳得出神入化、富有青春活力的正是备受李隆基宠爱的杨玉环。

前边我们说过，杨玉环之所以受到李隆基的宠爱，除了具有天姿国色之外，极高的艺术修养也是关键因素。

事实证明，史书上记载她“善歌舞，通音律”并不是吹牛。在舞蹈领域，杨玉环尤其擅长西域康国的《胡旋舞》，其节奏鲜明，活泼轻快，舞蹈动作变化多端，服饰新颖别致，民族风格浓郁。杨玉环在《胡旋舞》中可以在极快的节奏下，连续完成多圈的旋转动作，显示了她作为舞者的高超技艺。正是因为她有跳《胡旋舞》的功底，所以当她听到《霓裳羽衣曲》时，一个舞者天生对艺术的敏感性让她不由自主地将《胡旋舞》中的旋转动作，巧妙地运用到刻画仙女形象的《霓裳羽衣舞》中，增强了舞姿的流动飘逸感，使其更富有“仙意”。

今天我们虽然已经不能听到原版的《霓裳羽衣曲》，更不能看到杨玉环那曼舞轻姿的《霓裳羽衣舞》，但通过史料记载，我们还是能够了解到这部代表盛唐气象的音乐，继承了清商大曲的华夏正声结构，又容纳了西域音乐的胡风色调。这一汉胡融合的音乐精品，恰是盛唐博大融汇、海纳百川的精神气象的写照。

据传说，《霓裳羽衣曲》可以分为舞蹈版、纯器乐版两个版本，一个是视觉的震撼，另一个则是听觉的美妙享受。而白居易的那首《卧听法曲霓裳》，则会让我经常想起李隆基是不是和他的300名梨园弟子一同合奏过《霓裳羽衣曲》，那会是多么波澜壮阔的场景。

《霓裳羽衣曲》在开元、天宝大唐帝国的黄金时代曾经盛极一时，安史之乱后，这首乐曲便没有在皇宫内再演奏。但由于其曲调优美，构思精妙，各地方的藩镇纷纷排演，因此诸多文人或歌咏或笔录，也正是因为他们的努力，才使《霓裳羽衣曲》的曲谱虽然在唐代以后就已经失传，但它的名字以及相关的内容依然可以流传到今天。

《霓裳羽衣曲》曲谱的失传固然是唐乐的不幸，但对于我们今天的人来讲，未必不是一件好事，这或许反而能促进唐乐在民间的积存。据很多专家学者考证，今天的西安鼓乐(长安古乐)无论是节奏、曲式、调性等方面，都有唐代歌舞大曲的影子，我想它们可能都是唐乐的遗风遗韵，或许其中就有《霓裳羽衣曲》的踪迹!

霓裳一曲千峰上，舞破中原始下来!

千歌百舞不可数

音乐与舞蹈虽然分属于两种艺术门类，但又是彼此不可分割的组成部分。自古以来，音乐是舞蹈的灵魂，舞蹈是音乐的回声，而这种音乐与舞蹈的密切联系，在盛唐时期体现得尤为明显。

在前边介绍完盛唐音乐的代表作《霓裳羽衣曲》后，本节我们来看一看那个时期舞蹈艺术的成就。

事实上，唐朝的音乐概念与我们现代人所理解的纯音乐概念不太相同，器乐演奏、舞蹈、杂技三者合一，唐人统称为“乐”。可见舞蹈作为唐乐的重要组成部分，在大唐帝国的黄金时代不可能没有成就。

据史料记载，盛唐时期供皇家祭祀用的称为雅乐，宫廷聚会娱乐用的称为燕乐。两种乐除了有专门的配乐之外，更有专门的舞蹈。而专门训练、管理乐舞事务工作的部门是太乐署，开元、天宝时代的太乐署管理的乐舞人员达到了3万人以上，创造了整个唐朝290年历史的最高峰。

盛唐时期的舞蹈以中原乐舞为基础，吸收融合了国内各族及外国乐舞的各种特点，创造了新乐舞，称为坐部伎与立部伎。在堂上坐着演奏的称为坐部伎，在堂下站着演奏的称为立部伎。坐部伎包括燕乐、长寿乐、天授乐、鸟歌万岁乐、龙池乐、小破阵乐六个部分。立部伎包括安乐、太平乐、破阵乐、庆善乐、大定乐、上元乐、圣寿乐、光圣乐八个部分。

值得一提的是，在坐、立部伎整个十四支乐中，其中有四支是李隆基创作或改编的，分别是小破阵乐、圣寿乐、光圣乐和龙池乐。

不过在李隆基创作和改编的所有舞蹈中，最让他感到骄傲的，甚至在中国舞蹈史上占有一席之地的，当属《圣乐乐》

《圣乐乐》虽然不属于坐、立部伎之中，但它却有着自身鲜明的特色，那就是以舞写字。在后来唐代宗的宝应年间，时任国子司业的崔令钦编著的描写唐代教坊制度和逸闻的《教坊记》中，对《圣乐乐》的演出情况做了详细的描述，其舞蹈创作的主题思想是宣传以德服人，也就是文舞胜于武舞，通过这种创作理念的展现，进而宣传李唐皇室文治天下的理念。

圣乐舞在表演时，舞蹈演员的舞姿首先要求要像拥有鲜艳羽毛的飞鸟，在天空中翱翔展翅不断交错飞翔，并要给观众一种旋转如风的视觉画面。在这种效果的感染下，舞蹈表演者开始合着鼓点的节奏，如彩鸾般迂回、白鹤般矗立，正像文字的开创。循着鸟迹排列，不能有丝毫差错，而上古时期传说的仓颉造字这个主旨也随之点划分明。

此时整体的舞蹈队形开始逐渐向左右分开，犹如鸟儿张开双翼。舞蹈表演者们一个个神采奕奕，如绽放的桃李，满面春风。清一色的舞蹈罗衣，竟比空中的万道霞光，罗裙飘飞如雾羲晨风，又好像受惊的游龙。

《圣乐乐》的舞蹈是当时宫廷内舞姿要求最全面、造型最奇特的舞蹈，而且因为其中宣传的理念颇具政治色彩，所以颇为李隆基所看重，是典型的上层贵族舞蹈。

而当时在长安城的坊间，最流行的、最时尚的当属前边提到的胡旋舞，当时除了杨玉环跳这个舞蹈最专业、最美妙之外，其实长安城几乎人人都学跳胡旋舞。这个由西域康国所传过来的舞蹈，由于左旋右转，急速如风因而得名，李隆基将它划分为健舞的类别，后来白居易、元稹都写过《胡旋女》诗，对胡旋舞姿进行过生动的描述，在诗中他们将胡旋女那犹如雪花空中飘，蓬草迎风飞的舞姿描写得淋漓尽致，以至于在飞速的旋转中，没有人知道胡旋女到底转了多少圈，甚至不能区分她的脸和背。

从盛唐舞蹈的规模与风格来看，基本上呈现了一种大型群舞表演的模式，宫廷之中尤为明显。在这里我们可以意识到，这种群舞的表演虽然需要有诸多功底过硬、舞姿优美的舞蹈表演者，但其背后还须要有一批具有相当艺术水准的舞蹈编导人才，李隆基由于成功改编了诸多乐舞，固然算是一个编导人才，但盛唐时期舞蹈能有如此辉煌的成就，仅有一个李隆基是远远不够的。

事实上，当时在民间有很多著名的舞蹈表演者不但具有杰出的表演才能和高超的技艺，同时更是导演能手，而千百年来能够依然让人们记住的，甚至是铭刻人心的当属公孙大娘。

有人说公孙大娘是盛唐宫廷乐舞的第一人，也有人说她是天下闻名第一的剑器舞者，其实这些头衔都不能全面概括公孙大娘的舞蹈成就。在我看来，公孙大娘的成就之所以千百年来依然为人们所称道，是因为她开创了一种刚劲、矫捷、豪放之美的舞蹈风格，而这种风格恰恰是盛唐气象在舞蹈艺术领域的突出体现。

公孙大娘的生平史书上没有详细的记载，只知道她是开元时期民间的一位舞蹈艺人，以舞剑器闻名天下，在民间每到一地献艺时都观者如潮，时间一长她的名声逐渐传到宫廷之中。当她应邀到宫廷为王公贵族表演时，所有人全都大吃一惊，被她那“霍如羿射九日落，矫如群帝骖龙翔”的舞姿所震撼，以至于其他的舞者和她相比，顿时显得黯淡无光。

之所以公孙大娘的舞姿在当时能够超越众人，成为那个时代的舞蹈艺术的代名词，除了她那深厚的舞蹈功底以及表演的灵性之外，更是因为她能够结合自身的特点，将武术与舞蹈进行完美的融合。

盛唐的舞蹈分为健舞与软舞，而剑器舞则属于健舞之类。公孙大娘擅长舞剑，换句话说，在当时算是民间打把式卖艺的人，但她并没有仅仅停留在舞剑这个简单的层面，而是通过不断地钻研与刻苦的训练，编排了多种剑器舞蹈，如《西河剑器》《剑器浑脱》等。从舞蹈创作的角度而言，公孙大娘是当之无愧的舞蹈创作与编排人才。

遗憾的是，在那个民间艺人地位卑微的时代，公孙大娘虽然创造了舞蹈艺术领域辉煌成就，堪称盛唐舞蹈技艺第一，但终究不免流落江湖，最终寂寞而终。

今天，我们了解公孙大娘的舞艺，更多的是通过大诗人杜甫的诗作《观公孙大娘弟子舞剑器行》。

唐代宗大历二年(767 年)，一个偶然的机会，杜甫看到公孙大娘的弟子李十二娘跳《剑器舞》，不知不觉中杜甫回想起开元五年(717 年)自己年幼时，曾经有幸观看过公孙大娘舞剑，那“如雷霆收震怒、如江海凝清光”的气势，给年幼的杜甫留下了深刻的印象。

所以五十年后，已经两鬓斑白的杜甫依然能够回想起当年的场景，“昔有佳人公孙氏，一舞剑器动四方。观者如山色沮丧，天地为之久低昂……”以杜甫的诗才，笔下的公孙之舞，淋漓尽致地出现在我们眼前，让人仰慕不已。

杜甫写这首诗的时候，大唐帝国在刚刚经历过安史之乱后，帝国繁华已经一去不返，当他看到公孙大娘的弟子李十二娘舞动剑器，不仅抚今追昔，感慨万千。诗人韶华易逝，公孙大娘的弟子都已经不再年轻，而当年那个身姿轻盈、气势非凡的飘飘舞者也已是绛唇珠袖两寂寞。

有人说公孙大娘的盖世技艺可与中国历史上两座文化高峰（唐诗与宋词）联系在一起，我觉得这个评价十分中肯。传说草圣张旭就是因为看完公孙大娘舞的《西河剑器》，从此草书书法大有长进，终形成豪放激扬、放荡不羁、自成一派的风格。

正是因为她，我们才有幸看到了草圣的一卷绝妙丹青，才有幸读到了诗圣的一首慷慨悲凉的《剑器行》，我想这位绝代佳人如果地下有知，当不再寂寞。

写到这里，本来关于盛唐舞蹈艺术的介绍可以结束了，但我依然还觉得缺少什么！想来想去还是觉得不要忽悠，应该认真地对那个时代的舞蹈艺术特点做一个简要的总结。

著名的舞蹈史家王克芬先生总结那个时代的舞蹈特点时说过，盛唐舞蹈刚劲、骏捷之姿令人振奋；柔婉、轻盈之态让人神往；各种高难舞蹈动作的巧妙运用，创造出美妙的意境。

在我看来，那个时代的舞蹈所展现出来的盛世气象，更多的是通过舞者所表演的故事、塑造的人物来体现，那些舞者通过美妙的肢体语言，让人们时而欢乐，时而悲伤，时而急速飞转，时而如松柏屹立长青。

无论如何，盛唐时代的舞者通过自身的努力，以及时代赋予的机遇，取得了很好的社会效果，这一切其实都证明了盛唐舞蹈足以超越前代的成就！

天文历算的成就

开元十三年(725 年)，时任大唐帝国太史监的南宫说，率领一行人马前往洛阳去执行帝国筹划已久的一个任务。南宫说是当时帝国著名的天文学家，帝国让他前往洛阳，是为了完成一次史无前例、世界罕见的全国天文大地测量工作。他们的任务是要观测洛阳这一地区北极星的高度，冬至、夏至、春分、秋分四时日影的长度，以及四地间的距离。

概括地说，这是一次对地球子午线纬度一度的测定！地球子午线也叫经线，是在地面上连接两极的线，表示南北方向。

当时帝国在全国一共选了 12 个观测点，之所以要着重点出南宫说所在的洛阳观测点，是因为经过他们的精心测量所得出的数据最有实际价值和科学意义。

不过，南宫说一行人虽然任务完成得最出色，但他们也仅仅是这次任务的执行者，而在背后统一进行筹划以及对测量数据的计算和汇总的，则是另有其人。这个人并不是人们想象中的高官，更不是富甲一方，吃喝不愁想着干些惊天动地伟业的富豪，事实上他是一个和尚，一个淡泊名利的和尚。

这个和尚的法号叫一行！

一行组织的子午线测量是科技史上划时代的创举。

——李约瑟

一行本名张遂，魏州昌乐（今河南省南乐县）人，唐初名臣张公瑾的曾孙。他年少时聪敏好学，博览经史，精于天文、历象、阴阳五行之学。虽然年纪轻轻就已经才高八斗，但张遂并不是个热衷于功名的人。在他21岁时，当时权倾天下的武三思有意拉拢他加入自己的阵营，被张遂婉言谢绝，但他知道武三思是个有仇必报的小人，为了免遭陷害，他毅然前往嵩山剃度出家，取法名为“一行”。

此后六年的时间里，一行除了在寺庙中苦修佛学之外，还遍访名山大川，访求奇门异术，同时兼修禅宗天台学。神龙元年（705年）武则天退位后，朝廷多次召他回京任命他为官员，均被淡泊名利的一行所拒绝。

一直到开元五年（717年），当李隆基从高力士那里知道原来民间还有一行这样兼修各种奇学的人才后，决定强行征召他入京，无奈之下的一行只得前往京城面见皇帝。

来到宫廷的一行，受到了李隆基的优待。此后四年的时间里，虽然他经常为李隆基讲一些自己所掌握的奇学异术来哄皇帝开心，并且享受着锦衣玉食，但在一行看来，这并不是他想要的生活，他的心中依旧向往着嵩山古庙那与世隔绝的幽静，渐渐地，他开始产生想要离开宫廷的想法。

然而让他想不到的是，在他开始对宫廷的生活极度厌倦之时，命运之神开始向他招手，未来他的名字注定要在人类科技史上写下光辉浓重的一笔。

开元九年（721年），帝国的日食、月食时间渐渐与预报的时间越来越相去甚远，而这种预报工作是依据太史令李淳风的《麟德历》来进行的，这让李隆基对《麟德历》产生了严重的怀疑。为了修正这项工作，李隆基任命一行主持修编新历,也就是从这一刻起,一行开始专业从事天文历法的研究工作。

多年研究天文历法,一行内心十分明白编修新历,绝不是仅仅用笔和纸就可以完成的工作,这是一项复杂而艰巨的工作,既要分析历代的历法,又必须通晓高深的数学知识。当然,这些对于一行来讲都不是困难的事情,问题的关键是编修历法须要进行天象观测,实际观测日月星辰在轨道上的位置和运行情况。

在那个没有任何高科技仪器的时代,要完成这个任务势必比登天还要难!

然而意志坚定的一行,在皇帝李隆基下达这个命令后,毅然地接受了这个任务,因为在他的心中始终有一个梦想,那就是用当时人类有限的知识去探寻宇宙间无限的奥秘!

在这个梦想的召唤下,一行开始了他伟大的科学计划。

开元十一年(723 年),一行和帝国的另一位天文学家,时任率府兵曹参军的梁令瓒首先用铜铸造了一个黄道游仪,这台仪器是用以观测日月星辰的位置和运动情况的天文仪器。在一行之前的很多天文学家全都认为,日月是绕地球而行的。所谓“黄道”,就是太阳运行的轨道,而“白道”则是月球运行的轨道,用黄道游仪可以直接测量出日月星辰在轨道上的坐标位置。

黄道游仪虽然无法和现在的高科技仪器相比,但一行却用它重新测定了150 余颗恒星的位置,同时也测量了二十八星宿距北极的度数。一行通过将长时间测量所得出的诸多数据和前代的测量数据相比,发现数据之间不仅赤道的位置和距北极度数因年代关系产生差异,而且黄道的位置也是不同的,于是他大胆地提出了一个当时让所有人都惊讶不已的观点,那就是月亮离地球的距离比太阳离地球的距离要近。他罗列大量的测量证据,上疏李隆基要求废除沿用长达八百多年的二十八宿相距程度数据,得到了李隆基的同意。

事实上,一行的这项发现,是世界天文史上的一次创举,因为这种差异现象用一句专业的术语来讲,叫作恒星移动现象。

在一行之前,所有人全都认为恒星是永恒不动的,而一行的发现堪称天文学上的新成就。公元 1718 年,英国天文学家哈雷测量恒星黄道度和古希腊不同,提出了恒星自行的观点,或许他当时并不知道,早在距他将近一千年前,遥远的东方一个叫一行的中国僧人早已经发现了这一现象。

当然初战告捷的一行并没有因最初的这点成就而沾沾自喜,因为接下来的工作将是决定重编新历能否成功的关键所在,而且更是耐心与意志力的比拼。

因为接下来要做的就是全国天文大地测量工作!

一行！用你那缜密的思维和坚韧不拔的意志，去继续创造奇迹吧！其实所有人都在等待那个时刻的到来！

事实上，一行组织策划的这次全国天文大地测量工作，既是编修新历的需要，同时也是决心用科学的解释对古代传说的“南北地隔千里，影差一寸”的错误说法的纠正。

当时南宫说在洛阳共设置了白马（今河南滑县）、浚仪（今河南开封）、扶沟（今河南扶沟）、上蔡（今河南上蔡）四个观测点，从南宫说带回来的实测数据中，一行经过计算得出白马到上蔡距离为 526 里 270 步（唐尺标准），与夏至日表影的长度差两寸。虽然“南北地隔千里，影差一寸”的说法早在公元 422 年就被天文学家何承天所否定，但他认为影差一寸的任意两地，其间南北距离的差总相等，这等于是在说地面是平的，这种解释当然不科学。

最终，通过一行的计算，南北距离为 351 里 80 步（唐尺标准），北极高度相差一度。当时包括一行在内，所有人全都不知道，他们测量的这个数据正是地球子午线纬度一度的长度。

如果化成现在的度量单位，当时的测量长度为 131. 3 公里，而当今测量的子午线一度长度是 110. 6 公里，所得误差是 15. 8% 。

奇迹！绝对是奇迹！

没有计算机，没有先进的测量设备，一千多年前所得出的结果居然只比现在差 20. 7 公里。这个成就不仅属于一行、南宫说和参与当时全国天文大地测量的人员，更属于那个时代的所有中国人。

90 年后，在距离大唐帝国遥远的阿拉伯世界，天文学家阿尔·花剌子米在幼发拉底河平原上策划组织了一次天文大地测量工作，测算结果得出子午线长度为 111. 815 公里（现代理论值为 110. 6 公里），这个结果虽然和现在的测量结果相差无几，很有可能他们是参考了 90 年前一行的测量计算结果，从时间角度来讲，一行的成就具有开创之功。

天文大地测量工作在不经意间让一行又一次创造了奇迹，虽然这个工作也是编修新历的组成部分，但皇帝的目的是修编新历，从现在开始，一行进入了他完成任务的关键时刻。

对于一行而言，了解了诸多天文现象，掌握了太阳、行星运动的规律，编修新历的工作已经完成了一半。接下来他要将所掌握的内容，完全用于未来的实践之中，来指导人们对于未来天象四时变化的认识。

开元十三年（725 年），在完成全国天文大地测量工作的五个月后，一行开始了他重修新历的工作，经过近两年的推算、撰写和修改，一部崭新的历法诞生了，这就是著名的《大衍历》。

《大衍历》之名是依据《易》象"大衍之数"这个名称而得来的，和前代历法相比，一行不但继承了汉代天文学家的研究科学成果，而且冲破了观念的束缚。

当时的人认为这部历法最突出的成就是比较准确地掌握了太阳运行时的变化规律。当然，后世的人随着科技的发达，通过进一步考证，更加确切地指出了这部历法事实上掌握的是地球围绕太阳运行时速度的变化规律。

从汉代以来，历代天文学家都认为太阳在黄道运行时的速度是均匀不变的，依据这个原则，把全国365天分成相同的度数，认为太阳每天等速度走了一度，进而又把全年平均分为二十个节气，称为"平气"。

直到南北朝北齐时代的天文学家张子信经过长期的观测，发现太阳每天的运动其实是不均匀的。到了隋朝天文学家刘焯在制定《黄时历》时，他充分吸收了张子信的研究成果，并提出用二十四周等分周天来定节气，称为"定气"，但刘焯推算出的春分、秋分节气居然分别离冬至有88天之多，离夏至更是有93天的距离，这个数据显然与实际不符。

综合以上所述，也就是说在一行之前，基本上没有一部历法与天体运转的实际情况相符合，包括李淳风的《麟德历》。

这种状况的终结始自一行编制的《大衍历》的出现！

除了纠正刘焯的错误之外，《大衍历》推算出了日行的最快时刻是在节气大雪与冬至之间，而且推测出从冬至到春分有88.99天，从春分到夏至有91.73天，这样春分前后和秋分前后情况基本相同，符合实际情况。

在当时，《大衍历》是最先进的历法，开元十七年（729年），李隆基下诏施行这部历法，他在位期间一共实行了29年。虽然后来《大衍历》暂停使用，但在晚唐时期这部历法又再次重新使用。值得一提的是，当时或许所有人都想不到，当这部历法再次重新施行的时候，它的时间居然是800多年后。

宋朝的沈括评价《大衍历》是最为精密的历法，历代用其朔方。当时日本留唐学生吉备真备把《大衍历》带回了日本，此后在日本广泛流传使用，对日本的天文学研究影响甚深。

遗憾的是，一行最终没能看到他亲手编制的《大衍历》颁布施行。开元十五年（727年）九月，也就是在他完成编修《大衍历》的同年，45岁的一行因为染上风寒一病不起，不久在长安的华严寺病逝。李隆基知道一行病逝的消息后，万分悲痛地说出了“禅师舍朕”的由衷话语，追赐谥号为“大慧禅师”，并为他亲自撰写了墓碑文。

在那段长长的碑文中，有两句话在我看来是对一行的最好评价：深道极阴阳之妙，属辞尽春秋之美。

科学精神是对真理的追求，不懈追求真理和捍卫真理是科学的本质，科学精神体现为继承与怀疑批判的态度，科学尊重已有的知识，同时崇尚理性质疑，要求随时准备否定那些看似天经地义实则囿于认识局限的断言，接受那些看似离经叛道实则蕴含科学内涵的观点，不承认有任何亘古不变的教条，认为科学有永无止境的前沿。

科学精神是对创新的尊重，创新是科学的灵魂，科学尊重首创和优先权，鼓励和发现创造新的知识，鼓励知识的创造性应用。

——选自中国科学院《科学理念的宣言》

我知道，一行并没有读过这段宣言，但他做到了。

他的成就固然是那个盛世时代的标志，同样在我国漫长的政治斗争史中，一行用他那伟大的科学成就告诉我们：最伟大的人并不是那些整天要弄阴谋权术的政客，而是用毕生的精力为人类文明的进步做出卓越贡献的人。

从这一点来看，一行创造的科学成就，使得他足以超越姚崇、宋璟、张说等人，成为人类文明史上一道耀眼的光芒。今天当我们在深夜仰望星空时，我们不应该忘记在1200多年前，那无数个日日夜夜里，一个法号叫一行的和尚带领很多人为人类探寻宇宙间的奥秘所做出的努力。

因为他创造的科学成就是全人类共同的宝贵财富！

百代画圣

“盛唐”无论在任何时代已经成为一个专用名词，其耀眼光芒、繁华景象让人无限敬仰。前边我们介绍了李隆基开元、天宝时代关于音乐、舞蹈、科技多种领域的辉煌成就，当然这个时代的绘画艺术成就同样不可忽视。

盛唐时代的画家人数众多，风格迥异，承前启后，他们共同完成了我们这个民族的绘画体系构建，将盛唐时代的绘画艺术推向了一个“绚烂而求备”的新时期。

“霓裳羽衣”的典雅婉丽,“诗坛盛景”的琳琅满目,金银铜器的精巧天工,使得绘画艺术领域的成就同样夺目绽放,亦是人才遍地,意气风发!

在那些如圣手持魔笔描绘盛世蓝图的绘画巨匠中,最值得一提的当属吴道子。

吴道子,又名道玄,阳翟(今河南禹州)人,绘画史上称其为“吴生”。现在看起来,吴道子虽然是个绘画天才,但天才能够成功也需要机遇,君不见很多天才因为时运不济或种种原因被埋没的不在少数,后来明朝的唐伯虎同志就是其中典型的代表。

吴道子出生于武则天的永隆元年(680 年),他生活的时代正是大唐帝国步入盛世的黄金时代。踩到了盛世华章的历史机遇,吴道子无疑是幸运的,但在他人生的起始阶段,吴道子的道路走得却是着实艰辛。

吴道子并没有显赫的家庭背景,甚至在 11 岁的时候父母已经双亡,家庭的变故使年少的吴道子比同龄的孩子更懂得人生之路的艰辛,幸好他还有自己的爱好和理想,那就是用自己的笔写出全天下最漂亮的字。据史料记载,吴道子最初的梦想并不是当一个卓有成就的画家,而是当一个书法家,他曾经跟随当时的书法大家张旭和贺知章专门学习过书法,但经过很长时间的学习后,两位老师开始渐渐地对他失去了信心。

“孩子!你很用功,但很抱歉,你实在没有成为书法家的天赋!”

“难道我就这样放下我的笔吗?不!笔可以用来干很多事情,除了写字,它还可以……绘画!”

在我看来,吴道子学绘画的初衷并不是因为他梦想着成为一个伟大的画家,更不是因为他对绘画有着深深的迷恋,而是因为他学书法遇到阻碍,更是因为他遭遇家庭变故,迫使他必须继续拿起笔来为自己谋生。因为人生在世,无论有什么成就,前提是必须吃饱饭。

吴道子无奈之下做了学绘画这个决定。在当时连他自己都不抱什么希望,但让所有人都想不到的是,他的这个决定虽然使书法界少了一位能手,却给绘画界增添了一位巨匠。

就这样,吴道子继续拿着他的笔,迫于现实的压力,开始了他实现第二志愿的道路。

从 20 岁开始,吴道子漫游长安与洛阳两地之间,每到一地他都会为这个地方留下自己的绘画作品。从人物肖像到风景描绘,从寺庙壁画到水墨丹青,在长时间的反复实践中,吴道子的绘画技艺不断精进,而且由于他卖的画价格公道、童叟无欺，使得他渐渐有了一些名声。景龙三年（709年），时任中书侍郎、同中书门下三品的韦嗣立在走访民间听到吴道子的名号时，立即将他召进自己府中，让他成为了自己的专用画师。

不用再为生计发愁的吴道子，本以为可以在韦大人的关照下，继续用自己的画笔去画出更多的好作品，但随着时间的推移，他发现虽然吃喝不愁，但自己须要屈服于权贵们的意志之下，换句话说，老爷们让你怎么画你就得怎么画。

对于立志进身官场的人来讲，这固然是不难做到的，但对于一个艺术家来讲，这完全是一种折磨人的束缚，渐渐地，他对这种锦衣玉食的生活开始感到厌烦，不久他辞去了这种专用画师的身份，离开了韦府。

从景龙三年一直到开元元年，吴道子虽然还短期做过瑕丘（今山东兖州）县尉，但在大部分时间里，他全都处于一种漫游状态。虽然经常为生计而劳碌奔波，但这种状态也使他犹如无拘无束的小鸟飞翔于天地间，激发了他的绘画灵感，更使他在绘画领域产生了里程碑式的成就，那就是他创造了笔简意远的山水"疏体"。

我并不是美术专业出身，对于"疏体"不敢说有什么专业性的研究，因此不能用专业化的语言来解释。简单来说，就是吴道子使山水摆脱了对于人物画的依附，不再仅仅作为人物画的背景出现，使山水画成为一个独立的画种。

鉴于他的这种开创性成就，而且画作具有独特的风格，所画人物衣褶飘举，线条遒劲，人称莼菜条描，具有天衣飞扬、满壁风动的效果，所以当时的人们将这种独特的绘画风格誉为"吴带当风"，他还于焦黑线条中略施淡彩，被称之为"吴装"，后世更是尊他为中国山水画的始祖。

俗话说得好，人怕出名，猪怕壮。事实证明，吴道子同志因为名声太大，注定会再次引来上层人物的关注。只是这一次关注他的那个人，韦嗣立与之相比完全不值一提，因为这个人是李隆基。

开元二年（714年），李隆基下诏宣吴道子进宫，虽然吴道子内心十分不愿意再次被束缚，但皇帝的召见他还是不能不去，于是他背着画板只身来到了宫廷之中，从这一刻起一直到他去世为止，整整45年的时间，他再也没有离开过宫廷，成为了一个名副其实的宫廷画家。

进宫后的吴道子被李隆基赐名道玄，充任内教博士，吴道子再一次不用为生计而发愁了，但李隆基却为他下了一道死命令：在没有得到允许作画的命令时，自己不得擅自作画。

正是因为这个命令，使吴道子很少有作品能够保留下来，现今我们看到他的画作大多都是他早年漫游于长安、洛阳等地在寺庙里画的壁画。

当吴道子听到这个命令时，差点没昏过去。当年在韦嗣立府上时，环境已经十分宽松，他尚且感到十分压抑，如今皇帝陛下却变相剥夺了他的作画权力，这在吴道子看来，比终结他的生命还要难受。

于是，在忍耐了些许时日之后，吴道子终于向李隆基提出辞职，可惜在那个没有双向选择权利的时代，吴道子的命运在某种程度上完全取决于皇帝，他等来的结果是：有诏不许！

直到现在为止，我依然弄不明白李隆基可以允许大才子李白离开长安，为什么就和吴道子过不去，一个视绘画如自己生命的人，居然不能按照自己的才思去激情澎湃地创作。或许吴道子当时太过有名，甚至可以称得上是当时第一画家，李隆基这样做可能是出于内心深处的占有欲。

当世第一画家，仅为我所有！在我看来，这或许是李隆基当时真实的想法。

吴道子的辞职没被批准，但他并不死心，此后几年的时间里，他三番五次地提出辞职，但每次都被皇帝陛下拒绝，到最后他的辞职信干脆被李隆基扔进了垃圾桶里，进而石沉大海。

坦白地讲，李隆基虽然为吴道子下达了“非有诏不能画”的死命令，但他并没有让吴道子的画笔闲下来。要知道李隆基也是个热爱艺术的人，对于绘画艺术也有着近乎疯狂的热爱，他每隔几天就让吴道子为自己作画，从山川大河到飞禽走兽，从人物肖像到宫廷宴会，吴道子在李隆基的授意下，他的画笔犹如龙飞凤舞般，妙笔生花，出新意于法度之中，寄妙理于豪放之外。

除此之外，李隆基每次外出巡幸基本都会带着吴道子一同前往，尽量让他接受大自然的感召，去丰富他的创作灵感。

开元十二年李隆基封禅泰山时，吴道子陪同前往。回来的时候经过潞州（今山西长治），当人马走到金桥时，为本次封禅专门开辟的“御路”开始呈现曲折线状，李隆基放眼望去，只见数百里间旌旗招展、羽卫整齐肃穆，不由得生出一种豪迈之情，他立即将他最看重的三位画家全部找来，这其中包括吴道子、韦无忝、陈闳。李隆基命他们三人共同绘制《金桥图》，并进行了详细的分工，陈闳主画玄宗真容及所乘照夜白马，韦无忝主画狗马、骡驴、牛羊等动物之类，而桥梁、山水、车舆、人物、草树、雁鸟、器仗、帷幕等主题部分则由吴道子主画。

当画作绘成后，李隆基对吴道子所画的部分尤为赞叹，当时世人称之为“三绝”。

随着时间的推移，吴道子逐渐转变心态，他开始有意识地逐步适应宫廷这种受约束的生活。幸好李隆基始终没有让他的画笔停下来，事实证明，吴道子能够成为当时绘画领域第一人，绝不是吹牛，在宫廷束缚中他的画技依然能够不断精进，这本身就说明吴道子的天赋绝不是一般人所能比的。

就是在这样一种状态下，吴道子居然成就了他一生的代表作品，这就是著名的《天王送子图》。

《天王送子图》又名《释迦降生图》，是吴道子依据佛教著名经典《瑞应本起经》描写的释迦牟尼降生为悉达王子后，其父亲净饭王和母亲摩耶夫人抱着他去朝拜天神庙时，诸神向他礼拜所绘制的画作。

李唐王朝虽然崇尚道教，但因为其开放包容的胸怀，所以当时对佛教并不排斥。从李隆基为吴道子下的死命令来看，《天王送子图》应该是吴道子在李隆基的授意下所作。

这幅画作分为两段，第一段有两位骑着瑞兽之神奔驰而来，天王双手按膝，神态威严。随臣侍女态度安详，武将则欲拔剑以防不测。人物虽多，但表情各异，一张一弛，很有节奏起伏。第二段是净饭王小心翼翼地抱着儿子，摩耶夫人紧随其后，人物身份、心理、形态刻画入微，很好地反映了人物之间的冲突和矛盾。

从画作的风格来看，明显可以感觉到佛教自东汉末年传入中国后，到盛唐时期已经完全与中国文化相融合，虽然画中的人物全是天竺人，但画法已经完全本土化，不再是眼眶深凹、脸色黝黑的天竺人模样，已经完全汉化。

值得一提的是，吴道子在绘制这幅画作时，不经意间开创了新型的人物衣纹线描方法，这就是绘画专业中的“兰叶描”。

所谓兰叶描是指从丰富的衣纹的曲折向背为体现的一种描法，有其独立性。特点是压力不均匀，运笔中时提时顿，产生忽粗忽细，形如兰叶的线条。

吴道子创新出的兰叶描一改东晋以来顾恺之创设的那种没有粗细变化，遒劲有力的“铁线描”，使画出来的人物衣褶，有飘动之势。

可以说从吴道子开始，中国画的线描技法从此更加丰富变化，无怪乎苏东坡评价“画至吴道子，古今之变，天下之能事毕矣”。而《天王送子图》也因为构思独到，气势磅礴，功力深厚，物象纷繁，给日后的宗教题材绘画尤其是佛道壁画带来了深刻的影响。

遗憾的是,《天王送子图》原作现今早已经失传,现存纸本是宋朝人的摹本,虽然仅仅是摹本也足以形神俱佳,亦颇可观,但这幅画作现在并不在中国,而是收藏在日本大阪的市立美术馆。

唐代有很多杰出画家,但大都有未到达之处。唯独吴道子“尽精微,致广大”,堪称全才。他以其精湛的画艺征服了所有人,千百年后通过他的画作,依然可以让我们感受到盛唐的光辉荣耀,“百代画圣”这个称号不是吴道子自封,而是后人加封的。在吴道子之后的著名画家张彦远,在拿吴道子和前代画家相比后,给出吴道子这样的评论:六法俱全,万象必尽。

由于吴道子将绘画艺术提到了一个全新的高度,这让许多后世的画家备感压力,就好像进了剧院找不到空座,那种没有自己位置的感觉颇让人有些尴尬。北宋大画家李公麟由于人物画学得太像吴道子,甚是苦恼,最终一生也没有摆脱模仿的痕迹。所以,从吴道子的盛名下突围出来,成了无数画家们的毕生追求。

今天,当我们震撼于欧洲文艺复兴和现代派诸多画家的精湛画艺时,我们不必自惭形秽,因为一千多年前的盛唐画家吴道子早已经用他那圣手挥洒魔笔为我们诠释了绘画艺术的真谛。

向非道子妙绝笔,哪见开元全盛日!

回望盛唐,一部丹青绝妙的绘画史,我们不要忘记始终有一个激情挥洒、气吞山河的艺术巨人的身影矗立其中,以至于让我们这些后人直到今天依然引以为豪。

还是那句话,只有民族的,才是世界的!

盛世修书

历朝历代对于修书工作都是十分重视的,中国古代整编图书包括两项巨大的工程,一是搜集、整理、抄写部分现存图书;二是把国内知名学者召集到京城,为他们创造条件,让这些人集中力量和时间著书立说,传世后代。

李隆基在位时的开元、天宝时代,多种领域都有辉煌的成就,在修书方面同样不甘落后,这个时期唐朝因为立国已经百余年,在经学、史学、文学、科学、艺术等方面涌现出了很多专家学者,已经问世了很多著作,这些人的作品固然是盛唐的标志,但让李隆基感到遗憾的是,当中国的历史行进到他的时代时,居然没有一部完整的行政法典。

为了弥补这个缺憾,同时也是为了帝国的利益,李隆基决定在他的盛世时代实现制定一部行政法典的愿望。

开元十年(722 年),李隆基下诏将编修行政法典的任务交给了起居舍人陆坚,并下令让丽正书院统筹协调这件事。在此之前,李隆基亲自撰写了大致的计划,将法典确定为理典、教典、礼典、政典、事典、刑典六条,这就是我国现存最早行政法典《大唐六典》名称的由来。

开元十三年(725 年),丽正书院改名为集贤院,李隆基感到陆坚的编修工作十分迟缓,便让时任宰相的张说充实进丽正书院统筹编修《大唐六典》事宜,学士徐坚取代陆坚,受命负责主持编修法典的具体工作。让李隆基想不到的是,徐坚的工作依然进展缓慢,一直到开元十七年(729 年)这部法典的编修工作居然进入了停滞阶段。

前后七年的时间,这部法典居然难产,这让李隆基很是郁闷。可问题的关键是,无论是陆坚还是徐坚,其修书态度不可谓不端正,其工作态度不可谓不努力,事实上造成进展缓慢的根本原因,在于前代没有参照的范本。

李隆基虽然制订了总体的计划,但也仅仅是形式上的确定,对于其中究竟依照什么礼法来制定,丽正书院参与编修的人之间产生了很多分歧。

七年来,这个问题始终没有得到解决,但这个任务又不是一个人所能完成的。在我看来,每个人都有各自的想法,始终不能进行有效的统一,才是造成这部法典难产的根本原因。

每个人有各自的想法其实是件好事,修书乃是仁者见仁,智者见智的事情,前代没有任何参考,那么每个人的想法就都有道理,关键是怎样统一思想。在这个问题上,七年来编修人员固然有责任,但身为皇帝的李隆基却有着不可推卸的责任。

一直到开元十七年萧嵩进入集贤院,这个问题终于得到了解决,当时萧嵩在经过认真的调研后,果断地向李隆基提出了按照《周礼》六官的职务进行编排,所负责的事务实际归于当前的官职。这个建议对于李隆基而言恰似"一语惊醒梦中人",李隆基立即同意萧嵩提出的建议,也就是从此时开始《大唐六典》的编修工作方进入正轨。

不过就在所有人都认为这部法典将会很快问世的时候,谁也想不到它将会再走过近十年的风雨历程。

从开元十七年(729 年)到开元二十二年(734 年),《大唐六典》的编修工作始终紧张地进行着,直到开元二十二年张说执掌集贤院时,这部法典的编写工作方才完成。开元二十四年(736 年),李林甫执掌集贤院时又对其进行了修订和补注，开元二十六年(738 年)最终定稿，转年进呈李隆基。

一部历经十多年风雨沧桑的法典，其间凝固着诸多人的心血，下面我们来了解一下这部中国历史上第一部行政法典所包含的内容。

《大唐六典》的内容首列三师、三公、尚书都省，然后是吏、户、礼、兵、刑、工六部，以对应周代官职制度。以下则按照唐朝现行令式与整个组织编制，依次列有门下、中书、秘书、殿中、内侍五省；御史台一台；太常、光禄、卫尉、宗正、太仆、大理、鸿胪、司农、大府九寺；国子、少府、将作三监；以及诸卫、太子东宫官属；最后为三府、都护、州县等地方行政组织及其官员配置。

整部法典将近 30 万字，正文记述唐朝中央政府与地方各级政府组织机构、官员编制及职权范围等，层次分明、眉目清晰，便于检索。注文约占全书的三分之一，或记其官职沿革，或补充具体说明，或附录当代诏敕文诰，均属第一手的文献材料。不过需要说明的是，其中令文的依据多取之于开元七年的律令。

《大唐六典》是研究唐朝行政制度的一部重要文献，其中收藏了不少重要的诏令，这些诏令记载了很多重要的社会史料，在我看来，其价值远超过这部法典编修的最初目的，尤其是有关屯田、赋税及地方风俗人情的记载，是研究唐朝政治、经济史的第一手重要资料。

这样一部经过精心编修的法典，按说应该很快能够颁行，但当时的很多专家学者对于《大唐六典》是否颁行始终持怀疑的态度，他们的依据是安史之乱以后唐朝的行政制度和《大唐六典》的记载不太相符。

事实上，本人通过查阅大量历史资料，发现从开元二十六年开始，这部法典已经颁行。《大唐新语》记载："(六典)于(开元)二十六年始奏上，百僚陈贺，迄今行之。"白居易的《道州民》描写的那个道州刺史史阳城也说过：臣按六典书，任土贡有不贡无。

《唐会要》也记载，在后世唐德宗建中二年(781 年)时，时任门下省侍郎的卢杞在奏疏中曾经以《大唐六典》为依据论事，进而又有贞元二年(786 年)、贞元三年(787 年)、贞元十年(794 年)的敕书、贞元三年(787 年)时任尚书右丞裴佶的奏疏、贞元九年(793 年)来自太常寺的奏疏，这些行政公文中全都援引《大唐六典》来论事。

甚至包括后来长庆、太和、会昌年间，很多奏疏中多处引用《大唐六典》的原文，由此可见这部法典与现行法令具有同等的效力，多为执政者所遵循。

《大唐六典》的价值除了在当时具有效力之外，还对后世的唐史编修产生过重要的影响。由于其正文所叙诸官司的职掌，多直接取自当时颁行的令、式；注文所叙职官的沿革，多取自先代典籍，但这些令式和典籍至今多有亡佚，所以《大唐六典》具有较高的文献价值，一向为学者所重视。后世著名的关于唐朝的史书，例如，《通典》《旧唐书》《新唐书》的作者都采用《大唐六典》的材料，其职官部分基本上是依据《大唐六典》撰写而成。

当然，在慨叹这部中国历史第一部行政法典的伟大意义时，我们不应该忘记当时为了这部法典尽快成书颁行而付出艰苦努力的那些编写者们，此书前后四任总编，包括张说、萧嵩、张九龄、李林甫，参编写者有徐坚、孙季良、韦述、刘郑兰、卢若虚、萧晟、陆善经、贺知章、赵冬曦等。

当然还有很多人，恕我无法一一列举出来！

十多年的岁月沧桑，有的人从风华正茂的青年走向饱经风霜的中年，有的人从辉煌顶点渐趋步入人生低谷，有的人是国家忠正之臣，有的人是官场奸佞小人，但对于《大唐六典》而言，这些人没有等级的分别，没有贫富的差异，有的只是奋笔疾书。

他们没有带领千军万马拼杀疆场的气概，也没有横刀南北，仗剑长啸的风光，他们的武器是胸中的文才与手中的笔墨，但正是因为这些他们才在文化战线上创造了盛唐时期的光辉成就。

或许这些人不知道，他们历经十多年所做的事情，虽不是后无来者，但绝对是前无古人！

人的生命由纵向的长度和拓展的宽度组成，长度我们无法左右，但拓展的宽度我们却可以把握。从这一点来讲，《大唐六典》的所有编写者们以其博学的胸怀和兼容并蓄的思想，为自己的生命增添了一抹亮丽的风采，更为我们这个伟大的国家留下了一笔宝贵的财富。

当我老去的时候，生命即将逝去，回首往事，我可以骄傲对我的后代说，在生命的某个时刻，我为一部能流传后世的著作，心甘情愿地贡献了我的聪明才智，我的努力会成为后人们了解这个时代的通道。

我想这是《大唐六典》所有参加编写人员藏在心底的由衷想法！

谁言百无一用是书生，笔下亦显英雄气概！

第十章

宰相专权

矛盾的人

开元二十四年(736 年)张九龄被罢相不久后,李林甫就被李隆基任命为中书令,成了朝廷中名副其实的首席宰相。从这一刻起一直到天宝十一年(752年)他去世为止,李林甫的首席宰相之位无人能够撼动,其中的原因不仅仅像人们想象得那么简单。李林甫专权的确是事实,但能在宰相位置上屹立十几年而不倒,甚至越来越受到皇帝的信任,这绝不是只靠消灭几个政敌,巩固自己的权势就能够轻易做到的。

一个将“弄璋之喜”说成“弄獐之喜”的不学无术的文盲,居然可以执掌集贤院,带领当时帝国的高级文士为《大唐六典》进行补注,这本身就说明李林甫是个复杂的、矛盾的人。对于整个大唐帝国而言,他固然有很多卑劣的表现,但同样也有许多贡献。

在后边详细介绍他诸多卑劣的表现之前,我们先来看一看李林甫对大唐帝国的贡献。

《旧唐书·李林甫传》记载说他“每事过慎,条理众务,增修纲纪。中外迁除,皆有恒度”。司马光在《资治通鉴》里也说李林甫“百官迁除,各有常度”。从两条史料记载来看,李林甫远比之前的张说、张九龄等文人出身的宰相,具有更加实用的治国才能。事实上,李林甫在当上首席宰相后,在财政、军事、政治制度等一系列领域,协助李隆基制定和推行了很多有利于帝国发展的政策,由于篇幅所限,我们仅举财政方面的例子来说明李林甫做的事情。

李林甫在财政发面做出的贡献大致有三点。

第一,简化度支旨符。

唐初以来,帝国每年的租税杂役均由户部下属的度支司制定当年的征税办法,皇帝批准后,发到州县及诸司,然后进一步贯彻落实。每年仅是下发政策文件,就需要将近50万张纸,而且各地政策轻重不等,又没有定额,所以很多地方官从中弄虚作假,借机敛财。

李林甫成为首席宰相后,敏锐地发现了这个问题,在和派往各地的采访使以及各州的朝集使商议后,他决定取消一些不利于民、非当地所出的项目,其中就包括将各州每年应支出物的明细统一修改为常行旨符5卷,这样尚书省有关部门每年只需要根据这5卷旨符的规定颁行,各州只需要一两纸即可,大大简化了行政手续。

第二,将地税、户税新的征收办法立法。

地税、户税在唐初即开始征收。地税本是作为填补义仓之用,每亩最初缴纳两升,后来改为按户征收,但即使是上上户也只收五石。户税主要用于支付官员俸禄和政府行政开支。虽然从很早就开始征收地税、户税,但从唐初到开元年间就没有形成定制。随着土地集中,为了增加国家收入,开元二十五年,李林甫决定,王公以下缴纳地税,每年按照所种土地每亩缴纳两升;狭乡按户籍上登记的土地面积进行征收;宽乡依据每产实际耕种土地的青苗簿征收;商贾及无田户仍按户等征收。

从实际效果来看,针对不同的人群采取不同的征收政策,是符合帝国实际利益的,不仅扩大了地税的负担面,也增加了地主向帝国缴纳地税的数量,从而增加了国家的收入。随着地税征收的立法,李林甫随后将户税征收也确定下来,实行三年一大税(约150万贯),每年一小税(约40万贯),专门用来帝国军队建设、驿站管理及邮递费用支出等,此外每年再加其他税80万贯,用作地方政府每月办公用品的开支。

第三,进一步推行折纳制度。

所谓折纳,通俗的解释就是如果你没有银子缴税,可以用布匹、粟米等实物代替银子缴税。唐朝是指按钱折价缴纳粟帛,后来到了宋代,发展到以产业偿还官欠。这种制度南北朝时期曾经实行过。唐代最初仅在江南实行,例如,武则天时期就在江南实行过纳布代租的折纳制度。中宗李显之后,又把供给义仓的粟米变成京城的纳米,名曰:变造。开元二十五年(737年),李林甫依据关中地区农业产量有所提高及各地区经济发展的实际情况,进一步调整各地折纳的实物,将折纳制度推行到了全国。

他规定:江南各州的租税除了上交银子之外,必须完成征税规定的纳布数量,也就是说,江南各地只交银子还不行,定期必须上缴定额的布匹。关内地区由于经济发展不平衡,可以上交银子,也可以根据粟米的时价,折合成粟米上交。路途远运输不便的,就近充当军粮。而河南、河北地区有不通水运的州县可以折捐造布,来代替关中地区充当地方军粮的部分。

通过李林甫在帝国财政税收领域所制定的政策来看,显然与他给人留下的胸无点墨、不学无术的印象相去甚远。事实上,李林甫在当上首席宰相后,做的事情远不止财政领域,在兵制改革、行政权力分配、律令格式的修订方面他都有着出色的政绩,一直到他去世为止,他在首席宰相位置上一共做了 16 年的时间,是李隆基时代任期时间最长的宰相。我相信除了他那"口蜜腹剑""打击异己"的官场卑劣行径,李隆基看重的是他那出色的政务能力。

《新唐书》将李林甫列在了《奸臣传》里,但就连欧阳修也承认,李林甫对于那些不依附自己的人,绝不给任何机会,以至于反而造成当时的官员任免很有秩序。除了皇帝之外,所有人全都忌惮他的权威,在他之前姚崇、宋璟、张说、张九龄全都受到过同僚的责难,但李林甫至少在活着的时候没人敢和他作对,直到他死后杨国忠才敢站出来诬陷他曾经想谋反。

我想说,能够成为帝国的二号人物,这证明了李林甫具有出色驾驭群臣的能力,同时也说明其政绩出色,确实享有崇高的威望。

李林甫走上权力的巅峰后,为巩固自己的地位,一方面不断做出政绩,另一方面排斥打击那些受到李隆基赏识并有可能入相的人。他自大专权,闭塞皇帝耳目,打击上书言事者,唯我独尊的态势暴露无遗,貌似他是最强大的人。

事实证明,再强大的人内心也会有顾忌。在李林甫专权的道路上,他从来没忌惮过谁,但有一个人却是例外,这个人就是在李隆基一日杀三子事件中,意外得到太子之位的忠王李玙。

李亨手中的牌

开元二十六年(738 年)六月,李玙被立为太子,次年便改名为李绍,天宝三年(744 年)二月,改名为李亨。

李亨得到了太子之位,意味着李林甫在储君废立之争中败下阵来。在李林甫看来，这是件很要命的事情，虽然自己受到现任皇帝的绝对信任，但这个帝国未来终究是李亨的，这也预示着李林甫在李隆基死后，必然受到李亨的清算。

李林甫的性格决定他是不可能善罢甘休、坐以待毙的，从开元二十六年(738年)以后，他逐渐产生了通过自己的努力废掉太子李亨的想法。当然这个想法产生的时候，他刚刚当上首席宰相，当时他迫切要做的并不是搞政治斗争，而是切实地做出政绩，使自己能够立足首席宰相的位置而不倒，所以那个时候，李林甫不得不暂时放下废掉李亨的想法，而将主要精力用于巩固自己的地位上，从开元二十六年(738年)一直到天宝初年的几年时间里，李林甫和李亨之间，并没有发生公开的激烈冲突和对抗。

形成这种局面一方面源于李林甫当时分身乏术，另一方面李亨虽然已经当上太子，但说他势单力孤并不为过。在李林甫忙于巩固其权势之时，李亨也并没有闲着，他积极发展自己的党羽壮大力量，以备日后斗争之用。

和大唐帝国先前很多太子不同的是，李亨在军队中锻炼过，曾经深入过前线，经受过战火的洗礼，有了这样的一种经历，使李亨在发展自己的势力时，总会打上军事色彩的烙印。不过，这也是没有办法的事情，当时朝中大臣基本出自李林甫一脉，李亨要想发展自己的势力只能是另辟蹊径，从共同创建军功的战友中寻找。

所以他将发展的重心转向了地方军事势力。

当时和李亨关系最密切的地方军政首脑当属陇右、河西节度使皇甫惟明和朔方、河东节度使王忠嗣。

先说皇甫惟明。

皇甫惟明早在李亨做忠王时，就成为他的下属，官职属于“王友”(从五品上)，跟随李亨上过前线。开元十八年(730年)九月，因为代表大唐帝国出使吐蕃和谈，取得了圆满成功，回来后升任左卫郎将。后来历任侍御史、司农少卿、检校司农卿。开元二十八年(740年)出任陇右节度使。

此后的数年里，他一直守卫着大唐帝国的西部边境，屡次和前来进犯的吐蕃交战，双方互有胜负。其中最著名的一战，当属天宝四年(745年)九月的石堡城之战。

在天宝初年，因为李隆基喜好创建边功，驻守边境的将领们常以抗击吐蕃有功而获官爵。皇甫惟明在与吐蕃军作战中连战连捷，立功心切，决定率廓州(治化隆，今属青海)军向吐番所占重镇石堡城发起攻击(又称铁刃城，在今青海湟源西南)。

石堡城是吐蕃的战略要地，地势险要，易守难攻。开元十七年(729年)三月，朔方节度使、信安王李祎用远程奔袭的战术攻占了石堡城。但是在开元二十九年(741年)十二月，由于河西、陇右节度使盖嘉运防务疏漏，致使吐蕃重新攻占了石堡城。皇甫惟明进至石堡城后，立即展开攻城，吐蕃守城将士一面凭险据守，一面传书求援。吐蕃即派大论莽布支率军兼程往援，并取得吐谷浑小王的配合，与守城将士里应外合，攻打唐军。皇甫惟明由于急功近利，只顾攻城，忽略打援，结果使唐军遭到重创，副将褚诩战死，不得已只好退兵。

随后，皇甫惟明进京献俘。十二月，唐玄宗对他进行了封赏，天宝五年(746年)正月十三日，皇甫惟明又兼河西节度使，至此达到了他人生的顶点。

说完皇甫惟明，再说王忠嗣。

王忠嗣本名王训，说他是将门后代并不为过，因为他的父亲王海宾在开元初年是威震西北边境的名将，王忠嗣9岁那年，其父在松州保卫战中不幸阵亡，李隆基念在王海宾为国捐躯，随后将王忠嗣收养于宫中，并希望他能够继承父亲的遗志，长大后精忠报国，遂亲自为他取名为“忠嗣”。

当时李亨和王忠嗣年龄相仿，两个人经常在一起玩骑马打仗的游戏，随着时间的推移，两个人渐渐成了好朋友。史书上记载说，王忠嗣“雄毅寡言，严重有武略”，在他长大成人后，就连李隆基有时都向他请教用兵之道，而且王忠嗣每次讲的东西都让李隆基佩服得五体投地，并预言他日后必定成为良将。

开元十八年(730年)以后，王忠嗣遵从其父的遗愿成为一名守卫大唐帝国西部边境的将士，在担任兵马使职务期间，多次在河西、河东跟随时任河西节度使的萧嵩出征。同年，萧嵩入朝以后，王忠嗣迎来了他军事生涯的第一仗——玉川战役。

此战前，王忠嗣侦察得知，吐蕃大赞普正在玉川检阅军队，决定率部攻其不备，但遭到其他将领的反对，王忠嗣坚持己见，于是率300名精骑星夜出击，结果斩敌数千，致使吐蕃赞普仓皇逃走。

那一年王忠嗣只有18岁！

此后，在和吐蕃的多次交战中，他都身先士卒地冲锋陷阵，以至于李亨十分担心他的人身安全，为此李亨经常上疏李隆基请求将王忠嗣召回朝廷。

王忠嗣一生中最著名的一战当属开元二十六年(738年)的北征契丹之战！

契丹虽然是大唐帝国北部边境的一个小国，但从武则天征讨契丹失败以来，其势力日益强大，大有和唐朝分庭抗礼之势，唐朝五次北伐皆无功而返。武则天还曾下令征召全国囚犯组成军队讨伐契丹，依然是劳而无功，很长时间以来契丹已成大唐帝国的心腹大患，一直到李隆基继位之初这种局面仍未改变。

开元、天宝时代随着大唐帝国国力达到鼎盛，李隆基开始有意拔掉北部边境契丹这个刺头，终于在开元二十六年李隆基下定决心，让王忠嗣来解决这个问题。

事实证明，王忠嗣并没有辜负李隆基对他的期望，这一仗他不但打出了大唐帝国的声威，更将困扰李唐王朝三代皇帝的问题彻底解决。

当时王忠嗣率十万骑兵北出雁门，与契丹在桑乾河进行会战，三战三捷，打得奚契联军全军覆没，契丹可汗只身逃跑，不久被部下杀死，契丹36部尽数投唐，几十年不敢作乱，使大唐帝国威行漠北。

此后，王忠嗣担任陇右、河西节度使，继续转战大唐帝国的西部边境，长年抵御着吐蕃人的侵扰。

皇甫惟明和王忠嗣，一个是李亨的僚属，一个是李亨的挚友，可以说李亨的势力是以这两个人为班底的。两个人时任帝国边境的地方节度使，这样太子李亨通过这两个人便将帝国西北边境将近30万兵马牢牢地掌握在自己手里，再加上当时两个人深得李隆基的信任，具有很强的政治影响力，所以李亨虽然在朝廷内部势单力孤，但有强大的军事势力做后盾，对于他来讲算是另辟蹊径的一种强大。

但是正所谓军人的天职是在战场，如果他们离开战场卷入是是非非的政治斗争，则无异于是麻布做龙袍——不是这块料。之所以这样讲，是因为皇甫惟明和王忠嗣两个人因为李亨的原因，当时不可避免地有一个共同的敌人，这个敌人就是李林甫。

李林甫虽然不会打仗，但是要论政治斗争，皇甫惟明和王忠嗣可是飞机上钓鱼——差得远！

李林甫的策略

处于朝廷顶级大佬位置的李林甫当然明白李亨以军事势力作为后盾的厉害之处，这是一股看似李亨在朝廷内无援，实则在关键时刻极具杀伤力的势力。虽然他不知道枪杆子里面出政权理论，但古往今来诸多依靠军事势力发家的例子数不胜数，所以在度过巩固自己地位的时期后，李林甫开始思考如何应对来自李亨的威胁。

李林甫明白无论自己如何折腾，如何处心积虑地谋划，和李亨比起来，自己只不过是个臣子,他之所以对抗李亨,其实也是一种自保。既然是自保就不能采取硬碰硬的策略,在仔细分析敌我双方的情况后,李林甫决定采取外交内攻的策略来对抗李亨集团。

所谓外交内攻是当时李林甫依据自身在朝廷中的实际情况制定的一个策略。“外交”是指对外拉拢能够和皇甫惟明、王忠嗣分庭抗礼的其他军事势力首脑;“内攻”是指依据自己在朝廷内部的优势地位,利用一切资源瓦解李亨的势力。

从后来的实际效果来看,李林甫的这种策略十分成功。

当时在“外交”方面,李林甫成功拉拢了时任范阳节度使的安禄山作为自己的亲信势力。自从开元二十四年(736 年)安禄山被李隆基免去死罪后,这个杂胡将军在仕途之路上一路扶摇直上。开元二十七年(739 年)时任幽州节度使的张守珪因为谎报军情被贬为括州刺史,这样一来,给了最熟悉幽州当地防务工作的安禄山以机会,经过不断地疏通和贿赂,加上安禄山善于揣测人意,不久后他成功地升任幽州的节度副使。

安禄山虽然外表粗犷,但内心十分缜密。如果他感觉哪个朝廷大员有用,他会千方百计地去巴结,然后投其所好地进行贿赂。由于他的这种做法直击人性中的致命要害,所以很难有人不被他这种伪装的“脉脉温情”所俘获,当时朝廷中很多大臣全都称赞他是个难得的好将领。

舆论的导向最终影响了皇帝李隆基,开元二十九年(741 年),安禄山被任命为营州都督、平卢军使、两蕃、渤海、黑水四府经略使,天宝元年(742 年)又被加封为范阳节度使。

至此,大唐帝国北部边境的防务尽在安禄山的掌握之中!

安禄山的脱颖而出,迅速吸引了李林甫的注意。当时在所有保荐安禄山的朝臣中,李林甫算是很积极的一个,例如,安禄山有一次进京述职,在拜见李林甫时,李林甫立即将自己的长袍披在安禄山的身上,就是这样一个小动作让安禄山受宠若惊。虽然他不知道李林甫内心深处对抗李亨的想法,但这个举动使安禄山悟出了朝廷这位首席宰相是在积极地拉拢自己。

当然,安禄山也明白这绝不是李林甫发自善心的一种呵护,而是一种政治投资。当时,安禄山由于刚刚发迹,也迫切需要朝中的宰相作为自己的保护伞,以便增加自己的保险系数,出于一种朝中有人好做官的心理,面对李林甫的拉拢,安禄山逐渐投进了李林甫的阵营。

投资必定有回报,李林甫成功拉拢安禄山使他手中有了和皇甫惟明、王忠嗣军事集团对抗的实力。未来一旦李亨集团有什么风吹草动，李林甫可以立即以勤王的名义召安禄山进京，可以说这是安禄山对李林甫最大的回报。

那么李林甫对安禄山有什么回报呢？

事实上，通过后来安史之乱的发生，我们可以看出李林甫对安禄山的回报远比他对李林甫的回报实惠得多，首先一点就是李林甫教会了安禄山该如何更有效地讨好李隆基。

在这一点上，当时没有人比李林甫更具有丰富的经验，安禄山后来很多讨好李隆基的招数基本上都是得自李林甫的真传，例如，天宝二年(743 年)，安禄山进京述职，在李林甫的授意下，安禄山对李隆基谎称去年营州紫方虫泛滥，使自己辖内禾苗受到严重的损害，他焚香祈祷，向上天发誓说，如果自己心术不正，甘心让虫子吃掉自己的心，如果自己没有做对不起上天的事情，希望虫子能够尽快散去。结果刚刚祈祷完，便从北方飞来一群鸟，将紫方虫吃得一干二净。安禄山希望李隆基能够让史官记录下此事。

精明的李隆基未必不知道安禄山在撒谎，但前边我们说过开元二十四年后，李隆基的心态发生了很明显的变化，其特征之一就是好大喜功。安禄山的汇报虽然很假，却具有很强的煽动性，因为普天之下莫非王土，率土之滨莫非王臣，这件事在李隆基看来具有很好的宣传作用，所以结果就是安禄山被加封为骠骑大将军。

上述的这种例子，在后来的很多年时间里不胜枚举。

事实证明：后来李林甫并没有真正地享受安禄山所带来的回报，但安禄山却实实在在地从李林甫那里捞到了足够的政治资本。李林甫拉拢安禄山从本质上说是一种自保，但让他想不到的是，安禄山通过在他身上的政治投资所得到的回报，最终却演变成了摧毁整个帝国的强大力量。

天宝三年(744 年)三月，李隆基加封安禄山为范阳长史、河北采访使。在安禄山离京时，李隆基下诏让京城三品以下所有官员为安禄山饯行，在此之前还没有哪个地方军政长官能够得到如此礼遇。从安禄山的整个人生轨迹来看，这是他崛起的一个标志，也是他野心形成的开始。

因为在他临走时，对所有官员说了这样一句话：

"禄山发迹之时，当不忘诸位大人！"

安禄山已经得到了唐代开国以来地方军政长官的最高礼遇，居然没有低下高傲的头颅谨言慎行，反而依然放出如此高调的言论，当时已经有人预感到这个杂胡将军未来可能会生出祸端。

李林甫直到他死或许也没有想到，自己这么多年给予安禄山的，最终居然成就了他的一颗狼子野心！

拉拢住了安禄山，使李林甫有了外援，当然这个外援未来如果真的使用，也须要借助于皇帝陛下的力量，所以安禄山的势力只能以防万一，而不能充当杀人的利器，要想从根本上扳倒李亨，还得从“内攻”入手。

相比于“外交”来讲，对于“内攻”李林甫更加重视，当然这也是他所擅长的，在没有战场硝烟的宫廷斗争中，可以说当时除了李隆基，谁也不是李林甫的对手。

经过了几年的苦心准备，李林甫终于稳住了阵脚。在他看来，完成“内攻”的任务，还得需要自己出手，当他成功拉拢了安禄山势力之后，他开始迫不及待地将主要精力转移到了对李亨的攻击上。他知道对自己来讲，时间是最重要的，如果哪一天李隆基吃下了伸腿瞪眼丸，那自己只有被动挨打的份儿。

所以从开元末年一直到天宝初年，李林甫一直在等待机会，终于在天宝五年(746 年)正月，他从一个人的身上寻找到了突破口。

这个人的名字叫韦坚。

韦坚是太子妃的哥哥，本来属于李林甫的阵营，但李林甫过于专权，为了达到维持一人独揽相权的目的，即使是亲信党羽他也毫不手软地进行排挤。天宝四年(745 年)，韦坚曾经以运转江淮租税进关中而深得李隆基的赏识，而且又是皇亲国戚，很有进入宰相班子的希望。李林甫在窥探出皇帝陛下的意图后，采用明升暗降的手段，罢免了韦坚的水路转运使之职，这样一来，激怒了韦坚，遂背叛李林甫转而倒向了太子李亨的阵营。

对于这件事，李林甫最初并没有过多计较，毕竟自己不仁在先，所以韦坚倒向李亨，在当时并没有引起什么轩然大波，但天宝五年(746 年)正月，随着李亨的嫡系皇甫惟明入京献捷，这场隐藏许久的矛盾终于爆发出来。

事情的起因是皇甫惟明的不满！

第一波攻击

对于李林甫的过分专权，作为太子嫡系的皇甫惟明心中着实不平，所以这次入京献捷，他专门利用韦坚倒戈事件大做文章，在面见李隆基时，不断称赞韦坚的才能，并含沙射影地诋毁李林甫。

但事实上，他并没有仔细分析事情的利害关系，他所说的话，李隆基内心并不接受，倒不是因为皇甫惟明说得没有道理，而是因为他的身份以及和太子李亨的关系。

以李隆基的智商来判断，对于李林甫的专权，他是十分清楚的，甚至说李林甫的专权是李隆基的杰作也不为过。对于皇帝来讲，谁专权无所谓，只要对我忠心，在我的领导下认真地干事儿就行。换句话说，当时李隆基这个皇帝是能驾驭李林甫的，在李隆基看来，李林甫并不存在威胁。

但太子李亨呢？

从血缘关系角度来讲，李隆基和李亨关系的亲密度，李林甫完全无法相比。但除此之外，一个是皇帝，另一个是太子，唐朝自建国以来，皇帝和太子的矛盾基本是代代上演，从这一点来看，要说李隆基内心没有阴影那是不可能的。

何况太子李亨背后的支持者是边将皇甫惟明这样的人，他作为地方节度使掌管数十万兵马。在我看来，李隆基当时的内心处于一种矛盾状态，一方面是三子被杀之后，储君除了李亨没有再合适的人选，所以李隆基必须维护。另一方面，李隆基的内心其实也对李亨有所忌惮。

矛盾的心理促使李隆基的内心形成一种胶着状态，哪个想法占据主导，则要看客观形势的变化。很不幸的是，这次皇甫惟明不知深浅地站了出来，他一定想不到他的做法不仅没有为李亨带来任何帮助，反而差点将李亨推向绝境。

当皇甫惟明在李隆基面前表达出自己的意见后，李隆基既没有接受，也没有采取任何不利于李亨的方法来制衡他。然而，老狐狸李林甫怎么能错过这个好机会，皇帝陛下朝堂之上的一个眼神、一个动作，很长时间以来李林甫已经全都摸透其含义，现在皇帝陛下没有肯定皇甫惟明所说的一切，那就意味着皇帝陛下内心肯定有想法。

所以，李林甫利用李隆基的猜忌之心，开始了一场旨在一网打尽太子李亨及其党羽的行动。

天宝五年(746 年)正月十五日，长安城中，人们正在欢度着上元佳节。入夜时分，太子李亨和皇甫惟明等人出宫到长安街赏灯，走到半路时，正好碰到韦坚，双方在一通寒暄之后，一起在大街上赏灯。本来一起度过上元佳节是件很令人惬意的事情，完事儿之后应该各回各家，可是韦坚和皇甫惟明在赏灯之后，背着李亨又一同前往景龙观，双方在道士的居住室里畅谈了很长时间。

史书上没有明确记载两个人究竟谈了什么，但这种私会于密室的行为本身就会让人产生联想，更何况他们的行为早已被李林甫盯上。

在皇甫惟明刚一进京的时候，精明的李林甫立即派出亲信时任御史中丞的杨慎矜暗中监视他的一举一动，所以这次皇甫惟明和韦坚的私会，被杨慎矜盯了个正着。

当李林甫得到杨慎矜的报告后，他觉得扳倒李亨的机会终于来了，于是他立即秘密上奏李隆基，诬告说韦坚以外戚的身份与边将皇甫惟明结谋拥立李亨。

李林甫的诬告之词可谓阴险至极，外戚、边将、结谋、拥立太子。李林甫坚信每个词汇都会拨动李隆基那根敏感的神经，这次一定会借助李隆基的力量，将李亨及其党羽一网打尽。

但出乎李林甫意料的是，李隆基只是将韦坚和皇甫惟明以离间君臣的罪名，贬到偏远地区去做太守，除此之外，再无更大的动作。

通过李隆基的反应，我们可以印证上述李隆基的那种矛盾心态。显然，李隆基是知道李林甫的报告是有诬陷色彩的，但皇甫惟明和韦坚私会是确有其事的，一个外戚，另一个边将，两个人走得这么近，我相信任何一个皇帝都会心生猜忌，所以对于李林甫的报告，李隆基必须肯定，而且还要做出处理好此事的一种姿态。

但是，李隆基是一日杀三子事件的制造者，在那场斗争中，李林甫当时是主张立寿王李瑁的，只是最终李隆基选择了李亨。这样一来，李隆基等于将李林甫推向了李亨的对立面。在宫廷政治斗争中，一旦双方成为对立面，再想化干戈为玉帛几乎是不可能的事情，所以对于李林甫和李亨之间的矛盾，李隆基是心知肚明的。

李隆基明知道李林甫的上奏明显夸大其词，但他必须给这个支撑整个朝廷运转的首席宰相一个交代，这也算是一种爱护。同时他又不能给李亨以毁灭性的打击，因为这事关大唐帝国未来的国运，他即使内心忌惮李亨，也只能是旁敲侧击地将皇甫惟明和韦坚拿下，为李亨敲下警钟。

如此看来，开创开元盛世的李隆基，在进入天宝年间后，他这个皇帝当得越来越有难度，虽有至高无上的权力，但有的时候这种权力就像手里握住的流水一样，最终只能是顺着指缝悄然流走。

总体来看，李隆基是本着息事宁人的态度来处理这次事件的，既给了李林甫一个交代，也没有太严厉地将皇甫惟明和韦坚治罪，贬下去的找个机会还可以再提拔上来，至于李亨，李隆基压根就没想牵涉进来。

但李亨可能没有理解李隆基的良苦用心，在这次事件中他本应该庆幸父皇没有追究自己管教手下不严的责任，他更应该进一步筹划自己未来该如何应对李林甫的下一轮攻击，而他接下来所做的，着实激怒了李隆基。

半年后，他居然和韦坚的弟弟韦兰、韦芝公开上疏李隆基，为韦坚鸣不平。

这就是传说中典型的没事儿找事儿型！

我们不知道李亨当时的这种做法是出于什么样的一种目的，这种明目张胆的行为，无疑向外界承认了他和韦坚之间的亲密关系，李隆基的敏感神经被再次挑动起来，于是这位皇帝陛下决定改变初衷，对以李亨为首的太子党施以重拳。

李亨这种自废武功的做法，最大的受益人当然是李林甫。当蛋出现裂缝时，苍蝇是一定会飞上去叮几口的，于是李林甫利用这个机会，不仅添油加醋地百般诋毁李亨，而且将另一个和他争权的人一同卷了进去。

这个人就是李承乾的孙子，时任尚书左丞（尚书左仆射）的李适之。

李林甫之所以在这次事件中，将李适之当作攻击的目标，是因为他很长时间以来总是不服从李林甫的管理，总认为自己的才能在李林甫之上，幻想有一天能够将李林甫一脚踹下去，自己坐在首席宰相的位置上。

对于身边这样一颗定时炸弹，李林甫巴不得找个机会将他踢得远远的，现在李亨这件事让李林甫看到了机会，于是他上疏李隆基诬告李适之是太子党成员。

人在非理性的状态下，极容易受到外界舆论的导向，对于李林甫的诬告之词，李隆基没有经过任何辨析便相信了，而且极度愤怒！

惊恐之下的太子李亨在看到皇帝老爸发飙，自己的地位有可能不保之时，开始寻找自保的对策，他明白眼下无论用什么样的语言来表白自己都是苍白的，他现在最需要做的就是用实际行动去证明自己。

于是，他不得不违心地上表请求皇帝老爸批准自己与太子妃离婚，表明自己不会因为亲情而置国家法律于不顾。

他希望自己的这种做法是亡羊补牢，犹未为晚。

李亨这种及时的补救措施，让李隆基稍稍平复了一下心中的愤怒，但他依然决定利用这次事件，去削弱李亨的势力，于是他将韦坚贬为江夏（今湖北武昌）别驾，数日后又决定将他长期流放临封，韦兰、韦芝被罢官，流放岭南，李适之被贬为宜春太守。

除此之外，还有诸多亲太子集团的官员，也因为本次事件而受到株连，其中包括太常少卿韦斌被贬为巴陵（今湖南岳阳）太守，韦坚的外甥薛王韦绢被贬为夷陵（今湖北宜昌）别驾，睢阳太守裴宽被贬为安陆（今湖北安陆县）别驾，河南尹李齐物被贬为竟陵（今湖北钟祥）太守。

李亨虽然自己没有受到任何冲击,但这么多人因为他的不冷静而被贬官,让他的心在滴血。

而始终处于阴暗角落的李林甫现在正在偷笑,天宝五年的这次与太子党的首次交锋,以他大获全胜而告终。

但在李林甫看来,革命尚未成功,同志仍需努力。因为李亨的太子之位并没有受到任何影响,而接下来李林甫要做的,就是进一步完善自己的进攻利器,争取将李亨拉下马。

就在李亨太子党惊魂未定之时,李林甫迅速发动了第二波攻击。

第二波攻击

李林甫清楚地知道,他的第一波攻击虽然使太子李亨集团损失不小,但很多人仅仅是被贬官而已,未来说不定哪天依然会有东山再起的机会,所以第一波攻击李林甫虽然取得了胜利,但他心里并不踏实。

在第一波攻击过后,李林甫一直在等待机会实施第二波攻击。扳倒一个强大的政治集团,仅仅依靠一次整治是远远不够的,必须打出一套组合拳,才有可能使自己立于不败之地。

如果说第一波攻击是利用太子集团过于亲密而挑起李隆基那敏感的神经,从而对太子集团施以重拳的话,那么李林甫的第二波攻击则是从李亨集团的内部矛盾入手的。

李亨的良娣(太子内官,正三品)杜氏的父亲,时任赞善大夫的杜有邻,与其女婿时任左骁卫兵曹的柳勣,都是东宫的属僚。柳勣是个品性低劣、志大才疏的人,以追求功名利禄为荣,尤其喜欢结交豪杰,当时与淄川太守裴敦复、北海太守李邕、著作郎王曾等人结成好友。按说善于社交并不是什么坏事儿,但杜有邻却认为这个女婿不务正业,整天只知道和那些官僚吃吃喝喝,所以内心深处对柳勣十分反感。

一来二去,丈人和女婿之间产生了深刻的矛盾。天宝五年(746 年)十二月终于在一次宴会之后,双方因为喝高了酒而彻底闹翻。

为了报复杜有邻,人品卑劣的柳勣居然制造谣言说杜有邻妄称图谶,和太子暗中密谋,不断议论皇上的是非,很快这个谣言被李林甫获悉。

事实证明,堡垒一般是从内部开始崩溃瓦解的这句话,用在此刻的李亨的太子集团的身上,实在是再合适不过。只是这一次惹祸的不再是李亨,而是不起眼的柳勣。

不过，柳勣一定想不到，他制造的这起家庭矛盾，居然会为李林甫创造了血腥屠杀的机会。

李林甫就像一只嗜血的苍狼一样，时刻在寻找猎物，柳勣制造的谣言，让他再一次找到了可以重创李亨的机会，现在他要做的就是利用柳勣制造的谣言，将这件事情无限地放大。

于是李林甫利用他所掌控的司法权力，派出亲信京兆士曹吉温和御史台的人一同审理本案。那些御史们是何等聪明，吉温的出马让他们已经明白了李林甫的用意所在，所以在匆匆审讯过后，便认定柳勣是整个事件的罪魁祸首，将他和杜有邻、王曾等一同杖毙于大理寺。

杖杀朝廷命官，必须经过皇帝的同意。如此看来，李林甫在事先已经将这件事向李隆基做了汇报，从上次事件中多人被贬到这次一上来就杖杀三名朝廷命官来看，李隆基的愤怒正在升级，当然不能排除李林甫的从中运作，但我认为最重要的是太子李亨集团除了让李隆基忌惮之外，还有一层原因，那就是李隆基意识到了太子集团的人员成分太杂。

李隆基是不可能知道每一个东宫附属的人和太子李亨究竟是什么样的关系，但他认为，凡是李亨结交的人，都应该具备一定的素质，甚至是国之栋梁，现在东宫里居然会出现柳勣这样的卑劣之人，正所谓印象决定前途，在李隆基看来，和柳勣交好的人也绝不是什么好人，即使是和他产生矛盾的杜有邻，也未必是什么好鸟，正如狗咬狗一嘴毛。

当然，东宫出了这样的人，李隆基最为不满的还是太子李亨。在我看来，杖杀两名朝廷命官，这是李隆基对李亨警告力度的升级，他的潜台词是：如果不自律，下一个很可能是你！

事实证明，在柳勣、杜有邻、王曾三人接连被杖杀后，李亨确实大为惊恐，他不得不再一次妥协。不过李亨的方式并没有什么创新，依然像上次一样，不得不忍痛割爱，贬杜良娣为庶人。

我们常说一种招数如果重复使用两次，就会让人感到乏味，更何况是深不可测的宫廷政治斗争。李亨本以为他这种忍痛割爱的做法，会稍稍平复李隆基内心的愤怒，然而事实证明，杖杀他的三名嫡系，仅仅是个开始。

在李林甫不断地煽风点火下，李隆基决定继续采用断然的措施，进一步打压太子李亨集团，以防止李亨势力的膨胀，于是他默许了李林甫接下来的血腥屠杀。

天宝六年(747年)正月,李林甫派出爪牙罗希奭,将与柳勣交好的北海太守李邕、淄川太守裴敦复杖杀在自己的府中,邺郡太守王琚因为和李邕在一起叙过旧,被贬为江华司马。

当李林甫看到这些人一个个在杖刑之下皮开肉绽、口吐鲜血之时,他并没有生出一丝怜悯之心,那血腥的场面反而使他生出了赶尽杀绝的决心。

在我看来,事实上这是李林甫心虚的一种体现。因为他内心十分明白,和李亨比起来自己不过是个臣子,之所以现在能够呼风唤雨,是因为他的背后有李隆基的支持,所以他要充分利用这个机会,将李亨彻底打翻在地,只有这样,他才能真正地实现自保。

在这种心态的支配下,李林甫终于凶相毕露,他分遣御史将前边已经被贬的皇甫惟明和韦坚兄弟杖杀在贬所之中,让罗奭日夜快马加鞭地前往岭南去杖杀李适之等人,不过在罗希奭还没到达时,李适之已经听到了消息,惊恐之下服毒自尽,其子李霅奔丧至洛阳时,也被李林甫陷害下狱,最终死于河南府,王琚也因为不愿受辱,自缢身亡。

到现在为止,朝廷内凡是和李亨交好的官员已经被李林甫屠杀殆尽,这些人中李林甫最痛恨的就是韦坚。虽然李林甫不是个道德高尚的人,但他最痛恨的就是背叛之人,即便在韦坚的问题上,是李林甫不仁在先。

现在韦坚已死,但李林甫总觉得韦坚就这样轻而易举地死去,的确有些便宜了他,可以说韦坚之死并没有平息李林甫心中的怨恨,他再次大兴冤狱,开始追究韦坚主持漕运工作时的罪名。

政治斗争永远是充满了你死我活的斗争,千方百计地将政敌置于死地,无关道德的高尚与否,这一点所有人都能理解,但如果将政治斗争无休止地扩大,甚至是祸及无辜的人,那千百年来无论任何人都会被钉在耻辱柱上。

李林甫就是这样的人。在接下来追究韦坚主持漕运工作的罪名时,他致使一大批无辜的漕运小吏和很多百姓惨遭不幸和劫难。为了发泄那近乎变态的私愤,他派人前往韦坚主持漕运工作时任职的江淮各州县,将那些曾经为韦坚工作过的“纲典船夫”(十船为一纲,以吏为纲,典船夫)悉数逮捕。据《资治通鉴》记载,当时被抓的人几乎将当地的所有监狱装满(滥于牢狱),而李林甫手下的那些爪牙们则趁机大肆对这些船夫进行敲诈勒索,给钱的可以减轻罪名,没有钱的则扒光他们的衣服不给饭吃,直到他们饿死为止(皆裸露死于公府)。

可以说,李林甫发起的这场对韦坚的清算运动,使江淮地区漕河沿途的州县横遭荼毒,被牵连的人数达十万人之多。这场清算运动一直到天宝十一年(752

年）李林甫去世才彻底终结，前后累计时间整整六年。

李林甫发动的对李亨的第二波攻击，到现在为止已经转变了性质。不过在李林甫看来，打击范围越大，手段越残忍，太子李亨的势力就会越来越像风雨飘摇中的一叶小舟，至于有多少无辜之人受到伤害，他全不在乎。

因为李林甫的内心始终存有这样一条真理：皇帝都不在乎的事情，自己没必要去瞻前顾后，畏首畏尾！

第二波攻击使李亨在朝廷中的势力损失殆尽，但依然没有影响到李亨的太子地位。李隆基暂时不可能触碰底线和原则，因为李亨特殊的储君身份，关系到帝国未来的命运，李隆基相信自己这次默许李林甫重拳出击，一定会使李亨那本就脆弱的心灵更加受到震颤，从实际效果来看，李隆基达到了目的。但对于李林甫而言，这一切还远远不够，只要李亨一天在太子之位上，李林甫就永远不是最终的胜利者，所以他还须要再接再厉。

李亨！在你登上太子之位时，事实上你我的矛盾已经不可调和，无论我的残忍让多少人唾骂，我都不后悔！因为我知道，现在你的隐忍与屈服，都是你为日后对我展开反击的手段！

所以，我必须将残忍与杀戮进行到底！

第三波攻击

在李林甫的不断进攻下，太子李亨在朝中的党羽虽然损失殆尽，但李亨本人并没有受到冲击，而且李亨以地方军事势力为班底的框架依然没被打散，虽然皇甫惟明已经被李林甫清除掉，但另一位手握重兵的陇右、河西节度使王忠嗣依然活跃在前台，据《旧唐书·王忠嗣传》记载，当时他“佩四将印，控制万里，劲兵重镇，皆归掌握，自国初以来，未之有也”。

虽然不久后，王忠嗣主动让出了朔方、河东节度使的职务，但由于他在该地经营多年，人脉颇广，以他在当地的威望，依然可以遥控这两大重镇。

史书上没有记载当李亨的嫡系被李林甫大面积血洗时，王忠嗣是个什么态度或有什么表现，或许是他身为帝国西部的边将，需要经常抵御吐蕃的侵扰而无暇分身顾及，而且即使李林甫有意打击他，但为了帝国边疆稳定的需要，李隆基也不会允许李林甫对王忠嗣胡来。总之在天宝六年（747 年）以前，王忠嗣的地位稳如泰山。

可是当时间进入天宝六年以后，情况完全变了！

前边我们说过，王忠嗣作为一名职业军人，继承了父亲的遗志，长大后为大唐帝国立下了赫赫战功。但有时候“功勋”这个东西会成为一把双刃剑，一方面它可以让人成为万众瞩目的焦点，会给人带来无上的荣耀，另一方面也会让人迷失自己，进而走上一条迷途之路。对于王忠嗣而言，进入天宝六年以后，上述的第二种影响在他的身上体现得越来越明显。

例如，当时大唐和吐蕃在西部可以说是呈现一种胶着状态，对于吐蕃这个你进我退、你退我进的狡猾国家，很长时间以来，李隆基一直想施以重拳彻底地将其制服，所以他对王忠嗣的要求就是寻找机会主动进攻。

皇帝陛下这种急切击败的对手心情我们能够理解，但对于前线的具体作战战略，作为皇帝还是不要插手为好，可当时李隆基并不这么认为，甚至他对下一个进攻方向该指向哪里，都是事无巨细地为王忠嗣部署清楚，而在他所有的部署中，最不能让王忠嗣接受的，就是对石堡城的进攻。

作为最了解前线战事的王忠嗣在知道李隆基的部署后，决定上疏反对。他在奏疏中直言不讳地拒绝了李隆基的部署，认为石堡城不仅险要而且坚固，吐蕃倾全国的兵力防守它，如果强攻，死伤数万人也是有可能的，此刻应该等待时机再伺机进攻。在奏疏的最后，他请求李隆基尽量不要插手前线的具体作战任务。

从战局角度来看，王忠嗣是对的。

从上下级关系角度来看，王忠嗣大错特错！

在我看来，居功自傲的心理促使王忠嗣敢这样直言不讳地和李隆基讲话，但事实证明，无论你功劳多么大，如果和领导讲道理，那就是不想干了！

王忠嗣的拒绝让李隆基心中很是不爽，但即使这样，李隆基出于稳定大局的考虑，并没有和王忠嗣计较。当时王忠嗣的部将董延光在得知这个消息后，主动向李隆基请求率军攻打石堡城，李隆基让王忠嗣分一部分兵给董延光，王忠嗣虽然勉强同意了，但分给董延光的兵都是些素质不高的士兵，自此，董延光内心开始怨恨王忠嗣。

事实上，当时的军队虽然是在王忠嗣的掌控之内，但“将在外君命有所不受”这句话也仅仅是存在于理论意义上，因为你打完仗还是要回去的，回去了还得面对皇帝。

当时王忠嗣的另一个部将李光弼就提醒王忠嗣，要看清这件事的本质所在，分兵给董延光是李隆基的决定，现在王忠嗣把素质不高的兵给他，如果董延光打了败仗，一定会将所有责任推给王忠嗣，到时候皇帝一定会将王忠嗣治罪。

李光弼的劝说正应了“当局者迷，旁观者清”这句话，但固执的王忠嗣并没有接受，他的理由很简单：即使皇帝真的治罪也不过是将自己贬官，而如果拿数万将士的生命去换一个战略意义不大的地方，自己无论如何也不能答应。

在我看来，王忠嗣虽然嘴上说不在意被治罪，但他其实未必真的意识到事情会像李光弼说的那样，然而事实证明，后来事情的走向完全印证了李光弼对他所说的话。

顺便说一句，李光弼是契丹王李楷洛的儿子，当时还只是王忠嗣手下一员不起眼的将领，但谁也没有想到多年后，在那场使大唐帝国由盛转衰的叛乱中，他居然会成为挽救大唐帝国国运的人。

李光弼的劝说并没有打动王忠嗣，不久后董延光真的打了败仗，上疏李隆基说王忠嗣故意给他设置障碍，才使自己吃了败仗，请求李隆基一定要将王忠嗣治罪。

对于李林甫而言，这简直就是天上掉馅饼的美事儿！

李林甫每时每刻地希望王忠嗣能够犯下错误，自己才好有机会整他，现在董延光的上疏让李林甫找到了机会，于是他开始借机陷害王忠嗣，同时也开始了对太子李亨的第三波攻击！

李林甫明白，前两波攻击自己出手够狠，虽然是在李隆基的默许之下，但太子李亨的地位依然稳如泰山，他十分清楚李隆基的内心所想，如果这一次攻击李亨自己依然冲锋在前，他不知道李隆基会是个什么反应，也许会对他产生反感。

所以，这一次他决定将自己隐藏在幕后充当一个操盘手，派一个马前卒在前边蹚路。

于是他让自己的亲信，曾在王忠嗣辖地内任职的济阳别驾魏林上疏李隆基，诬告王忠嗣说自己自幼深养宫中，与太子李亨交好，准备起兵拥立李亨为帝。

我坚信魏林的诬告之词是拜李林甫所赐，不过这也证明了两点，一是李林甫在攻击手段上有些江郎才尽。二是他这次将自己隐藏在幕后，确实很有自知之明。

前边我说过，在政治斗争中，同样的招数使用两次会让人感到厌烦，或许是李林甫已经预感到了什么，所以这次将自己隐藏起来也有一种自我保护的心理。

事实证明，在魏林的奏疏递上去之后，李隆基的态度和先前大不一样，他不仅没有再一次默许李林甫继续展开打击，而且亲自为李亨进行辩护，他认为李亨作为太子生长在深宫之中，没有机会与外人同谋，魏林说的话都是胡扯。

李隆基的态度等于制止了李林甫对李亨的又一次攻击，但他却将王忠嗣从边境召回，以他在石堡城之战中消极作战为理由，将他下进了大狱，让三法司共同审理他。从李隆基的做法来看，王忠嗣很难逃过一死，幸好接替他陇右节度使职位的，也是其旧将的哥舒翰极力死谏，甚至甘愿以官职换取王忠嗣这条命，才使李隆基受到感动而免去了王忠嗣的死罪，将他贬为汉阳太守。第二年，王忠嗣暴卒，时年45岁。

李林甫对李亨太子集团的第三波攻击，相比于前两波攻击来讲，其冲击力削弱了很多，但却将李亨的首席嫡系成员，也是最具军事实力的王忠嗣成功打掉，从结果来看，收获可谓不小。

但从李隆基的态度来看，这一次他明显有搞平衡的色彩。

前两波攻击已经使李亨集团受到了重创，从李隆基方面来讲，其内心对李亨的猜忌之心得到了缓解，但李隆基有一个不能突破的底线，那就是只要李亨没有犯下大错，他的储君之位是不能动摇的。

李林甫发动的第三波攻击很没有创意，所以李隆基制止了他，这等于保护了太子李亨。同时，李隆基对支撑整个朝廷运转的首席宰相李林甫，有一种本能的依赖，这源于李林甫很会巴结，也源于他确实能干。

所以李隆基在制止李林甫第三波攻击的同时，也须要设身处地地考虑他的感受。李隆基十分清楚，一日杀三子事件导致李林甫和李亨的矛盾是不可调和的，甚至从某种角度而言，作为臣子的李林甫其实是处于弱势地位的。

在我看来，李林甫发动的两波攻击，李隆基能够默许，出于打压李亨的需要，也是为了给这个自己仰赖的首席宰相以足够的面子，毕竟帝国的整体事务还要依靠他，但第三波攻击让李隆基明显感觉到了李林甫有些得势不饶人，所以他制止了李林甫。而他将王忠嗣下狱，则是为了让李林甫的心中得到些许安慰。

如此看来，高高在上的李隆基在那个特殊的时间段，注定要为一日杀三子事件所带来的负面效应付出弥补的代价。对于整个帝国而言，其实他是在帝国的现状与未来之间做一个平衡的调整。

从结果来讲，李隆基达到了目的，但在不经意间却让李林甫陷入了一个窘境。自此之后一直到天宝十一年李林甫去世为止，虽然他多次试图扳倒太子李亨，但始终未能如愿，而太子李亨虽然保住了地位，但因为先前的三次打击，使他在此后的日子里如履薄冰，如临深渊，这种日子一直到十年后他在灵武称帝方结束。

好了，关于李林甫专权的一些事情我们先讲到这里，当然李大人的故事依然没有结束，在接下来介绍他与生命中克星的故事之前，我们暂时先远离朝廷的你争我夺，将目光投向远离大唐帝国疆域的中亚地区。

因为在那里，一场对伊斯兰文化和盛唐文化影响至深的战役即将打响。

第十一章

怛罗斯之战

野心

盛唐的天宝年间，处于前所未有的鼎盛时期，唐朝的国力达到了顶点，也进行了多次的对外用兵。尽管此时李隆基已日益沉醉于酒色之中，不再是那个励精图治的英明君主，繁荣的社会表面下也隐伏着严重的危机，但大唐至少在那时还是“大”唐，是当时世界上最令人尊敬的强国。

唐朝在高宗李治时期疆域达到极致，东、西突厥汗国先后被唐朝所灭，伊吾（哈密）、鄯善、高昌、焉耆、疏勒、于阗等西域小国在此后的几十年中或被迫投降唐朝，或被武力灭国。唐朝从此建立了以安西四镇——龟兹（今新疆库车）、疏勒（今新疆喀什）、于阗（今新疆和田西南）、焉耆（今新疆焉耆西南）为核心的都护府。

安西都护府坐落在龟兹镇，尽管很多正统的世界史学家大都认为安西都护府辖境不能算唐帝国的正式领土，只是唐帝国的外围保护国而已，但直到开元、天宝年间，这一带始终处于中华文化圈之内，受中国文化影响，如果从文化层面来讲，说那片地区属于大唐也并不为过。

到了李隆基时代，帝国不断维护先辈们打下的领土，从东方的白山黑水到西边的黄沙之土，都留下了大唐铁骑的印痕。在这之中，帝国最重视的当属安西都护府的利益，事实上在那片土地上不断上演着攻战和杀伐，而当时最能和大唐相抗衡的无疑是安西地区南部的吐蕃。

大唐和吐蕃的关系可谓是分分合合，关系最好的时期当属文成公主身在吐蕃的30年，但是自她去世后，两个国家又开始彼此产生摩擦。吐蕃时常觊觎大唐的物产，常年骚扰唐境，而唐朝虽然总是能不断打退吐蕃的进犯，但吐蕃这种癞蛤蟆爬脚面——不咬人恶心人的做法，让唐朝很是头疼。

大唐为了确保长安的安全，在很久以前就决定，通过占领河西地区控制青海，进而通过占领西域来分吐蕃（今青藏高原）帝国的兵力，使其不能并兵向东扩张。唐代名将郭元振就这个问题和吐蕃大将论钦陵谈判过，他说如果吐蕃放弃青海，唐帝国就放弃西域。

当然这只是为了政治利益在谈判桌上表现出的一种姿态而已，事实上唐朝和吐蕃无论是谁都不会放弃通过奋斗争得来的土地。

所以，战争依然不断！

唐朝和吐蕃就是在这种打打谈谈之中走过了很多年的时间，而每次争斗，吐蕃要么直接进犯唐境，要么就是通过压制西域某个小国，来达到向唐朝施压的目的。

天宝二年，吐蕃以武力迫使小勃律（今克什米尔的吉尔吉特）与之联姻。由于小勃律地处吐蕃通往安西四镇的要道，于是西北二十余国皆臣服于吐蕃，中断了对唐朝的进贡。时任安西四镇节度使的田仁琬曾三次讨伐均未成功。

在这种情况下，李隆基不得不派出新的人选去西部解决这个问题，就是在这样一种背景下，一生极具悲情色彩的高仙芝就此登场。

高仙芝本是高句丽人，根据史学家的考证，他可能是高句丽王室的遗族，父亲高舍鸡在河西（河西走廊及湟水流域）从军，虽然军功显赫，升至四镇十将、诸卫将军，可是身上一直穿着带有奴隶标志的衣服。直到儿子高仙芝后来青出于蓝而胜于蓝，高氏才脱离奴隶身份，步入军事贵族的行列。

根据史书的记载，高仙芝身材高大，相貌英俊，精通骑射，骁勇善战。在他二十多岁的时候，就跟父亲一样当上了将军，高舍鸡看到儿子气度儒雅，还担心他守不住军功。而高仙芝没有辜负父亲的期望，始终驰骋在大唐帝国西部的边境，成为大唐在西域的守护神。

这位勇敢的中国将军，行军所经历的艰难险阻，比之汉尼拔、拿破仑翻越阿尔卑斯山，不知要超过多少倍。

——英国探险家　斯坦因

不可否认，高仙芝是个能征善战的将军，斯坦因的褒奖丝毫不过分，但他同样具有明显的缺点，在他身上表现最突出的就是贪婪和暴躁！

让他想不到的是，后来正是他的这个缺点使大唐帝国永远丧失了在西域的利益，也为他悲剧的结局埋下了伏笔。

高仙芝于天宝六年(747 年)被李隆基任命为行营招讨使，率步骑一万进行长途远征。他从安西出发，仅用百余日便到达连云堡(今阿富汗东北的萨尔哈德)。

连云堡地势险要，而且有将近一万的吐蕃军防守，但高仙芝指挥下的唐军作战神勇，半天时间便攻占了该城。此后高仙芝率兵继续深入，越过险峻的坦驹岭，进入阿弩越城，平定了小勃律国，活捉了小勃律国王及吐蕃公主。此战役之后，唐军在西域威名更盛，高仙芝也被提拔为安西四镇节度使。天宝九年(750年)高仙芝再度奉命出军，击破亲附吐蕃的车师国，俘虏了其国王勃特没。

经过这两次的征战，使唐朝在对吐蕃(今青藏高原)的战争中取得了全面胜利，也标志着唐朝在中亚的扩张达到了顶点。此时，中国已经成为塔里木地区、伊犁河流域和伊塞克湖地区的占有人和塔什干的宗主，控制了帕米尔山谷地区，成了吐火罗地区，喀布尔和克什米尔的保护者。高仙芝俨然是大唐在中亚的总督，他为自己赢得了极大的声誉，被吐蕃(今青藏高原)和大食誉为“山地之王”。

事实证明，人在某种巨大成就的映衬和外界不断地吹捧之下，很容易迷失自己，而高仙芝那致命的缺点，又让他很难在一片坦途之中时刻保持清醒的头脑，渐渐地，他那贪婪和暴躁的心态开始显现出来，在他看来，自己的荣耀绝不仅仅局限于大唐帝国的西部边境。

走出国门，继续向西，这是高仙芝当时很迫切的想法！

你可以说这是一种理想，也可以说是他野心的暴露，但无论如何，高仙芝总应该衡量下自己的实力，更何况当时在他身处地区的很遥远的西边同样有一个国家将目标锁定在东方广袤的土地上。

这个国家的名字就是上边提到的，给予高仙芝“山地之王”称呼的大食！

双方的目标

如果仔细探究高仙芝野心暴露的渊源，除了他自身性格的原因之外，还与唐朝在天宝年间地方节度使的权力过大和与朝廷中央多方面管理脱节有关，关于这个问题我们将在后边安禄山阴谋叛唐中详细说明。

与高仙芝野心暴露具有复杂原因不同的是，当时大食决定向东扩张，是典型的国家行为。

几乎就在李隆基开创“开元盛世”同一时期，中东的阿拉伯人（大食人）也在迅速崛起。自穆罕默德先知和四大正统哈里发以来，穆斯林已经控制了亚述人、波斯人和罗马人连想都没敢想过的辽阔版图，从阿拉伯半岛上的几个部落扩张成一个横跨欧、亚、非三大洲的空前帝国，向西占领了整个北非和西班牙，向东则把整个西亚和大半个中亚揽入囊中，地中海成为了阿拉伯人的内湖，可以说大食已经成为中国、吐蕃之外影响西域的另一极强力量。

就在继承人问题困扰武则天的同一时期，阿拉伯帝国在东方的最高长官哈贾吉·本·优素福应许他的两个大将穆罕默德和古太白·伊本·穆斯林，谁首先踏上唐朝的领土，就任命谁做唐朝的长官。

在这种极大的诱惑下，穆罕默德征服了印度的边疆地区，古太白·伊本·穆斯林征服了塔立甘、舒曼、塔哈斯坦、布哈拉等大片中亚地区，但谁都没能跨过唐朝的国界。

据《资治通鉴》记载，开元三年和五年，突骑施联合吐蕃、大食向安西四镇发动过两次战争，均被击退。阿拉伯帝国由于地理上的巨大优势，再加上唐军这个时期在青海与吐蕃国大打出手，无暇顾及西域，阿拉伯的影响力慢慢地体现出来，西域诸国原本大多信奉佛教、袄教或自己的传统宗教等，对伊斯兰文化的东进感到不安，更畏惧彪悍的穆斯林战士，于是不少国家向唐朝求援。

而李隆基又是个好大喜功的皇帝，加上边境节度使与中央政府存在很多的管理脱节问题，使唐朝边帅经常不顾大局，肆意作威作福，西域的边帅也不例外。这些行为都严重损害了唐朝和西域各国的关系，从而导致边疆出现了不稳定的局面。

不过，当时由于唐朝实在过于强大，以及临近西域的边帅也没有太出格的举动，所以一直到天宝八年（749 年）为止，西域地区的利益问题并没有得到根本性的破坏，但天宝九年（750 年），随着大食人内部的改朝换代和高仙芝的野心不断膨胀，西域的形势骤然发生变化。

天宝九年（750 年），阿拉伯半岛的阿拔斯王朝（旗帜尚黑，中国史称黑衣大食）取代了倭马亚王朝（旗帜尚白，中国史称白衣大食），在初步解决了吐蕃方面的问题之后，随着高仙芝的野心不断膨胀，他打算利用这一大食易代、河中叛乱的千载难逢良机，剪除大食羽翼，逐步恢复唐朝在岭外地区的主权。在高仙芝看来，自己目前很有这个实力，自己作为安西节度使，手中拥有两万多人的兵马，已经在西域地区经营多年，而且“山地之王”的荣誉让他在西域这片地区，拥有了至高无上的地位，当然高仙芝最自信的一点，还是他的军事才能。

就是在这样一种状态下，在各种形势不断变化，不断交错中，一个名为石国（今乌孜别克斯坦塔什干）的西域小国首先成了牺牲品。

天宝九年（750 年），高仙芝上疏李隆基，说石国“无番臣礼”，请求领兵征讨，得到了李隆基的批准。

石国在得到消息后，立即陷入了极度恐慌之中，因为他们知道以自己的实力是无法和唐朝相抗衡的，所以决定请求投降，高仙芝也许诺接受投降。

这件事情本来到此为止，但高仙芝那贪婪的心理使他陷入了一种反复无常的状态，可以说石国的投降并没有满足他的贪欲，反而让他犹如一只嗜血的豺狼，在闻到血腥之后，立即激发起了他那不可遏止的征服欲。

很快高仙芝就违背承诺，发兵攻占并血洗石国城池，掳走男丁，格杀老人、妇女和儿童，掠取财物，俘虏石国国王，只有其王子带领少数亲兵从重围中杀出侥幸逃脱。

天宝十年（751 年）正月，高仙芝入朝并将被俘的几位国王献于玄宗面前，石国国王那俱车鼻施被李隆基所杀。移拨可汗也被处斩。高仙芝因赫赫战功被授为右羽林大将军。如果单纯从军事角度来讲，此时高仙芝已经达到了征战生涯的最高峰。

看着石国国王被砍掉脑袋的那一刻，高仙芝的征服欲得到了极大的满足，在他看来，自己俨然成为继李靖、侯君集、苏定方之后大唐的又一名将。

然而当时唐朝从皇帝到大臣所有人都不会意识到，将石国国王斩首是个错误的决定，因为征服从来都不是以赶尽杀绝为目的，使其心服才是根本。

残忍的杀戮只会激起更为猛烈的反抗！

石国国王被斩首的消息，很快传到了石国王子那里，也就是从那一刻起他决定和唐朝彻底决裂，并发誓要为死去的父王报仇雪恨，而且这个消息在西域地区一经传开，便引起了西域诸国的大为不满，一时间使得唐朝在西域的威望大大下降。而石国王子到达诸国部落，将高仙芝欺诱贪暴之事遍告西域诸国后，诸国部落大怒，决定向大食的阿拔斯王朝求救，暗中联合大食国欲共攻安西四镇。

很快，高仙芝得到了消息，在他看来，这是一场不可避免的战争，与其让安西四镇陷入被动的防守态势，不如顺势主动出击，御敌于国门之外，甚至很可能通过这场战争，大唐的疆土会继续扩张。

在这样一种思想的支配下，高仙芝决定领兵远征，将战火燃烧到大食国的境内。

事实上，从某种角度而言，当时的这场战争是大唐和大食在中亚的利益争夺。高仙芝的野心可以代表大唐的野心，大唐如果要在中亚树立霸权就必须击败大食人，而大食人要完全控制中亚则必须击败唐朝的挑战，所以这场战争不可避免。

天宝十年(751年)七月，在经过简单的准备后，高仙芝率领大军开始了长途奔袭，深入七百余里，最后在怛罗斯(今哈萨克斯坦共和国东南部江布尔城)与大食军队相遇。

著名的怛罗斯之战就要在这样的背景下即将开战，为了使大家能够更加准确地理解这场战争最终的胜负结果，在介绍这场战争之前，我们先来看一看唐朝和大食当时在这场战争中的力量对比。

力量对比

唐朝方面，主将高仙芝，副将李嗣业，别将段秀实，兵力为安西都护府两万汉军，盟军拔汗那以及突厥葛逻禄部三万五千人。

据史料记载，天宝时期唐朝全国的军队加起来一共将近六十万人，安西节度使拥有两万四千人的部队，从这条记载来看，怛罗斯之战高仙芝居然出动安西都护府八成以上的兵马，说明他这次是下了血本的，也是对即将到来的和大食人的战斗有心理准备的。

唐军是马步混合部队，但是唐军的步兵均有马匹，平时以马代步，作战的时候才下马作战，战斗力极为强大。在兵器方面，唐军步兵均用陌刀，所谓陌刀是一种两刃的长刀，重约50斤，在当时算是相当沉重的实战兵器，在唐代军中大量配备。陌刀这种兵器，单个使用威力已经极强，唐军中使用陌刀最擅长的当属李嗣业，这位仁兄在用它进行肉搏战时，凡是和他对打的，基本上都会落个碎尸万段的下场(当嗣业刀者，人马俱碎)，而且陌刀这种兵器在列阵肉搏的时候，威力更猛。当时唐军野战常用的阵形之一名叫“锋矢阵”，冲在最前面的是手执陌刀、勇猛无畏的轻装步兵，接着是步、骑兵突击，后列则有弓弩手仰射，直到完全击溃对方。

而骑兵方面则是轻重骑兵结合，一般使用马槊，在近身肉搏的时候则是用横刀，也就是现在所称的“唐样大刀”。横刀的锻造技术在当时世界上是极为先进的，锻造出来的刀锋锐无比，而且步骑两用。值得一提的是，制造横刀的技术后来被日本学去，成就了日本刀后世的名声。

再看铠甲，我曾经介绍过唐军铠甲的具体情况，那就是抛弃了魏晋的具装铠，演变为以明光铠为代表的唐十三铠，重量更加轻，但是防御力却大大提升。唐朝军队在武器上最大的优势是拥有成熟的弩，唐军一般使用四种弩，伏远弩射程三百步(450 米)，擘张弩射程二百三十步(345 米)，角弓弩射程二百步(300 米)，单弓弩射程一百六十步(240 米)，在不同范围均可以形成威胁，而且这四种弩可以依据敌军进攻的态势，采用编队的方式进行有效的反击，而阿拉伯军队在这方面显然逊色不少。

由于高仙芝在与阿拉伯大军对战之前曾经围攻怛罗斯城，所以我们有理由推测高仙芝还使用了车弩，也就是后世所称的床弩。史书记载车弩一般装备成“十二石”强弩，以轴转车(绞车)张弦开弓，弩臂上有七条矢道，居中的矢道搁一支巨箭，长三尺五寸，粗五寸，以铁叶为翎，左右各放三支略小的箭矢，诸箭一发齐起，对方基本上也成了马蜂窝。

从战术角度来讲，唐军当时远程作战的战术运用也有了很大突破：实战中，唐军骑兵与坐车的步兵共同达到战场。如果敌军首先发动进攻，唐军拥有很高的弓弩配备量，先以箭镞攻击对手，随后刀阵迎击，当两军混战在一起的时刻，骑兵迅速从侧翼绕到敌军后方，两线夹击对手！

如果唐军主动进攻，骑兵主要负责从侧后绕到敌军后方，牵制对手主力，同时步兵开始以刀阵推进，最终实现围歼！从整体进攻阵形来看，唐军的战术有些类似马其顿的矛阵加重骑兵的战术，但与当时马其顿的仪式化战争相比，唐军则具有极高的实战优势！

可见唐军骑兵虽与步兵合为一体，但在战斗中其使用是完全独立于步兵的！可以说是唐军创造了步骑合战的最优秀典范！唐军的战术讲究力图全歼，所向披靡的霸气，这与其他军队在骑兵面前将步兵作为列阵死守的工具的作风完全不同，也充分说明了唐军拥有极高的主动进攻精神！应该说，通过上千年的国家体制演进，以自由经济带来的巨大财富为基础，以牺牲国家动员能力为代价，唐军获得了有史以来最强大的对外进攻能力！

总之，在唐朝时，中国军队无论装备、素质、士气还是将帅能力都达到了冷兵器时代的一个高峰，接下来我们看一看阿拉伯人的实力。

在怛罗斯之战中，阿拉伯方面的主将是呼罗珊总督阿布。穆斯林手下大将为齐雅德·伊本、萨利赫，兵力约四万人，加上已经被阿拉伯控制的阿姆河与锡尔河流域的大多数属国的兵力十余万人，总兵力在十五万人至二十万人。在兵力方面，阿拉伯联军是占据了绝对优势的。在素质方面，呼罗珊是阿拉伯历代经营的军事重镇，又是阿拔斯王朝起家的地方，呼罗珊骑兵的素质在阿拉伯帝国中当属翘楚，都是精锐部队。

从地理角度来看，我们可以看出高仙芝带领唐军翻越葱岭(帕米尔高原)，深入七百余里，将战火燃烧到阿拉伯人的境内，阿拉伯人等于是主场作战，当然在补给、情报以及对地形的熟悉等方面占了绝对优势。

再看武器装备！

透过各种历史记载，我们可以清楚地知道，阿拉伯步兵列阵时用长矛配盾牌，是传统的装备。其大马士革刀在世界上享有盛誉，步骑两用的阿拉伯弯刀锋锐无比，在唐代就享有盛名。

杜甫曾在《荆南兵马使太常卿赵公大食刀歌》里面称赞阿拉伯刀“吁嗟光禄英雄弭，大食宝刀聊可比”。阿拉伯骑兵的装备也是长矛加盾牌，并且装备弓箭。关于阿拉伯人的盔甲，由于资料不足，没有详细的记载。相比之下，阿拉伯的唯一优势在于骑兵，尤其是阿拉伯马乃当时世界上最优秀的马种，呼罗珊又是波斯故地和阿拔斯王朝起家之处，当地战士性情彪悍，骑术精熟，再加上不亚于阿拉伯本土战士对宗教的狂热，其素质在全国也堪称精锐。

阿拉伯骑兵主要是轻骑，虽然盔甲较差，但保证了机动性。其武器包括弓箭、长矛、剑等，以及锋利无比且适于马上作战的阿拉伯短弯刀。需要说明的是，阿拉伯骑兵一般是不穿什么盔甲的，有的甚至是赤膊作战，想来不会强过唐军的明光铠。

好了！接下来要说说我为什么要如此详细地将唐朝和大食人的军事实力做如此详细的介绍，倒不是说本人有这种癖好，而是因为通过上述对比，我们可以看出从装备上来看，唐军明显高出大食人一截，但也有自身的劣势所在，那就是客场远征并且和大食军队比起来兵力少得可怜，但我想说，这一切都不是最重要的，事实上最终导致唐军在怛罗斯之战中惨败的是出乎人们意料的因素。

当然，在战争的开始阶段，高仙芝还是很有自信的，虽然他或许并不知道，19年前在欧洲的图尔之战中大食人正是败在了坚守阵地的法兰克人手下，从而停止了对西方的扩张，但高仙芝依然坚信在这场战争中，大唐的铁骑一定会踏过怛罗斯城。

首战告捷

天宝十年(751年)四月,高仙芝和李嗣业、段秀实率军从安西出发,在翻过葱岭、越过沙漠,经过了三个月的长途跋涉之后,终于在七月到达了阿拉伯人控制下的怛罗斯。

很长时间以来,我一直都有个疑问,那就是高仙芝的数万中国军队是如何在面临高原缺氧,而且几乎没有补给可能的情况下翻越帕米尔高原的,而这样一支理应疲惫不堪的军团还能在到达目的地后与拥有地利人和、数量数倍于己的阿拉伯军队作战,这本身已经是战争史上的奇迹。

当时由于怛罗斯城的守备力量有限,而大食人的大军此刻还没有得到高仙芝到达怛罗斯的消息,所以高仙芝率先围攻怛罗斯城。唐军武器装备精良,在攻城战中将四种弩全部用上,而且火器、投石机等统统招呼,一通猛打下来,怛罗斯城中的大食军队损失惨重,急忙向驻留在锡尔河流域的部落的大食军队求救。

在接到求援信息后,阿拔斯王朝的哈里发命令锡尔河流域的部落战士四万人作为先锋部队立即赶往怛罗斯城解围,同时命令阿姆河流域的五万部落战士也紧急赶往怛罗斯城进行增援。然后,又派大将萨利赫率领大食人联军七万,火速赶往怛罗斯。

大食人军队的主将,呼罗珊总督阿布在知道消息后,也立即率领四万呼罗珊狂热的宗教战士(阿拔斯王朝最精锐的部队)和四万彪悍的河中联军战士,向怛罗斯城急速进发。

七月十八日,锡尔河流域的四万部落战士在主将穆斯塔法的率领下到达了怛罗斯,在怛罗斯河西岸(今哈萨克斯坦的江布尔市附近)驻扎。据史料记载,双方当时的距离只有十五里左右。

面对敌军的增援,高仙芝虽然尚未摸清对方的具体人数,但他知道如果继续这样不顾一切地围攻怛罗斯城,敌军一旦拍马杀到,自己将会陷入对方的前后夹击之中。最关键的是,高仙芝目前没有绝对的把握,在大食援军赶到之前拿下怛罗斯城,所以他当即决定留下拔汗那和葛逻禄那三万五千人以及六百名工匠继续围攻怛罗斯城,自己亲率两万唐军前往怛罗斯河西岸迎敌。

很快,随着高仙芝的到来,怛罗斯之战的双方首次交锋就此开打。

这些骑着高大战马的大食军队,从骨子里有些瞧不起唐朝士兵,这或许是因为他们在这几年里纵横欧洲、中亚,一向罕遇敌手,让他们养成了骄横之气。

也许在他们眼里，这些黄皮肤的东方人肯定不是他们的对手。第一次冲锋，大食军队有将近两万人，他们疯狂地挥舞着阿拉伯弯刀，嗷嗷喊叫着冲了上来。他们以为这一次还会像以往一样，只要一个冲锋，就可以将这些黄皮肤的东方人冲个七零八落，然后任他们随意宰杀。

“弩箭手准备！”高仙芝并没有惊慌失措，他冷眼看着这些冲上来的大食骑兵，面无表情，待到他们进入射程后，高仙芝一声令下，一千具强弩同时射出了密集的弩箭。

霎时间，冲在前面的大食骑兵纷纷坠下马来。

不可否认，这些大食人的确很勇敢，依旧勇往直前地向前冲，在他们的印象里，这些弩箭虽然厉害，但是换箭却很耗费时间，他们依仗着阿拉伯战马的极快速度，以为只要利用唐军换箭这短暂的时间冲过去，就可以冲垮唐军的弩箭手编队。

“换第二排！”高仙芝下令道。

前边我们说过，唐军在武器上最大的优势是拥有成熟的弩，而且可以编队进行攻击，这一点是大食人所不了解的，所以当他们继续不顾一切地冲击时，结果只能是损失更加惨重。

大食骑兵们不断地冲上来，却总也到不了唐军的眼前，虽然只隔了一百多步远，但就在这一百步的距离上形成了一条死亡地带。

很快，大食人已经尸横遍野！

敌军的主将穆斯塔法见到这种情况，心中不禁大吃一惊，他实在没有想到唐军的攻击火力竟是如此生猛，然而前边的一系列攻击已经造成了大量伤亡，他又没有对应的武器去制约唐军，所以他别无选择，只好把后面的两万部队也全部压了上去，企图利用人海战术来冲垮唐军的弓弩手阵形。

但是穆斯塔法这一次也找到了一些经验，那就是让自己的骑兵部队分开空当实施进攻，这样可以避免伤亡过大。

冲击依旧在继续，唐军依然在抵挡！

高仙芝见状，马上挥动令旗，把弩箭手阵形变成半圆形，一声令下，密集的弩箭依然像飞蝗一般射向大食人。

大食骑兵中箭者纷纷落马，但他们依旧速度不减地向前冲来，而且这次由于他们隔开了空当，伤亡显然减少了。

“伏远弩准备！”面对如此现状，高仙芝再次下令道。

这种弩箭射程可达三百步远（大约 450 米），向正面射击时，巨大的威力甚至可以一箭穿透几个敌人,其威慑力极为惊人。

“瞄准敌人的中心冲击点！放!”高仙芝一边说着一边剑指大食军队。

一时间,大食人均被这种骇人的武器吓得亡魂皆冒,很多人纷纷掉转马头向回跑去。但是他们依然被伏远弩无情地射中。有的弩箭竟然射到了敌人主将穆斯塔法的眼前,虽然没有射中他,但也把他吓得够呛。他一勒马缰绳,急忙向后退去。

其他的大食骑兵见主帅后退,也跟着要跑,却被冲上前来的督战队一阵砍杀给逼了回去。

穆斯塔法跑到了伏远弩的射程之外,才来得及喘了口气,他狠狠地大吼着,命令所有的人继续进攻,全线压上。

唐军的弩箭再厉害,弩箭总有用完的时候,而我有这么多人,堆也堆死你们。

……

在阿拉伯战马的全力冲刺之下,大食骑兵在付出了惨重的代价之后,终于越过了这道死亡地带。冲到了大唐军队的阵前,这让大食骑兵不禁兴奋不已。

这百十米距离眨眼就到,此时,弩箭手们在这个距离上只来得及发射出最后一箭,然后迅速向后退去。

大食骑兵见状,更加兴奋,认为弩箭手们已经再也不能发挥作用了,更加无所忌讳地向前冲来。

“弓弩手回阵,陌刀手准备!”高仙芝依据战情的不断变化,开始作出调整。

随后,迎上来的是两千名陌刀手,领队之人就是我们前边提到过的,唐军阵营中最擅长使用陌刀的李嗣业。

此时李嗣业的眼睛好像已经喷射出火焰,他将重重的陌刀举起,然后指向对面的大食军队,用他那洪亮的声音高声喊道:

“弟兄们！我们扬名立万的时候到了,杀啊!”

“杀呀……”

紧随其后的众陌刀手们大喊一声跟着杀出阵外。

在李嗣业的带领下,两千名陌刀手虽然冲锋的速度不快,但步伐却整齐不乱,战意高昂,这让大食骑兵很是不解,因为在这些大食人的头脑中,无论是什么时候,步兵面对骑兵的时候总是会有怯意。

然而这支唐军好像很是兴奋!

随着大食军队疑惑的产生,他们冲击的速度开始减慢,在他们还没有回过神来的时候,陌刀手像猛兽一样直冲进了敌群之中,陌刀所过之处,没有一活之将,像绞肉机一样，绞杀着敌人。

这些陌刀手像是一面坚固的墙壁一般，但更像是一个夺人性命的杀人机器。

陌刀手们虽然身在敌人的队伍里，他们的动作却是丝毫不乱，斜砍横砍都是一样的动作，整齐划一。而陌刀落到大食人的身上，却是百分之百的灾难，每一刀砍下去，都会有成百上千个大食人被砍死。

李嗣业更是军中勇猛之人，他手中的陌刀犹如吞噬生命的恶魔，每一刀下去，总会有人身首异处，留下一地的碎肉，连他们所骑的战马也不例外。

李嗣业率领着众陌刀手在敌群中反复冲杀，也不知道究竟杀了多少大食人，刀口已经有些卷刃了，他们所过之处，无论是大食人还是他们的战马，只要卷进这面用陌刀组成的墙壁里，留下的只能是一地死尸。

这些陌刀手就像一架永不疲倦的杀人机器。虽不快却步伐稳健地向前冲杀着。他们的人数虽较大食人少很多，但他们每到一处，躲闪不及的大食人就像冰雪遇上沸水一样，很快就会消失不见。

渐渐地，大食人有些抵挡不住了，他们开始像躲避瘟疫一样躲着这些陌刀手了。

此刻，高仙芝安坐在马上，表情平静地看着战场上的这一切。

面对着这些像是被狼追的兔子一般到处逃窜的大食骑兵，他很满意自己手下将士的战力。

见李嗣业率领的那队陌刀手砍杀得差不多了，敌人的阵形此时已经混乱不堪，高仙芝决定给予大食人最后的攻击，当然这也是最为猛烈的攻击，他坚信这次攻击过后，大食人再不会有抵抗的信心。

“骑兵准备！”

霎时间，一万名骑兵赫然整齐地出列，他们早已经是摩拳擦掌，誓用他们的冲击力去给予大食人毁灭性的打击。

“冲击！”

随着高仙芝那坚定有力的命令，急不可待的一万唐军骑兵立刻催动战马，挺着马槊从左右两翼向大食人包抄过去。

只见眨眼间，这些唐军的骑兵就冲进了大食人军中，他们手中的马槊就像索命的魔鬼，所挡者无不被洞穿。

这是唐军骑兵作战的一大特点，他们利用马槊长度的优势，穿过大食人的阿拉伯弯刀，直刺向敌人的胸膛，大食人仅有不到一米长的弯刀是无法阻挡的。

这些大食人已经被陌刀手们杀得心胆俱寒，战意已尽，面对大唐的骑兵只能是抱头鼠窜溃不成军。此时唐军骑兵的冲杀，就是一边倒的屠杀。

此时，夕阳已经染红了天边，那血一般的天空瞬间好像和大地连接起来，让人在天地之间感受到了一丝惊悚。

……

在经过近三个时辰的战斗后，唐军斩杀大食士兵两万余人，俘获四千余人。

在远离故土，深入敌境的作战中，唐军首战告捷！

策反

白天那震天的喊杀声此时终于消失了，一望无际的哈萨克草原，在落日的晚霞中显得那么安静。

殊死厮杀的战场沉静下来，折断的长矛、断剑，插在尸体上的箭矢，尚还冒着青烟的破败军旗到处可见。这期间偶尔还有受伤之人发出的几声惨叫，当然还有咒骂。

那些失去了主人的战马在茫然地嘶鸣，只有寥寥几只觅食的猛禽在落日的余晖中无声地飞来飞去。

此后的四天里，唐军和大食军又展开多次这样的对攻，但每一次大食人都会付出伤亡惨重的代价。穆斯塔法不得已一边向总督呼罗珊请求增援，一边狼狈地带领人马向纵深的腹地退去，一直退到怛罗斯河的南岸方才停止脚步。

而唐军虽然接连胜利，但高仙芝并没有下令乘胜追击，他的理由很简单，唐军兵力不多，不能孤军深入敌境的腹地之内。在我看来，高仙芝这个决定并没有错误，当然前提是他应该和包围怛罗斯城的另一路人马会合，但是他并没有这样做。

本来高仙芝手中的兵马一共不到三万人，现在自己又分兵对抗穆斯塔法的军队，如果说高仙芝这路人马是孤军中的孤军一点也不为过。

也许高仙芝有足够的自信心，之所以不乘胜追击，是因为他想休整或正在寻找有利的战机，高仙芝虽然是个野心极大的人，但具体到战局，他不是一个冒进的人。

但是，高仙芝显然忽略了一个至关重要的问题，那就是穆斯塔法虽然已经损失惨重而狼狈逃离，但他并没有切断和其他大食军队的联系，尤其是总督呼罗珊的手中掌控着十几万军队。

事实证明，呼罗珊在接到穆斯塔法的求救后，立即带领人马急速向怛罗斯南岸靠拢。然而最终的结果却证明了，高仙芝并没有败在敌人相对于自己拥有极大的优势兵力，而是败在大食人的阴谋之下。

……

呼罗珊与穆斯塔法会合后，第一件事就是在自己的营帐里召见了穆斯塔法，对于他而言，唐军是劳师远征，在天时、地利、兵力都占有极大优势的情况下，大食军队在穆斯塔法的带领下四天来连战连败，居然演了这么一出让人恶心的丑剧，这在呼罗珊看来简直不可思议。

"总督大人！我……"

"好了！不要说了，四天的时间，居然被高仙芝用同一种战术打败，你不觉得惭愧吗？当年我们的战士纵横驰骋欧洲，问问谁是我们的敌手，你这一仗不仅让我们损失了很多战士，更让我们的军队受到了侮辱！"

呼罗珊的语气越来越严厉，穆斯塔法恨不得找个地洞钻进去，他虽然感到很委屈，但是一看到总督大人那严厉的眼神，只得把后面的话咽了回去。

就在穆斯塔法惭愧不已时，呼罗珊旁边的副将伊本·萨利赫开口说道：

"穆斯塔法将军一向甚是高傲，在欧洲作战时，就表现出了不愿和其他人并肩战斗的想法，现在面对唐军，他又是孤军和高仙芝打了四天，虽然兵力占据绝对优势，但是战术实在太呆板，如果总督大人不及时赶来，高仙芝乘胜追击，后果将不堪设想。"

显然，伊本·萨利赫是在落井下石，而造成他说这些话的原因，是前些年在欧洲作战时，有一次他进入了敌人的埋伏圈，在向邻近的穆斯塔法求救后，高傲的穆斯塔法竟然没有任何反应，最后伊本·萨利赫拼死突围，差点拼上性命才侥幸逃出重围。

正是因为那一次事件，伊本·萨利赫对穆斯塔法怀恨在心，一直想找个机会报复穆斯塔法。事实上，穆斯塔法率领的锡尔河流域部落军队在内心深处对大食人有一种排斥心理，换句话说，穆斯塔法的军队不是大食人的正规军，属于非嫡系，就好像唐军中的突厥葛逻禄部。

面对伊本·萨利赫的落井下石，穆斯塔法并没有发作，因为他知道自己发作也没有用，因为先前的战绩已经决定了此刻自己只能是个让人垫牙的主儿。

"好了！现在不是追究谁的责任的问题，也不是翻老账的时候，要知道我们在唐军眼里可是不分彼此，高仙芝只知道他要打败的是大食人，占领的是我们的土地。"

在营帐内即将陷入尴尬的氛围时，呼罗珊的另一位副将图勒站出来解围。

图勒环顾了一下帐中众人的表情，接着开口说道：

“大家这是何必呢，现在同心协力共抗唐军才是正事，在这里互相排挤，是解决不了什么问题的……”

图勒说完，用眼睛瞟了一下伊本·萨利赫，显然他并不赞成此刻伊本·萨利赫这种落井下石的表现。

图勒知道伊本·萨利赫是个面善心狠的主儿，猜到在这次战役过后，他一定会报复穆斯塔法。如果接下来这场仗打胜了，穆斯塔法或许还能继续带兵；如果这场仗真的败了，总督大人一定会拿穆斯塔法来出气。

虽然图勒和穆斯塔法没有什么深交，但出于一种同情心理，图勒决定出手相助穆斯塔法，而他明白此刻最好的帮助方式，就是动用自己的智慧，在接下来的战斗中一举击败唐军。

在经过短暂的思考后，图勒继续开后说道：

“总督大人！通过先前穆斯塔法将军和唐军交战的情况来看，虽然我们占据绝对优势的兵力，但如果不改变策略，一味地猛攻，恐怕未来失败的还会是我们！”

“我们穆斯林的战士是英勇无惧的……”没等图勒说完，伊本·萨利赫抢着说道。

“别打断图勒将军的话！”呼罗珊示意道。

图勒没有理睬伊本·萨利赫，在得到总督大人的肯定后，他继续说道：

“其实打败唐军不是件困难的事情，高仙芝远征而来，他比我们更想早一点结束这场仗，更何况高仙芝此番前来，他的手下也不都是唐朝本土的军队。”

“你是说……”呼罗珊若有所悟地试探着问道。

“分化！”

“分化？”

“对！高仙芝虽然能征善战，但他的人马绝不是铁板一块！”图勒坚定地说道。

不经意间，营帐之内所有人的目光全都集中在了图勒的身上。

终于，在大家的期待中，图勒讲出了他的计划。

原来有一个曾经被唐军俘虏的己方之人，他被关押在葛逻禄人营地时，听到这样一个消息：葛逻禄人对唐军很是不满，因为他们想在中亚一带进行扩张，却慑于唐军的强盛而不敢轻举妄动。后来，这个俘虏找了一个空子，偷偷地跑了回来。这让图勒看到了一线希望。他揣度从这方面下手，或许能有机会挽回败局……

“策反葛逻禄人!”

当图勒说完最后一句话时,营帐之内陷入了一片寂静之中,所有人都在思考图勒的计策到底有多少可行性。

……

“其实,阁下还不知道,并不是我们歼灭不了这股唐军,而是我们的总督大人不想为了这些难逃被全部歼灭厄运的唐军,再多损失我们的战士。”

当图勒在营帐之内献出策反葛逻禄人的计策后,呼罗珊坚信完成这个任务非图勒不可。

于是,图勒偷偷潜到仍在包围怛罗斯城的葛逻禄部的营地,对葛逻禄部落首领塔施力说了上述那段话。

坦白地讲,图勒对塔施力并没有什么好感,从第一眼看到这个首领开始,图勒就认为他是个透着狡猾而又愚蠢到鼠目寸光地步的家伙。虽然心里鄙视他,但图勒脸上却表现得很是恭敬,在看到塔施力没有表态后,他继续不慌不忙地说道:

“首领您知道吗?现在高仙芝虽然面对我们打了几个胜仗,但他的兵力严重不足,而且又是劳师远征,而我们这边呼罗珊总督已经率领二十万精兵前来增援,这场战争最后的输赢,我想您不难猜到吧?”

塔施力抬眼瞟了下图勒,然后用一种略带嘲讽的口气说道:“唐军的战力是非常惊人的,我曾听说过,三百个大唐士兵就可以消灭一万个大食人。”

“哈哈哈哈!”面对塔施力所说的话,图勒不禁大笑起来,虽然他也听过这句话,但此时他必须给营帐之内的所有人一种满不在乎的表现。

只有这样,才能让葛逻禄人充满对大食人的敬意。

“您真是个可爱的人,但也是个好糊弄的人,三百对一万?这怎么可能?除非高仙芝是个能呼风唤雨的法师,这是唐军为了吓唬我们这些中亚民族说的吧?”

不经意间,图勒拉近了和塔施力之间的距离,从民族属性来讲,当时驻扎在中亚的大食人已经逐渐融合了中亚民族。

塔施力还是摇了摇头道:“不行,我还是不想背叛大唐。大唐待我们葛逻禄部不薄,我们葛逻禄部不能做这种让人唾骂的事。”

图勒已经从这个葛逻禄部首领的语气中听出了话中的意思,他不过是在借此机会讨价还价而已。

图勒故意摇了摇头，说道："您可能是想为你们葛逻禄部在战后索要一些好处吧？其实这不是什么问题。我们总督大人说了，只要葛逻禄部答应解除对怛罗斯城的包围，和我们共同前后夹击唐军，在事成之后，这万里方圆之地就可以任你们圈占！"

图勒尤其着重突出了最后一句话，他坚信唯利是图的塔施力抵挡不了这种诱惑。

在塔施力看来，图勒许诺的这个条件确实优厚，这可是他们梦寐以求的，而对唐军却连提也不敢提的梦想。

最重要的是，他觉得高仙芝虽然先前打了几个胜仗，但现在已经是强弩之末，劳师远征的弊病早晚会显现出来。一旦到了那个时候，自己这点人，即便再加上拔汗那部，恐怕也会被大食人打得惨败，再加上事后大食人又许诺了那么丰厚的利益，这使他忘记了对唐军的害怕。

综合以上考虑，塔施力得出了一个结论，跟着高仙芝一条路走到黑，并不是个明智的选择。

"将军可做得了主？"塔施力追问道。

"我来之前，总督大人将回报的条件已经完全授权给我。"

"好！这片地区本来就是我们的，何况高仙芝违背诺言擅自攻打石国，而且将其国王斩首，实在没有信誉，葛逻禄部不愿做第二个石国。"

塔施力一边说着一边比画着拳头！

图勒的嘴角露出了一丝笑容，塔施力的态度表明，这场仗胜利的天平已经开始向大食人倾斜。

……

败局

在大食人和葛逻禄部秘密达成协议的时候，高仙芝依旧按兵不动。

很多人认为高仙芝的按兵不动是一种自大的体现，事实上在我看来，他的这种做法是想以逸待劳。在高仙芝看来，劳师远征最大的弊端就是后勤补给不给力，更何况唐军现在已经是在敌境的腹地进行作战，根本谈不上补给，按说遇到这种情况应该主动出击速战速决才对，可实际情况却是三万唐军如果硬拼二十万大食军队，那无异于以卵击石。

所以高仙芝决定还是采用先前的战法，利用自己的法宝——弓弩手，去消耗对方的实力，打一场积极防御战。

事实证明，高仙芝的设想很正确，但他万万没想到，自己的后院会突然起火。

随着时间的推移，战争进入到了第五天，这一天前方哨兵为高仙芝带回了大食军队在怛罗斯河东岸迅速集结的消息，种种迹象表明，大食军队很可能会再次向唐军发起冲击。

“传我的命令，全军迅速集合，向怛罗斯河东岸靠拢！”

多年驰骋于疆场的历练，使高仙芝有一种预感，今天这场仗有可能会是一场决定性战役。

就这样，大食军队和唐军双双列阵于怛罗斯河畔的东岸。

大战一触即发！

连日来的高度紧张和疲劳使高仙芝的面色看起来有些憔悴，但他仍旧镇静如常，紧盯着大食人，寻找他们的破绽，同时也准备着随时向敌人发起进攻。

而对方指挥这场战役的正是先前策反葛逻禄部的图勒，此刻他也正在谨慎地布置着兵力。

这个时候图勒显然醉翁之意不在酒，他知道决定今天这场仗胜利的并不是现在在自己身后的军队，而是正在包围怛罗斯城的葛逻禄部，不过他也明白，要取得最后的决定性胜利，自己须要表演好，全力吸引高仙芝的注意力，否则计划再好，要是没有其他的附从国帮助，仅靠呼罗珊战士，别说战胜唐军，恐怕到时候连一个时辰也坚持不到，就会被唐军击溃。

于是，图勒把他的精锐战士派到了最前面。

高仙芝见机不可失，马上下令部队首先进入攻击状态。

战场竟出现了这样一种情形：人数极少的一方——唐军，突然向人数众多的一方发起了冲锋。

高仙芝终于还是做了一个变化，原本的弩箭手总是守在原地，采取守势，向敌人发射弩箭，但这一回却是主动向敌人发起冲锋。

弩箭手排成三排，手持弩箭向敌人的阵地冲去，而李嗣业所率的陌刀手，紧跟在弩箭手的后面，做好随时厮杀的准备。

两旁的骑兵照例随着跟进，只是现在还不到他们进攻的时候。

然而这一次，当弩箭手们张弓放箭时，高仙芝却发现大食人的阵形开始渐渐地向后撤退，大食人这样的表现，倒没有出乎唐军的意料，他们都觉得大食人是让自己吓破了胆，才会有这样胆怯的行为。

但高仙芝却因此生出了怀疑，因为大食人的这种做法，与他们一贯勇猛善战的作风完全不同，直觉告诉高仙芝，大食人似乎是在等待着什么？此时的他仍然是百思不得其解。不过，这也引起他的警觉，他下意识想到了在自己身后的怛罗斯守城军队，难道大食人是想前后夹击？

他觉得很有这种可能。他马上找来几个士兵，让其火速去葛逻禄部和拔汗那部，通知他们，一定要防备怛罗斯城内敌人的动向。

看着几个士兵离去的背影，高仙芝这才略微放下心来。只是他万万没有想到的是，他最没有防备的盟军——葛逻禄部才是潜伏在他身边最危险的敌人。

不过，正是由于高仙芝有了这种不好的预感，才使拔汗那部没有被葛逻禄部和怛罗斯城内的大食守军歼灭。

他们才能在事情突变的短短时间内，得以逃出生天。

眼前大食人依旧在缓缓向后撤退，高仙芝越来越觉得敌人肯定是在等什么人来，不管来的会是什么人，他也绝不能让其得逞，他果断地下令，让己方的骑兵立即出击。

于是，段秀实率领骑兵部队立即向敌人的左右两翼冲去。

高仙芝亲率紧随其后的弩箭手，分成三排，跟在陌刀手的后面，准备以仰射的弩箭支援陌刀手。最后面那一千伏远弩箭手紧紧跟随，随时准备支援。

这一次，高仙芝决定要在这一仗中彻底解决大食人，要让他们在中亚这块地方彻底地消失，而且他已经看到了这种可能。

此时，图勒可能也想到了再与唐军对阵，他把仅剩下的近两万精锐的呼罗珊战士放在了最后。只是不同于上几次，这次是放在了大军的两侧，以便于观察唐军的变化。

唐军继续挺进，直到距离大食人仅有二百步远的时候，唐军的弩箭手突然发射出密集的箭雨，将大食人射倒一大片。

陌刀手们在李嗣业的带领下，随后冲进了敌群中大砍大杀起来。

这些靠前的大食人经唐军的这一阵砍杀，顿时炸了营，呼喊着向后退去。也可能是他们早就有了逃跑的准备，再加上又是骑兵，因此逃跑起来不是陌刀手这些步兵所能追得上的。

陌刀手虽然也紧跟在后面追赶，但终究两条腿追不上四条腿，很快双方就拉开一大段距离。

这时，两侧的唐军骑兵见此情况，立即向敌人发起了冲锋。

不过，大食人好像早有了准备一样，根本不和唐军接触，一见唐军追来立即向四周散开。

就这样，唐军的骑兵、陌刀手与后面的弩箭手拉开的距离越来越大。

高仙芝越看越觉得不对，这一回敌人的表现太反常了，这不能不引起他的警觉。他望着远去的己方骑兵，思索了一会儿。突然，他脸色一变，急忙喊道："快！让骑兵和陌刀手赶快撤回来！现在阵形实在太散了，防止生出变故！"

然而他的命令还没有发出去，就有人在身后喊道："将军，你看！"

高仙芝循着声音向后望去，随即就见有大批的大食人冲杀过来，但最让他心惊的却是和大食人一起冲来的葛逻禄人，一马当先的就是那个部落头领塔施力！

高仙芝终于恍然大悟。原来葛逻禄人才是这场仗胜败的关键！

"这群反复无常的小人！"高仙芝愤恨地说道。

葛逻禄人和怛罗斯城内的守军一共有六万人，他们先是派出一部分人去消灭拔汗那部，只是高仙芝事先给拔汗那部提了个醒，这才使他们免于灭顶之灾。

拔汗那部见了葛逻禄部闯进他们的营地乱杀起来，他们什么都明白了。不过，由于葛逻禄部的主要目标是唐军，他们原来是打算以偷袭的方式来一举歼灭拔汗那部，就没有派多少人，所以，这些人一见拔汗那部已经有了准备，便也知趣地撤退了。

不过拔汗那部首领却深知，这里已经不是久留之地，于是急忙带着全部的族人迅速撤离，去和唐军会合。

由于唐军的弩箭手没有防备身后，所以在猝不及防之下，很快就溃散了。此时，弩箭手已经组织不起来有效的弩箭阵，他们只能抛掉弩箭，抽出横刀和这些偷袭的敌人厮杀。不过，他们的人太少，根本抵挡不了这足有六万敌人的进攻。

前面的骑兵、陌刀手突然失去了弩箭的支援，这让他们大感惊异，而对面的敌人不但停止逃跑，而且还像潮水般地冲上来。

最糟糕的是，唐军的身后已经开始乱起来，段秀实当机立断，马上下令撤退。

大食人的骑兵因为唐军骑兵的撤走而失去了攻击的目标，转而攻向陌刀手。

令他们没有想到的是，他们刚一和这些陌刀手接触，就被对方的陌刀砍倒上千人。

面对着凶悍异常的唐军陌刀手，大食人都愈加小心，不敢过分逼近。

因事起突然，高仙芝纵然有千百计策，现在也无法再组织起阵势，只能是在混乱中且战且退。

而这一切都是按照图勒的设想在进行！

“进攻！”图勒果断地下达命令。他知道自己的人马已经无须再向后撤退，大食人的正面部队已经开始进攻了，而唐军的身后也攻上来了六万敌人，前后夹击下，唐军劳师远征的弊端便开始显现出来。

终于，他们支持不住了。

图勒的军队进行了大规模的攻击，这一次由于唐军阵形已经散乱，所以被那些手握圆月弯刀的穆斯林战士打得措手不及。区域狭小使唐军的弩箭手也无法发挥作用，被大食人一通砍杀，损失相当惨重。

“不要再刻意组织阵形！赶快撤退！”慌乱之中，高仙芝不断地喊道，然而任凭他撕心裂肺地呼喊，他的声音只能被湮没在那战场厮杀的嘈杂声中。

“将军趁着天黑赶紧撤回安西吧，不要再考虑其他人了，不然的话，我们都会死在这里！”副将李嗣业提醒高仙芝说道，此时他浑身血污，手中的陌刀已经砍得卷了边儿。

“胡说！不管大军而自行逃跑，是没有勇气的，不想着怎样保全大军而想着保全自己，是不人道的，如果这样跑出去，你心里难道就不惭愧吗？”

另一个副将段秀实一边砍杀不断冲上来的大食人，一边对李嗣业说道：

“那我留在这里，你保护高将军撤走！”李嗣业说完后，带着十几个亲兵将围攻高仙芝的大食人从他身边引开。

……

经过将近一夜的连续奔逃，高仙芝终于撤出了怛罗斯地区，清点人数过后，原来的三万人只剩下不到一千人。他仰天长叹，此时他终于明白这场仗自己并不是输给反复无常的葛逻禄人，而是输给了自己那不可遏止的贪婪与野心。

天宝十年(751 年)七月二十九日，高仙芝带领着残兵败将终于回到了安西，怛罗斯之战的失败让他很是不甘心。如果不是野心的急速膨胀，如果不是过于贪婪中亚的土地，他本可以准备得更加充分然后再出征，但是现在全都为时已晚。

“我一定还会回到那里的！”高仙芝用一种愤恨的眼神向西边望去，此时他或许想不到，他已经没有机会再次到达那个让他可以挽回声誉的怛罗斯，更让他想不到的是，从此时开始一直到大唐灭亡，大唐的铁骑再也没有能够向西踏出安西地区一步。

恒罗斯之战最终以唐军惨败而告终，但从文明的传播角度而言，恒逻斯之战却促进了中华文明的向外传播。

我们都知道中国古代的四大发明，而通过恒罗斯之战传出国门的就是其中的造纸术。

据史料记载，恒罗斯之战中共有一万余唐兵成为战俘，其中包括一些造纸工匠。而不久外部世界的第一个造纸作坊就出现在撒马尔罕（今乌兹别克斯坦塔什干附近）。此时距大食第三任正统哈里发奥斯曼派遣第一个遣唐使来华正好约有一个多世纪的时间。

可以说造纸技术是由来自中国的工匠师傅传授的，这是无疑的。中国的造纸工匠除了被俘后流落他乡传播造纸技术外，他们或许是作为文化交流使者在恒罗斯之战之前就到达了那里，或者兼而有之，但是恒罗斯之战至少是推动了造纸术的西传。

中华文明就是这样传授给阿拉伯人，后来再由他们传往更加遥远的欧洲，这也成为那个时代东西方文化传播的固定模式。

恒罗斯之战虽然历时并不长，但对很多方面产生的影响却是深远的，主将高仙芝正是从恒罗斯之战开始逐渐跌入了人生谷底，这对他来讲是个悲剧，然而更悲剧的是，仅仅五年后他因为一起莫须有事件，居然被无故冤杀！

第十二章

外戚乱政

介绍完大唐在中亚的惨败之后，让我们继续回到朝廷内你死我活的政治斗争中。

李林甫最终还是没能扳倒太子李亨，虽然胜利已经触手可及，但因为李隆基那不可触碰的底线，使他对李亨的进攻还是变相地被瓦解。在这个世界上，有很多事情是具有标志性的，无论是对于国家还是个人而言。在李林甫十九年的宰相生涯中，标志性事件并不少，扳倒张九龄是他成功的起点，而攻击李亨的无果则是他步入低谷的开始。

俗话说得好，江山代有人才出。当李林甫逐渐陷入低谷的时候，朝廷内新一代红人开始渐渐脱颖而出，而这群人的典型代表就是杨玉环的族兄杨国忠。

官运亨通

杨国忠本名杨钊，其祖父与杨玉环的祖父是兄弟，因此他与杨玉环属于同曾祖兄妹关系，这种亲戚关系比较疏远。事实上，杨国忠的母亲还是武则天时期的面首张易之的亲妹妹，而作为张易之的亲外甥，从血缘角度来讲，这个关系远比杨国忠和杨玉环的关系要近很多。不过，随着张易之在五王政变时被杀，杨国忠家族逐渐衰微，形成了与杨玉环家族截然不同的状况。

据史书记载，杨国忠年轻时是个放浪的人，最喜欢饮酒赌博，被宗族乡里鄙视，过了而立之年后，因感觉在家乡很难立足，便远走四川发愤从军。

在从军期间，杨国忠虽然很努力地想成为一名合格的帝国将士，但因为养成了放荡不羁的习惯，所以经常被人误解，甚至连时任益州长史的张宥，都憎恶他的为人，本来杨国忠可以有很好的前途，就是因为张宥不喜欢他，只捞了个新都县尉的官职。

杨国忠虽然人品卑劣，但从外形上来讲，绝对属于帅哥的类型，他身材高大魁梧，仪表堂堂，而就是因为这个原因，他还得到过四川当地大富豪鲜于仲通的资助。

我相信如果没有杨玉环的受宠，杨国忠就只能凭借着自己的努力，在新都县尉的职位上一点点地熬资历，而最终当上宰相对他来说更是有些痴人说梦。然而让他想不到的是，随着杨玉环的受宠，他自己的人生轨迹从此改变了。

天宝四年(745 年)八月，杨玉环被册封为贵妃，她的两个亲哥哥杨锜、杨铦也都沾了杨玉环的光，一举成了朝廷大员，而杨家也成了朝廷内最炙手可热的外戚势力。杨国忠虽然也是杨玉环的亲戚，但因为是疏属(关系较远的亲属)，当时并未受封。不过当杨玉环被封为贵妃的消息传到四川后，时任剑南节度使的章仇兼琼因为很想升官，所以很想和杨家结交，他知道杨玉环出生在四川，于是就在四川当地寻找能够和杨家说上话的人，很快章仇兼琼的想法被鲜于仲通所获悉，他向章仇兼琼推荐了杨国忠。

杨国忠虽然是杨玉环的远亲，但对于身处西南边地的章仇兼琼而言，已经是难得的人选了。并且在见到杨国忠后，他发现杨国忠不仅长得帅气，而且能说会道，显然是个合适的人选，于是他立即任命杨国忠为推官，赠送给他大量的金银财宝，以为朝廷贡献春绨(一种昂贵的丝织品)为名，派他前往京城去活动。

天宝四年(745 年)十月，杨国忠到达长安后，先拜见了杨玉环的姐姐虢国夫人，将名贵的蜀锦进献给她，并由虢国夫人引荐而见到了杨玉环。虽然杨玉环当时对这个远亲没有什么印象，但毕竟是亲戚关系，而且从四川大老远地来看望自己，出于一份感动，杨玉环向李隆基推荐了这个族兄，于是杨国忠被李隆基任命为金吾兵曹参军。

金吾兵曹参军是个品阶很低的官职，但其可以自由地出入皇宫。因为这个便利条件，再加上善于交际，杨国忠很快就和诸多朝廷官员打成一片，其中时任御史中丞的王铁最欣赏他，不久杨国忠成为王铁的判官。

逐渐在朝廷内站住脚之后，杨国忠开始展现出他那优秀的官场逢迎术，加上和杨玉环的亲戚关系身份，从天宝五年(746 年)以后，杨国忠在仕途之路上开始扶摇直上,从监察御史一直升到度支员外郎兼侍御史。

杨国忠虽然早年行为放荡不羁,但他本身并不是个素质低下的二杆子。此时官职的不断升迁,并没有冲昏他的头脑,他明白自己能够有今天,完全得益于两点,那就是善于巴结和裙带关系,善于巴结使那些喜欢逢迎的官员在皇帝面前推荐了他,而裙带关系则是因为所有的一切都有杨玉环坐镇。而要想在朝廷内实现长久不衰的立足,他须要在接下来的时间内,寻找真正地在李隆基那里赚足印象分的机会。

终于,天宝七年(748 年)十二月,杨国忠等到了一个机会。

当时大唐帝国经过开元盛世的沐浴,全国各地州县粮食储存丰厚,形势一片大好。不过让李隆基有些苦恼的是,朝廷征税后,很多充当租税的粮食、布匹数量庞大加上运输不便而不能及时被运送到长安。针对这个现象,杨国忠不失时机地上疏建议李隆基,可以让各州县依据自身的实际情况,将充当租税的粮食、布匹卖掉,换成轻货送到京城,这样既不减少税钱,又不耽误交租的期限。而且他还上奏李隆基说现在国库充足,希望陛下能够到左藏(古代国库之一,因为在左方,故称左藏)参观一下。李隆基参观过后,对杨国忠的细心大为称赞,高兴之余赐杨国忠紫金鱼袋以示奖励,又任命他为太府卿,专门负责管理钱粮事宜。

对于杨国忠而言,这次及时上疏建议是他在朝廷内兴起的一个标志。在此后的日子里,他越来越受到李隆基的信任和宠幸,加上杨玉环不断对李隆基吹枕边风,使杨国忠迅速成为新一代红人的代表。

天宝九年(749 年)二月,杨国忠因为其本名“钊”字中间含有“金刀”两个字,认为这个名字并不吉利,请求改名,结果李隆基赐名为“国忠”,自此杨国忠的名字开始流传于世。从名字上来看,李隆基对杨国忠先前的表现很是满意;从皇帝陛下赐名的寓意来看,事实上随着名字的变化,杨国忠已经成为朝廷内仅次于李林甫的二号人物。

在杨国忠崛起后最初的日子里,他对这个朝廷首席宰相还是毕恭毕敬的,但随着时间的推移和客观环境的变化,杨国忠逐渐将李林甫视为自己道路上的阻碍!

裂痕

在李林甫对李亨实施大肆攻击的时候,杨国忠始终是李林甫坚实的盟友,不仅因为那个时候杨国忠还只是个朝廷新人，需要大红人李林甫这个坚强有力的靠山，还因为李林甫看中了杨国忠的背景，所以像拉拢安禄山那样，也将他作为自己的一个援手。

在攻击李亨的过程中，杨国忠虽然不像杨慎矜和罗希奭那样始终充当马前卒，但暗中却始终协助李林甫积极谋划。他在京城另外设立推院，屡兴大狱，派人审问李亨的党羽并株连李亨的党羽数百家。

不可否认，杨国忠是个精明的老狐狸，他当然需要李林甫作为靠山，但他同时也意识到李林甫虽然是皇帝的眼前红人，但在和李亨的斗争中，最终的胜利者未必会是李林甫，所以他始终将自己隐藏在幕后，尽量不使自己与李亨的矛盾公开化。

但正所谓世界上没有不透风的墙，杨国忠这种既想当婊子还想立贞节牌坊的心理，注定使他从一开始就陷入到了政治危机当中，只是这种危机因为李隆基对他的信任，而暂时处于蛰伏状态，直到十年后安史之乱的发生，才使其彻底地爆发出来，而那一刻，杨国忠只能用死亡的代价来平息这场危机。

李林甫和杨国忠在对待李亨的问题上，因为各自的利益，曾经有过一段蜜月期，但随着杨国忠渐渐成为仅次于李林甫的朝廷二号人物，专权的李林甫开始感受到了压力。从能力上来讲，杨国忠和李林甫相比，有很大的差距，但从背景上来讲，李林甫显然不如杨国忠。

现在，李林甫最担心的就是随着自己逐渐老迈，杨国忠会不会因为背景和善于逢迎的关系而取代自己，他之所以产生这种想法并不是空穴来风，事实上他已经从很多事情中看出了一些端倪。

让李林甫首先产生这种担心的是一个叫吉温的人。

吉温时任御史中丞，是已故宰相班子成员吉顼的从子。吉温表面上看是朝廷任命的监察官员，而事实上他还有另外一个身份——酷吏。李隆基时代的酷吏已经明显不如武则天时代的来俊臣、周兴之流那么大肆地兴风作浪，但酷吏终究是酷吏，其本性依然继承了来俊臣、周兴等人的阴险狡诈、残忍刻薄。

其实，李隆基最初对吉温的印象并不好，所以吉温的仕途之路一直不顺，一直到李林甫成为首席宰相之后，吉温不断地向李林甫献媚，在李林甫的推荐下，吉温捞了个京兆府士曹的官职。他后来又跟着李林甫一同攻击太子李亨，从而被李林甫视为心腹，又将他提拔为户部郎中兼侍御史。

吉温本身是一个没有原则的人，谁能够给予他更大的好处，谁就如他亲生的父母，再造的爹娘。在官职一路飙升之下，吉温开始做起了宰相的美梦，他想让李林甫引荐自己为宰相，但李林甫并不是糊涂人，献媚争宠他固然可以，但做宰相需要的是实干家，仅凭这一点吉温显然是不够格的。

所以吉温兄弟，你还是洗洗睡吧！

应该说，吉温能够发迹起来，实在应该感谢李林甫。但无数事实证明，在我国漫长的你死我活的政治斗争中，从来都不缺少白眼狼，而吉温恰恰就是那种吃饱了咬主人的白眼狼。

在利益的不断驱使下，在宰相美梦的召唤下，他最终倒向了朝廷新贵杨国忠。

和当初巴结李林甫一样，吉温用同样的方式巴结杨国忠，唯一不同的是，吉温用酷吏所特有的煽动能力，撩拨起杨国忠的野心。

“如果您愿意的话，小人愿意为您设计取代李林甫的方法！”

这是吉温在加入杨国忠一党之后，说的最能打动他的一句话。

对于吉温的话，杨国忠当时没有表态，只是微微地笑了一下。事实上，在我看来，他是个比李林甫更加口蜜腹剑的人，之所以他没有表态，是因为此刻他没有把握扳倒李林甫，当然也没有机会。

而他那看上去十分温和，实则透露出诡异般的笑容，其实是一种掩饰。

因为他早已经看出吉温并不是个可靠的人！

杨国忠就这样用自己温和的笑容，算是将吉温敷衍过去了。在杨国忠看来，即使未来真的和李林甫针尖对麦芒地进行权术之争，也用不着吉温替自己设计，因为在朝廷首席宰相和新贵面前，吉温的智商还不够级别。

不过没过多久，吉温对杨国忠说的话，就传到了李林甫那里。

对于吉温的为人，李林甫其实是十分了解的，只是在攻击李亨的过程中，他需要尽可能聚集更多的爪牙，但内心深处他和杨国忠一样，看不起两面三刀的吉温，这一点从他拒绝推荐吉温做宰相就可以看出来。

李林甫或许想到了早晚会和吉温分道扬镳，但他实在没有想到曾经的盟友会倒向自己未来的政敌杨国忠。背叛是可以的，但绝不能倒向敌人，这是李林甫的底线。

更何况，吉温说的话，正在使杨国忠一点点地走向自己的对立面。如果杨国忠反驳吉温，李林甫心里倒还踏实些，但杨国忠恰恰选择了沉默，历经诸多政治斗争的李林甫，敏感地意识到杨国忠的心里很可能已经产生了非分的想法。

至此，李林甫和杨国忠之间产生了裂痕。因为李林甫那长久以来的猜忌之心，还因为杨国忠不断暴露的野心，更因为吉温那不可遏止的私欲让两大权术高手由曾经的“蜜月期”开始走向对立。

事实上，对于李林甫而言，和杨国忠产生裂痕并不可怕，可怕的是失去皇帝陛下的信任，而从天宝九年(750年)以后，皇帝陛下对于李林甫好像的确逐渐疏远。

决裂

作为皇帝，在看待臣子的时候，一般都具有双重心理。一方面他们希望臣子能够独当一面，成为整个帝国的支撑者；但另一方面他们不希望臣子的锋芒盖过自己，更不希望臣子的权力过于集中和长久。

而李隆基看待李林甫就是上述这种心理。不可否认，从李林甫成为首席宰相后，李隆基对李林甫可谓是信赖有加，这也是李林甫能够专权的根本原因。李林甫攻击太子李亨，虽然是在李隆基的默许下进行的，但他忽略了一个至关重要的问题，那就是在和太子李亨的斗争中，李隆基会用一种什么眼光看待自己。

在我看来，李隆基虽然默许了李林甫攻击太子李亨的行为，但他并不希望李林甫表现得过于生猛，更不希望他露出残忍嗜杀的本性，这一点从李隆基为李亨辩护就可以看出来。可惜的是，李林甫和李亨的矛盾是不可调和的，而从某种角度而言，李林甫是处于弱势的，在不是你死就是我亡的斗争中，李林甫必须亮出獠牙一条路走到黑。

事实上，从李亨成为太子的那一刻起，就注定了李林甫会走上一条让李隆基逐渐疏远的道路。对于李林甫而言，这是一个宿命，更是他长期专权所必须偿还的代价。

天宝九年(750年)四月，在吉温转向投靠杨国忠之后，为了表达自己的忠心，吉温上疏弹劾李林甫的嫡系——时任御史大夫的宋浑(宋璟之子)贪污受贿，结果李隆基将宋浑贬出京城。

宋浑作为李林甫的嫡系，本来李林甫应该出面解救他的，可是史料上却没有有关李林甫解救宋浑的任何记载。从这一点来看，李隆基罢免宋浑，很可能是释放出了一个信号，那就是随着杨国忠的渐渐崛起，李林甫已经不再是不可或缺的。

李林甫是何等聪明之人，这么多年来，李隆基的一个眼神、一个举动所透露出来的信息，全都逃不过他的眼睛。现在皇帝已经释放出了信号，这实在让李林甫有些坐立不安。

虽然此刻李林甫依然可以在朝廷内呼风唤雨，但内心的焦灼已经让他感到了自己的处境有些不妙，进而让他的心中产生了一种强烈的落差感。随着时间的推移，随着压力的陡增，他那老迈的身体，健康状况开始每况愈下。

事实证明，李林甫晚年的运气实在不好，因为此时出现的王鉷事件，瞬间将他无情地彻底击倒！

作为杨国忠曾经的老领导，王鉷这些年看着他一点点地爬到了自己的头上，心中十分不爽。但王鉷也并非等闲之辈，因为他攀上了李林甫，正是在李林甫的推荐之下，从天宝六年一直到天宝十一年，王鉷从御史中丞一直升到户部侍郎兼京兆尹，并兼领二十多个节度使，虽然地位还是不如杨国忠，但也可以称得上是恩宠日渐隆重。

有的时候，人的权势和名望能够达到什么程度，舆论的吹捧是很起作用的，而王鉷的经历恰恰就是典型代表。最初王鉷在处理公务需要签发时，相关的官员只需要在门口禀报一声进去就可以了，可是随着王鉷的官越做越大，相关的官员再想进他的府上可就没那么容易了，首先门卫人员要收进门费，进去后秘书人员要收通报费，一句话，这样弄来弄去搞得王鉷像大歌星一样，出场费一路飙升，最后导致官员们想要进他的府上须要先拿号排队，还要预备多种费用以便打点各类人员，有时连李林甫对他都是丈二和尚摸不着头脑，甚至有些忌惮他。

王鉷虽然人气飙升，但并没有得意忘形。他的弟弟时任户部郎中的王焊却是个凶恶奸险的人，曾经让术士为自己算命，询问自己有没有做皇帝的命，吓得术士连忙收拾家当一溜烟地逃到远方。王鉷知道后，怕这件事泄露出去会牵连到自己，就让手下人四处寻找这个术士，在找到后假托个其他的罪名将他打死。

王鉷自认为这件事情做得天衣无缝，但他显然忽略了一个至关重要的问题，那就是这件事情问题并不在术士身上，而在于自己的亲弟弟王焊身上。

终于，王焊再一次为哥哥闯下了大祸。

王焊本来就是人品低劣的人，俗话说得好，人以群分，物以类聚。他结交的朋友也全是些不三不四的人，其中有个叫邢縡的人是个头脑简单、四肢发达，给他点颜色就想开染坊的主儿。这位仁兄挑唆王焊一起联合万骑卫的士兵发动兵变，杀死朝廷的两大奸臣李林甫、杨国忠，然后和王焊一同取代他们的位置。

对于这样的二杆子，我只想说，对待他们最好的方式就是让他们亲自品尝自己种下祸患所带来的恶果。

很快，这件事情被人告到了李隆基那里，李隆基下令让王鉷和杨国忠带领人马去逮捕邢縡等一干乱党。

王鉷在接到命令后，反应还是很快的，他意识到自己的弟弟王焊很可能正和邢縡在一起，于是他暗中急忙派人去邢縡家中寻找王焊，在得知王焊确实在那里后，他紧急地召回了王焊。

傍晚时分，王鉷带领亲信贾季邻等几百人去逮捕邢縡，当时邢縡住在长安城的金城坊，贾季邻等人到达的时候，杨国忠带领着人马也正好赶到，双方一起合围邢縡，邢縡带领着同党几十号人使劲地往外突围。本来王鉷和杨国忠这次可谓通力合作，王鉷也想通过这件事在杨国忠面前好好表现一下来证明自己的能力，但接下来事情的走向完全出乎了王鉷的预料。

在邢縡的人将围剿的人分为王鉷和杨国忠两路人马时，他们开始表现出了倾向性。

"不要伤害王大夫的人！"

在现场一片狼藉之时，一个响亮的声音忽然响起，显然这句话是邢縡的手下喊出来的，在他们看来，因为王鉷的弟弟王焊和邢縡是好朋友，所以他们本能地认为王鉷此次前来是迫不得已的。

当王鉷听到这句话后，差点没背过气去，因为他知道这句话已经证明了他和邢縡等人是同党，最关键的是，他的身边还有一个阴险狡诈的杨国忠。

"大人！看来今天贼党们有暗号啊！不可恋战啊！"杨国忠的手下提醒杨国忠说道。

人群中的这声高喊，最初让杨国忠十分恐惧，因为这等于自己的人马陷入了一个包围圈中，本来是和王鉷前来捉贼的，可是这声高喊意味着原来王鉷是对方的人，自己今天肯定是有去无回了。但当他稍稍冷静之后，他觉得问题并不像自己想的那样简单。

要知道王鉷虽然此时地位不如自己，但也是朝廷内炙手可热的人物，以他的智商，他是不可能和邢縡这样的二杆子混在一起的。

不过狡诈的杨国忠此时想起了另一个问题，那就是王鉷虽然不可能是对方的人，但人群中的那声高喊，恰恰是自己可以利用的，因为他深切地明白王鉷的背后还有李林甫这条大鱼。

"不要和他们过多纠缠，对这些人不必手下留情！"杨国忠向身边的王鉷说道，显然他的话一语双关，而在王鉷听起来则很是刺耳。

……

邢縡等一干人继续负隅顽抗，部分人虽然冲破了重围，但在到达长安城的西南角时，高力士带领400多名飞龙禁卫军及时赶到，将邢縡杀死，其同党全部逮捕。

表面看起来，这件事情到此为止，但对于杨国忠和王鉷而言，事情还远远没有结束。

王鉷的心中始终忐忑不安，人群中的那声高喊使他百口莫辩，甚至是越描越黑，他不知道接下来杨国忠会不会利用这件事情大做文章。不过让他想不到的是，在杨国忠看来，王鉷并不是他的终极目标，而李林甫才是。

李林甫！先前的一切等待都是为了这一刻，我知道强大的你犹如铜墙铁壁一般没有丝毫破绽，但现在你无论如何也不会想到，一个不经意的声音将会使你陷入不利的境地之中。

从现在开始，我可以名正言顺地和你公开决裂！

气死人不偿命

"王鉷必定参与了邢縡乱党的密谋！"

事情正像王鉷所预料的那样，当邢縡的叛乱被剿灭后，杨国忠并没有就此善罢甘休，而是立即将人群中的那句喊声如实地向李隆基做了汇报，然后他说出了自己的判断。

"王鉷的官职可是不低啊，而且也算是朕很信任的人，怎么会参与邢縡的叛乱呢？"听完杨国忠说完，李隆基有些犹疑。

"知人知面不知心，要不是邢縡手下的那声高喊，臣也始终认为王鉷是个大大的忠臣，可是邢縡的手下绝对不会无缘无故地说出那句话，所以在臣看来，即使王鉷没参与他们的密谋，他的弟弟与邢縡也是好朋友，这件事王鉷绝对脱不了干系！"

"这个……这件事情朕需要仔细斟酌！"

杨国忠的话让李隆基有些左右为难，在李隆基看来，王鉷倒不是自己最在意的，他之所以左右为难，是因为王鉷的背后有李林甫。李隆基以其超强的政治敏感判断出，李林甫是绝对不可能坐视不管的。

事实证明，李林甫在知道杨国忠向皇帝陛下汇报后，便立即出手援救王鉷，在他的不断周旋和老泪纵横般的辩护解释下，李隆基出于无奈，最终不得不决定特赦王鉷和王焊。

坦白地讲，对于王鉷，李隆基是有些同情的，而对于王焊，他内心认为应该治罪，既然已经答应了李林甫赦免二人，正所谓金口玉言，所以李隆基也不好反悔。但他又认为如果不将王焊治罪，帝国的法律将成为一纸空文。为了继续履行自己的承诺，又能将王焊治罪，李隆基开动他那睿智的头脑急速地进行着思考。

最终，他想出了一个办法，那就是对王鉷进行旁敲侧击，希望王鉷主动上疏请求将王焊治罪，这是李隆基所能想出的最好办法，但同时也是个不可能实现的想法。

原因只有一点，很少有人能够迈过亲情这一关！

李隆基的旁敲侧击没有起到任何作用，虽然此后，李隆基让杨国忠不断暗示过王鉷，但无论怎样，王鉷就是死猪不怕开水烫，任你风吹雨打，我自岿然不动。

这下李隆基彻底愤怒了！

在皇帝面前，对于给脸不要脸的人，最终只有一个结果，那就是死！

不久之后，诸多言官接二连三地上疏弹劾王鉷，理由是王鉷在此之前过于拉风，而且邢縡的案子，王鉷有着重大嫌疑，本着严谨的原则，建议皇帝陛下重新对王鉷进行调查。

当时弹劾奏章犹如雪花般被递到了李隆基面前，不过这些奏章并没有为王鉷带来任何实质性的伤害，倒不是因为李隆基无动于衷，而是因为杨国忠的力保。

杨国忠虽然力保王鉷，但绝不是出于什么人道主义的考虑，事实上，他是想通过自己的努力，让王鉷牵引出背后的李林甫。

于是，杨国忠经过仔细的思考，决定对邢縡的案子进行严厉的审讯，即使是那些从犯也全部罪加一等，但却对王鉷出奇地照顾。杨国忠的初衷是想让王鉷感恩戴德，进而引导他供出背后的李林甫，然而事与愿违的是，王鉷的确是条汉子，只要涉及李林甫的话题，他打死也不说。

从这一点来看，王鉷虽然不是个道德高尚的人，但绝对是个够朋友的人！

面对王鉷的打死也不说，杨国忠彻底愤怒了，既然招抚不成，那就只有打压到底。

天宝十一年(752 年)四月十日，杨国忠将王鉷杀死任海川一事上报给了李隆基，虽然任海川乃是一个没有背景的术士，而王鉷是朝廷内的红人，他杀死任海川就犹如踱死一只蚂蚁一般,但这件事在杨国忠的手上却是一招杀手锏。

"任海川是个术士,据说王鉷的弟弟让他看过相,王鉷杀死他必定有隐情,肯定有什么不可告人的秘密,而且身为国家栋梁,王鉷残杀生灵,应当判他死罪!"

杨国忠明白既然已经决定出手,就要有一击击中的把握,他坚信凭借自己在李隆基心目中的地位,以及对王鉷罪行的揭露,这一次王鉷难逃一死!

果然,在杨国忠上疏的两天后,李隆基下令赐王鉷自尽,又将王焊杖杀于朝堂之上以示警戒,王鉷的儿子王准、王偁流放到岭南,不久下令将他们全部斩杀。

当王鉷和他的儿子们接连倒下的时候,整个朝廷中,心中难受的当属李林甫,他怎么也想不明白身为朝廷首席宰相,居然在这件事情上败给了杨国忠,他隐约之间觉得,自己的末路即将到来。当然没有人会将他置于死地,然而老迈的他阻挡不了自然规律,他的身体健康状况每况愈下,我想这也是在杨国忠对王鉷施以杀招的时候,李林甫没有再次营救王鉷的原因。

但是在杨国忠看来,李林甫将自己彻底地隐藏起来,一定是因为和王鉷有着什么见不得人的事情,所以在他攻击王鉷的同时,并没有忘记搂草打兔子,用旁敲侧击的方式在李隆基面前多次进李林甫的谗言。

俗话说得好,爱屋及乌。其实恨也是同样,因为王鉷实在太过让李隆基厌恶,所以在他死后,李隆基也开始逐渐疏远曾经推荐过他的李林甫。

至此,杨国忠已经初步达到了他的目的,那就是超越李林甫,成为皇帝陛下心目中唯一的红人。但我已经多次说过,政治斗争从来都是有你没我,虽然此刻李林甫已经病入膏肓,无暇再顾及身外之事,可是杨国忠没有什么慈善心,他依然在筹划下一步对抗李林甫的方法。

不过,这一次李隆基从某种意义上帮了杨国忠的忙,他的一句话使李林甫再也没能从病床上站起来,只因为他那至死也没有改变的嫉妒之心。

天宝十一年(752 年)十月,帝国西南边境的南诏国侵扰唐境,蜀地的百姓们请求让杨国忠到蜀地坐镇退敌。很多史书上记载这是李林甫在背后捣鬼,想要把杨国忠赶出朝廷,我认为这种说法并不靠谱。除了当时李林甫已经病入膏肓,无暇再顾及和杨国忠的矛盾之外,这种做法本身就是在帮助政治对手,因为杨国忠一旦成功击退南诏的进犯,等于是立下了大功一件,这无形当中是让对方增添了政治资本,以李林甫的智商,他是不会做这种赔本买卖的。

不过在这件事情上,李林甫虽然没有想法,但杨国忠却是个思维很活跃的人，此时李隆基对李林甫的疏远和对自己的无限亲近，使杨国忠已经切身地感受到，在前往蜀地坐镇这件事上可以有大做文章的地方。

当然，其最终的目的还是直奔李林甫而去。

经过慎重的思考后，杨国忠决定在辞别李隆基之时，用自己的高超演技去再一次实施对李林甫的无形攻击。

“陛下！臣此次前往蜀地定会竭尽全力击退南诏的进犯，永葆我大唐边境安宁，可是……”

“可是什么？爱卿请明言，不必有所顾忌！”

此时，杨国忠并没有立即说出他最想说的话语，而是在沉默片刻之后流下了眼泪。

“爱卿这是为何？难道有什么委屈吗？”面对杨国忠忽然之间的变化，李隆基惊奇地问道。

“臣此去蜀地，即使战死也心甘情愿，臣所担心的是臣走后，有人会在陛下面前进臣的谗言。”杨国忠说完后居然哇哇大哭起来。

杨国忠是一个颇能打动别人的人，他的话语能够针对不同的人而深入其心。他知道对于自己的这番话，李隆基是最能理解的，因为在此之前，那些为帝国四处征战的将领们，没少遭到朝廷内部人的谗言之毁。

杨国忠已经预料到自己说完后，以李隆基的智商，他会有两个反应，一个是安慰杨国忠，另一个就是问他担心谁会陷害自己。

对于杨国忠和李林甫的矛盾，李隆基是心知肚明的。

“爱卿担心什么人呢？”

果然不出杨国忠所料，对于杨国忠而言这是最佳的问题。

“别人倒是不担心，最担心的就是李林甫大人！”

“为什么？”

“李大人将权力看得比自己的生命还重要啊！”

最后，杨国忠淡淡地加了一句话：

“陛下比我更了解李大人！”

李隆基沉默了，显然杨国忠的话让他意识到了什么，于是在短暂的沉吟之后，他对杨国忠作出了一番承诺。

“爱卿先到蜀地处置军务，朕等你回来，回来后用你做宰相！”

“谢陛下隆恩！”

刚才还满脸泪水的杨国忠，此时已经是喜笑颜开！

……

杨国忠达到了自己的目的，心满意足地离开了长安前往蜀地。从他和李隆基先前的这场对话来看，我们明显可以感觉出虽然杨国忠在诋毁李林甫，虽然李隆基也在疏远李林甫，但对于这个当政已经将近二十年，为帝国做出诸多贡献的首席宰相，李隆基还是有一些感情的。

所以在杨国忠进谗言的时候，李隆基并没有采取打压李林甫的方法来回报杨国忠，而是将这个问题避开，给予了杨国忠回来后进入宰相班子的承诺。

李隆基可谓用心良苦，但此时的李林甫在知道皇帝陛下给予了杨国忠进入宰相的承诺后，他那本就病入膏肓的身体犹如风摆残叶般地再次受到冲击，他整日在病床之上愁眉不展，不知如何是好，身体才是革命的本钱这句话，此刻早已经被李林甫抛之脑后。

将近二十年的专权之路，让李林甫已经养成了对权力的依赖和顺从，现在有一个人想要从他这里把本来属于他的权力夺走，这在李林甫看来是绝对不允许的。

可是他又有什么办法呢？其实在金钱、权力等我们努力追求向往的东西面前，我们每个人都是过客，有的人流连忘返，有的人过眼匆匆！

或许是自感大限将至，病重之下的李林甫忽然想去看一看他陪伴了二十多年的皇帝。李隆基在知道后，出于一种同情，决定亲自前往李林甫府中去探望他，却被手下人阻拦，理由是李林甫可能得了传染病，如果去了恐怕会被传染。

无奈之下，李隆基只能让人将李林甫抬出府中，李隆基登上皇城的降圣阁，不断甩动着手中的红手帕向李林甫打招呼。当李林甫看到这一幕后，他不禁老泪纵横，虽然他很想站起身来再一次向着皇帝陛下跪拜答谢，但是他的身体已经不允许他这样做，只能让别人代他答谢。

当手下人抬着李林甫慢慢地走在回府的路上时，身在降圣阁的李隆基心中不禁怅然若失。这么多年来，他看到李林甫把握权力犹如鹰抓狡兔般狠准和有力，而现在却只能被人抬着走，这不能不让李隆基有一种莫名的感伤。

就在那一刻，李隆基似乎意识到了什么。对于这个再也不能站起身来，很有可能即刻撒手西去的首席宰相，李隆基并不希望他留下什么遗憾，而他深切地知道杨国忠始终是李林甫无法释怀的巨大重负。

为此，他下诏将正在赶赴蜀地的杨国忠召回，让他不必面见自己，直接前往李林甫的府中去拜见探望他。于是，一个行将就木的朝廷旧人和一个冉冉升起

的朝廷新贵,就此展开了一场对话。这是一场时间很长的对话,为了节省篇幅,我将双方说的最重要的话为大家呈现出来:

“李大人病体沉重,可要好好调理啊!”

“唉!调理不好了,非药物所能医治的!”

“其病在于……”

“心中之病不好医治!”

“大人心胸广阔无边,其病久之必去!”

“唉!林甫将要死了,您必定会做宰相,身后的事情只好麻烦您了!”

……

史书记载,杨国忠在听完李林甫的最后一句话后,立即汗流浃背,跪在李林甫床前不敢抬头。在我看来,这很可能是杨国忠的一种表演,因为精明的杨国忠一定早已经猜出了皇帝陛下急忙让他去见李林甫的用意。

杨国忠并没有表现得趾高气扬,但从对话中,我们可以明显地感受到他的心里始终是存有一股霸气的。

事实上,这场对话的经典在于李林甫的最后一句话,准确地说,这是个预言,更准确的是这个预言没过多久真的应验了。

天宝十一年(752年)十一月二十四日,担任首席宰相将近二十年的一代权奸李林甫病逝于家中,在他之前的唐朝宰相没有人能够超越他的任期年限,可以说他开创了一个新的纪录。即使是这样,最终他也没能握住他一生看得无比重要的权力,带着无尽的遗憾离开了人世。

事实上,李林甫开创的这个纪录,是他不断要弄阴谋权术的结果,而他的一生,也实实在在地告诉了我们一个很重要的道理:

人一旦把自己交给了阴谋,就等于把成败交给了运气那乖张的胃口,没有人能够精确地把握阴谋的走向和脾气!

清算

李林甫最终没能握住手中的权力,带着无尽的遗憾和对杨国忠的怨恨离开了人世。但在他死后,奸诈的杨国忠并没有就此终结对他的迫害,这也让李林甫在九泉之下无法安宁。

早在李林甫弥留之际,李隆基就已经做好了让杨国忠接替李林甫的准备,为此他下诏让杨国忠兼任中书令、御史大夫、剑南节度使、文部(吏部)尚书等四十多个官职，使杨国忠成为朝廷第一红人。

这些官职中，杨国忠最看重的当属文部（吏部）尚书之职，因为这个官职主要是掌管官员任命的，对于杨国忠来讲，这是个发财致富的绝好官职。

就在杨国忠兼任四十多个官职的一个月后，他向李隆基提出了一个建议，今后文部任免官员，不管是否贤能，资历深的优先录用或提拔，依据资历和官职来评定其官爵待遇。由于当时杨国忠已经成为李隆基最为信任的人，所以李隆基丝毫没有犹豫就答应下来。

这个建议一经实施，立即得到了因为种种原因长期滞留不能做官或不能得到升迁的人的赞成，这些人按照杨国忠的建议全部合格，立即可以得到录用升迁。这些人全部对杨国忠感恩戴德，进而对其报答肯定是少不了的，从官场派系来分析，他们全部成了杨国忠的死党。

值得一提的是，在这些人中就有曾经资助杨国忠前往京城攀关系的鲜于仲通和杨国忠最亲近的死党窦华。

为了报答杨国忠以及积极为这位提拔自己的大靠山歌功颂德，鲜于仲通和窦华为杨国忠精心制作了颂碑立在中书省门前，上书醒目的四个大字“栓综之能”，用以对杨国忠歌功颂德。

事实上，杨国忠向李隆基提出任免官员的人事建议，除了有建立自己派系的目的之外，在他的心中还隐藏着一个不为人知的秘密，那就是通过接下来的一系列运作，使当时的朝廷摆脱李林甫专权将近二十年的印痕，进而树立自己的绝对权威。

换句话说，从现在开始，朝廷将进入杨国忠主政的时代！

为了满足内心的欲望，杨国忠明白已经死去的李林甫还有其利用的价值，当然这种利用并不是让已经长眠于地下的李林甫重新坐起来为杨国忠做事，而是在杨国忠看来，往死人身上泼污水是一件投入风险小，回报收益高的事情。

就在杨国忠实施那场全国官员筛选不久之后，时任御史中丞、同时也是杨国忠死党的吉温私下里向杨国忠提出了一个建议，他认为杨国忠要想在今后的日子里巩固目前的权势，除了不断地笼络人心之外，还应该利用一切可以利用的机会树立权威，只有这样才能震慑住群臣。李林甫先前专权将近二十年，树立的仇敌很多，甚至已经遍布天下，杨国忠可以利用这一点，让自己的死党诬陷李林甫生前与蕃将阿布思蓄意谋反，然后杨国忠再上奏皇帝陛下请求亲自审理这个案子，到那个时候怨恨李林甫的人都会愿意出来做证。

最后，吉温表示，如果杨国忠采纳这个方法，他愿意充当马前卒，团结安禄山等人共同做这件事！

应该说吉温的这个想法与杨国忠的想法不谋而合。在此之前，杨国忠虽然想到了这一点但并没有付诸行动，这是因为他对自己新树立起来的派系没有绝对的把握，这些人虽然从属于杨国忠，但彼此之间的关系如何，杨国忠心中并没有底。他没有把握让这些人全都团结起来，共同往李林甫的身上泼污水，更何况他们之中有的人曾经还是李林甫提拔上来的。

不过现在杨国忠可以完全抛开他的担心，接下来他所要做的就是给予吉温充分施展的环境和条件。

为此，他立即上疏李隆基请求任命吉温兼任关内采访使，之所以要为吉温请求这个官职，是因为关内采访使可以随时前往关内各地进行巡视，包括对地方官员征求意见，这样吉温便可以以钦差大臣的身份，冠冕堂皇地前往范阳去联合安禄山。

杨国忠的请求在李隆基那里没有受到任何阻碍。吉温在顺利得到了关内采访使的官职后，立即前往范阳去和安禄山进行谋划，没过多久他就带着一份揭发李林甫的材料回到了长安。

天宝十二年(753 年)二月初，吉温将事先和安禄山商议好的揭发李林甫的材料上报给了李隆基，材料中陈述了李林甫生前曾经与藩将阿布思父子图谋不轨，请求皇帝陛下认真调查这件事。

朝堂之上，当吉温将揭发材料的内容念给李隆基听时，李隆基露出了惊讶之情。虽然在李林甫最后的那些日子里，他对李林甫渐渐地疏远，但从他亲自要去探望李林甫的行为来看，他对这位首席宰相还是很有感情的。所以对吉温的揭发材料，李隆基有些不相信。

可是没等皇帝陛下发表看法的时候，站在朝堂之上的杨国忠亮明了自己的观点。

“陛下！李林甫生前专权误国，把持朝政将近二十年，朝中党羽众多，在这样一种状态下，如果没有非分之想那是不可能的，臣认为安禄山的揭发材料即使不全部属实，但为了大唐的长治久安，臣认为也应该立即调查，鉴于此事干系重大，臣愿担当调查之事。”

杨国忠说得很犀利，顿时让李隆基有些哑口无言。最终本着一种宁可信其有，不可信其无的态度，李隆基下令让杨国忠和副相陈希烈、御史中丞吉温等人调查这件事。

对于杨国忠而言，有了李隆基的命令就已经足够了，接下来他开始寻找合适的突破口！

在杨国忠看来，虽然很多人憎恨李林甫，但对于一个死去的人，大多数人还是本着一种让逝者安息的态度，选择息事宁人，所以，杨国忠要想让事情按照自己的设想去发展，就必须找到确凿的证据证明安禄山的揭发是事实。

选来选去，杨国忠将目标圈定在了李林甫的女婿杨齐宣身上。

杨齐宣时任谏议大夫（正五品），他懦弱无能，要不是身为李林甫的女婿，会始终是个默默无闻的人。在杨国忠看来，杨齐宣的性格是个可以利用的因素，同样其身份更是特殊，如果杨齐宣能够站出来证明安禄山的揭发材料属实，无疑是很具有说服力的。

现在问题的关键是如何才能让杨齐宣出来做伪证！

显然和杨齐宣同志摆事实，讲道理是行不通的，但杨国忠清楚地知道以杨齐宣的性格，肯定会惧怕一样东西，那就是死亡！

只要抓住这关键的一点就已经足够了！

为了能够一举成功，杨国忠特别让吉温将审讯室布置成阴森恐怖状，周围布满了各式各样的刑具，然后让人将杨齐宣带到了这里。杨国忠决定亲自审问他。

杨国忠明白环境上要给对方必要的震慑，但决定事情能否成功的，还是自己审讯的技巧和方式。针对杨齐宣的性格，杨国忠决定以强势的姿态入手。

“杨大夫虽然是李林甫的女婿，但你更是朝廷的命官，你的岳丈把持朝政将近二十年，其所作所为杨大夫不会不知道吧！”

杨国忠说完，将安禄山的那份揭发材料放在了杨齐宣的面前，没等杨齐宣说话，他接着说道：

“今天既然把你带到这里来，就肯定有对付你的办法，现在就看你的态度了！”杨国忠一边说着，一边环顾摆在四周的刑具。

懦弱的杨齐宣在杨国忠的攻势面前开始有些发抖，但他的心理防线并没有就此崩溃，而是依然故作镇静地对杨国忠说道：

“杨大人这是在询问在下呢？还是想要逼供呢？如果在下什么都不知道的话，是不是杨大人也非要给在下上刑，然后逼在下说些言不由衷的话呢？”

在这种环境下，以杨齐宣这种性格能够说出这样的话，已实属不易，可惜他今天的对手是杨国忠，所以杨齐宣注定是困兽犹斗。

“哈哈哈！你这小子想用话来圈住我，告诉你，我杨国忠不吃这套，对你用刑又怎么样？”说到这里杨国忠走到杨齐宣面前，一把将杨齐宣拽了起来，然后目露凶光，恶狠狠地说道：

“今天就算把你打死在这里，外边的人谁会知道？到时候我写封奏疏上报皇上说你畏罪自杀，难道皇上还会亲自来验尸不成？你岳丈把持朝政的时代已经不存在了，不要再摆你那个让人生厌的臭架子。”

杨国忠说完又将杨齐宣按在了椅子上，然后回头向手下人说道：

“来人！问问杨大人想试试哪种刑具？”

此刻，面对杨国忠的咄咄逼人，杨齐宣的额头已经冒出了冷汗，尤其是杨国忠说的最后一句话，使他此刻的身份颇为尴尬，他开始意识到如果自己硬撑，恐怕今天迈不过这道关。

心虚的杨齐宣就此开始准备妥协，但死要面子的心理，又让他不能一下子缴械投降。

“杨大人难道就会动刑吗？真没耐心！”杨齐宣故作镇静地说道。

“呵呵！我这个人并不缺少耐心，当然这要看对方是个什么样的人。”杨国忠一边说着一边挥手示意手下人暂时放下手中的刑具，以他老谋深算的心机，他已经看出了杨齐宣的心理防线在一点点地崩溃。

“其实我觉得你完全没必要硬撑，还是那句话，你岳丈的时代已经过去。”杨国忠故意轻描淡写地说道，但他知道这句话将彻底让杨齐宣缴械投降。

杨齐宣缓缓地低下了头，曾经没有人让他如此难堪，那是因为有岳丈李林甫的庇护，如今这棵大树已经倒下，此刻他彻底感受到了什么叫世态炎凉。

杨国忠说完后选择了沉默不语，虽然他故意表现出了满不在乎的样子，但他始终用那双深邃的目光不断上下打量着杨齐宣。审讯室里的寂静甚至可以听得见人的心跳声，而这种静谧的氛围会让心里脆弱的人有一种本能的恐惧。

现在，杨齐宣就是这样一种状态！

“我岳丈曾经认阿布思为义子，他们之间有过密谋，选择一个合适的机会……”杨齐宣说到这里时，忽然停住了，因为他知道他所说的本身就是子虚乌有的事情，而接下来如果再说下去，将会使死去的岳丈大人蒙上不白之冤。

“说下去！不要停，只要说出来，你就立即可以从这里走出去，从今以后再也不会让你到这里来。”杨国忠急不可耐地引导杨齐宣。

“选择一个合适的机会……图谋大唐的社稷！”杨齐宣似乎是从牙缝里蹦出这几个字。当他说完后，事实上他并没有感到解脱，反而让他的心里背负上了极大的负担。

“好！”杨国忠掩饰不住兴奋，一声高喊瞬间打破了审讯室里的寂静。

"你只需要在这里写上你的名字，就可以站起身来走出这个房间。"杨国忠将手下人记录下的供词摆在了杨齐宣的面前。

"杨大人希望你不要将我连累进去！"

"你放心，我保证！"

……

杨齐宣颤颤巍巍地在供词上写下了自己的名字，而那一刻也意味着一生口蜜腹剑、专权十九年的李林甫死后终究不得安宁。

天宝十二年(753 年)二月，李隆基下诏剥夺了李林甫的一切官爵，其子李岫等做官的亲属全部除名，流放岭南、黔中，所有家产全部没收，由此被牵连的人达到了 50 多人。

然而让李林甫灵魂难以安宁的是，在杨国忠的授意下，御史中丞吉温带人将李林甫的金漆大棺劈开，掏出他口中的"护灵宝珠"，剥去全身的官服，用草席将他的尸体裹住，装进一口破旧的棺材重新埋了起来。

当时人们争相目睹这刨坟掘墓的场景，很多不明真相的人们纷纷对杨国忠竖起了大拇指，拍手称快。他们或许并不知道，这并不是杨国忠发自善心的为民除害，而是他充分利用了民众对李林甫的怨恨，进而达到他个人立威专权，收买人心的目的！

嚣张跋扈

杨国忠充分利用李隆基晚年不断加深的猜忌之心和民众对于李林甫的怨恨之情，果断出手，从杨齐宣的弱点入手，最终在朝廷树立了绝对权威。但杨国忠并没有被胜利冲昏头脑，他深刻地知道，自己在树立绝对权威的同时，事实上也等于走上了李林甫专权的老路。既然是专权，那么就一定会出现反对者，和李林甫当政不同的是，杨国忠在今后所走的道路，是一条名副其实的乱政之路。

不可否认李林甫，当年做出过诸多贡献，而杨国忠则是一步步地将大唐推向深渊的人！

在权威树立之后，杨国忠始终没有放松警惕。当年在李林甫和太子李亨的斗争中，那个时候没成气候的杨国忠始终倾向李林甫，这使他也成了太子李亨的政敌。现在随着自己的得势，他开始将第一个打击对象锁定为李亨，事实上在这一点上，杨国忠和李林甫一样，也是迫不得已而为之，也算是为了自保，同时也是他在清算李林甫之后，再一次树立权威的机会。

不过，杨国忠在亲身经历了李林甫和太子李亨的斗争后，似乎悟出了一些东西，那就是只要李亨不犯什么原则性的大错误，他的太子之位就不会受到动摇，所以在杨国忠看来，自己在目前情况下是没有实力一举扳倒太子李亨的。

于是，他采用了李林甫曾经用过的方法，从李亨身边的人入手。

当时李亨由于李林甫的三波攻击，其势力已经损失殆尽。杨国忠找来找去也只找到了李亨身边一个不太起眼的人物，时任翰林待诏兼东宫供奉的李泌。

李泌虽然当时是个不起眼的人物，但其家世却是相当显赫，他是西魏八柱国司徒李弼的六世孙，不过到了李泌这一代已经家道中落。李泌在入仕之前，他始终隐居在嵩山。

李泌在年少的时候就表现出了异于常人的记忆能力，而且广泛涉猎经史子集，精通《周易》，善于作诗。他虽然隐居在嵩山，但经常以“王佐”自居，天宝五年时，他曾经上疏李隆基谈论时政，其观点颇有见地，很受李隆基的赏识，所以将他召进宫内，授予其翰林待诏的职位，不久后又让他进入东宫，成为太子李亨的贴身秘书。

当时杨国忠之所以将李泌当作打击的目标，是因为李泌对自己的专权不满。他曾经写过一首《感遇赋》，诗中暗讽杨国忠，很快杨国忠就知道了消息。

对于李泌这样的小人物，杨国忠内心并不十分在意，要不是因为李泌是李亨的人，杨国忠甚至都没有工夫搭理他，但为了达到排斥李亨的目的，他还是亲自上疏李隆基弹劾李泌，将他贬出了长安。

从当时的整个过程来看，虽然在李林甫和李亨的斗争中，杨国忠倾向李林甫，但显然他并没有李林甫那样具有深刻的危机感，毕竟他当时只是个配角。然而，在他成为首席宰相后，和李亨之间没有形成像李林甫那样的矛盾，也没有对李亨专门施以毁灭性的打击。

其实在我看来，杨国忠虽然具备李林甫的权术，却不具备李林甫的远见，他可以不重视和李亨的矛盾，但这并不代表李亨也不重视。虽然史料上没有记载当时李亨对杨国忠有什么行动，但两年多后的那场兵变却证明了李亨已经将杨国忠视为必须置于死地的政敌。

杨国忠在太子李亨的问题上，并没有过多重视，当时他最重视的，当属如何通过自己的努力，实现长久的“耽宠固位”。为了实现这个目的，他经常用欺上瞒下的手段粉饰太平，尤其对那些敢于反映实情的官员，他必定给予无情的打击。

例如，天宝十二年(753年)，关中接连发生水灾，由于杨国忠刚刚接替李林甫成为首席宰相，他生怕关中发生的灾难会让皇帝陛下认为选择自己做首席宰相不合天意，所以他命令时任京兆尹的鲜于仲通到长安城外寻找极少没有受灾的地区，从那些地区摘了一些生长不错的禾苗进献皇帝陛下，并大言不惭地说："雨虽多，不害稼禾。"

正是因为他的这句话，当时关中大部分州县全都不敢奏请赈灾，而最倒霉的当属百姓。据史料记载，当时被迫逃亡者有几十万人，逃亡的人全都是青壮年的男子，而那些老弱病残者无力逃难，只能在原地等死。

针对这种现状，当时也不是所有人全都慑于杨国忠的权威而敢怒不敢言。就在杨国忠献完禾苗，李隆基刚刚大加称赞之后，时任扶风郡的太守房琯据实上报灾情，请求朝廷全力赈灾。

房琯，字次律，河南人。父亲房融在武则天时期官至正谏大夫同凤阁鸾台平章事，神龙元年，贬死高州。房珀年少好学，但由于厌倦当时的政治环境，遂隐居在陆浑山长达十年的时间。开元十二年在李隆基封禅泰山的时候，撰写《封禅书》，从而受到张说的器重，被推荐为校书郎，后官至监察御史，但因为私下议论朝廷审讯犯人的方式，而被贬为睦州司户参军，后转为扶风郡太守。

或许他无论如何也想不到，仅仅三年多后，当那场震惊李唐王朝的变故不期而至时，他一度有希望成为力挽狂澜的人。当然这都是后话，眼下房琯还只是个名副其实的小人物。

在赈灾问题上所有人全都沉默不语，唯独房琯只身站出来说明实情，这让杨国忠十分嫉恨和害怕，幸好房琯的奏疏落在了杨国忠死党吉温的手中，这让杨国忠心中还稍稍平复了一些。

"房琯真是个不知天高地厚的人，难道他不怕再次被贬吗?"当吉温将房琯的奏疏给他看时，杨国忠不禁怒火中烧。

"大人息怒，房琯将本郡的灾情和关中相提并论，这实在是不给大人面子，我觉得扶风郡受灾是因为房琯无德，应该严厉地追究他的责任!"吉温不失时机地说道。

"嗯！有道理!"杨国忠顿时瞪起他那双杀气腾腾的双目，额首说道，"这件事情就交给你去办，立即派专人前往扶风郡，专门审理房琯!"

在吩咐完吉温之后，杨国忠立即回到中书省，翻看关中各地的奏章看有没有人提到灾情，凡是他见到有陈述灾情的，全都派专人去审讯这些官员。最终在杨国忠的铁腕整治下,天宝十二年关中的水灾事件,居然瞒过了李隆基。

从上述的例子当中,我们可以明显地看出,杨国忠和李林甫的专权虽然形式基本相同,都是打击异己巩固自己,但出发点则不完全一样。李林甫是巩固自己然后做事,而杨国忠则完全是为了满足自己的权势欲和私利。

他的儿子杨暄参加明经考试,因为平常荒废学业,所以成绩不合格。时任主考官的达奚珣畏惧杨国忠的权势,就派儿子达奚抚去探探杨国忠对于这件事的态度。杨国忠本以为是达奚抚来报告儿子中选喜讯的,但当达奚抚一张口,杨国忠的脸马上就沉了下来。

"家父让犬子来告诉杨大人一声,您的儿子所试不中,但是这次没有将您的儿子写进落选者名单中,家父想请教杨大人接下来该怎么办?"

达奚抚的语调有些畏怯,原本面对杨国忠这样的绝对权威者,达奚抚就已经紧张得到了快要崩溃的地步,更何况今天带来的这个消息并不是什么好消息。

"啪!"在达奚抚刚刚说完,杨国忠一个箭步蹿上来,对着他抡起巴掌打了一个大耳刮子,然后恶狠狠地说道:

"你今天就是为我带来这样的消息的吗?我的儿子何愁不能大富大贵,还用你爹去提携?回去告诉你爹,让他自己看着办!"杨国忠说完拂袖离去。

达奚抚依旧跪在原地,只觉得脸上火辣辣的,也分不清到底是因为挨了一巴掌,还是被人侮辱得已经颜面尽失。

达奚抚无奈之下回到了家中,将杨国忠的原话告诉了老爹,达奚珣无奈之下,只好违背良心让杨暄中选。不久之后,杨暄被破格提拔为户部侍郎,如果要说这里边没有杨国忠的原因,恐怕连鬼都不信。不过这也是没有办法的事情,从某种角度而言,"官二代"们的确比普通百姓更加具有竞争力,因为他们在和人竞争的时候,随口就可以说上一句我爸是谁谁谁。

可以说杨国忠的嚣张跋扈体现在各个方面,大诗人杜甫在一次目睹杨国忠出行的场景时,写出了著名的《丽人行》,其中有一句是:"炙手可热势绝伦,慎莫近前丞相嗔!"

这两句诗除了具有讽刺的意味之外,更是准确地说出了杨国忠那飞扬跋扈的性格以及傲慢无礼的态度。出行时就连百姓靠近一点,都会引来他的不满和怪罪,可见这位仁兄的权势真的已经达到了顶点。

然而无数的历史事实告诉我们,顶峰的前端就是万丈深渊,很少有人能够满足于顶峰的绮丽风光。杨国忠的嚣张跋扈的确征服了很多人,但任何事情都有底线，很多事情一旦越过底线，危险便会随之而来。

显然，此刻沉浸在呼风唤雨，舍我其谁状态中的杨国忠，并没有意识到危险已经悄悄地向他袭来。不过需要说明的是，杨国忠遇到的这种危险并不是来自皇帝李隆基，而是来自此时已经具备与大唐分庭抗礼能力的一个边将。

这个人就是安禄山！

第十三章

阴谋叛唐

我们都知道安史之乱是唐朝由盛转衰、治乱更迭的一个重要转折点，它使大唐王朝从如日中天的巅峰一下子跌入谷底，并从此犹如残阳晚照，江河日下。而带给大唐王朝这个噩梦的是那个杂胡出身的安禄山。不过，细究其中的原因，安史之乱绝不是偶然发生的事件。

可是当我们认真回首这段历史时，却会敏锐地发现，杂胡出身的安禄山在最初的日子里是很受李隆基宠爱的，他实在不应该生出叛乱之心。很多人将他发动的叛乱，归结为安禄山并非汉人，正所谓“非我族类，其心必异”。在我看来，这种说法有失偏颇，事实上，在安禄山叛乱的背后隐藏着人性的卑劣和帝国制度的严重漏洞。

受宠之人

应该说开元二十四年（736 年）安禄山从刀下捡回一条命，是他一生重要的转折点。自此之后，他不但没有就此沉沦下去，反而一路扶摇直上，直至成为李隆基最为宠信的一位边将。

当初李林甫在成为首席宰相后，打破了宋璟掌权时不赏边臣的原则，甚至着重提拔了一些胡人出身的将领，其中就有安禄山。有人说李林甫打破不赏边臣的原则，是因为他专权心理在作祟，事实上，当时如果没有皇帝李隆基的支持，这个原则是不可能被打破的，而李隆基之所以会支持李林甫做出这个决定，是因为在他的心中最担心太子李亨阴谋结党，抢班夺权，而忌惮太子的势力也是唐朝前几位皇帝一贯的通病。

正是因为李隆基的内心忌惮，客观上才使得安禄山有了被提拔的机会，但那个时候依安禄山所处的地位，是不可能了解皇帝内心深处想法的，他只能从表面看到是李林甫提拔了他，所以在那个时候他逐渐成为了李林甫的死党，这也是李林甫为什么能够成功拉拢安禄山作为和太子李亨斗争筹码的原因所在。

或许当时李林甫也想不到，他一手提拔起来的这名胡人出身的将领，有着深如海底的心机。随着时间的推移，李林甫正在充当一个安禄山向皇帝邀宠的跳板，进而使他成为帝国所有边将中权力最大的人。

安禄山成为李林甫的死党，以他的心机其必不可少地要向李林甫献媚，而李林甫恰恰是一个"顺我者昌，逆我者亡"的人，所以他时常在李隆基面前夸奖安禄山，这使李隆基对安禄山的印象不断加深，好感渐渐产生。随之而来的就是官职的给予和权力的恩赐。

据史料记载，从天宝元年(742年)一直到天宝十年(751年)，安禄山历经平卢节度使、兼任范阳节度使、河东节度使，十年时间使他从一镇军政长官，成为执掌帝国北部边境所有军队的重臣，手中兵马将近二十万人。值得一提的是，从某种角度而言，说这些军队是安禄山的个人军队也不为过，关于为什么会出现这种局面，我们在后边将会详细说到。

事实上，安禄山在受宠的道路上，还创造了几个"第一"。

除了给予权力和恩赐，李隆基对于安禄山的评价也是相当之高。唐朝每年考核官员分为"上上""上中""上下""中上""中中""中下""下上""下中""下下"九等。天宝九年(750年)，安禄山进京献俘的时候，李隆基给予安禄山的评定等级是"上上"。

在安禄山之前，"上上"这个等级从来没有给过任何人，当年姚崇也不过是"中上"，李林甫费了九牛二虎之力，不断地献媚，也不过是个"上下"，现在安禄山横空出世得了个"上上"，可谓是前无古人。不仅如此，李隆基还封安禄山为东平郡王，在此之前，边将封王那是想都不敢想的事情，而现在安禄山却轻而易举地得到，正所谓不是我不明白，而是这世界变化太快。

除此之外，胡人出身的安禄山随着不断受宠，他的身份也在不断转变之中，他可以和杨国忠以兄弟相称，也可以成为杨玉环的干儿子。

早在天宝六年(747年)杨国忠还没有发迹的时候，有一次，李隆基让安禄山陪侍家宴，在席间由于安禄山的不断献媚，使李隆基龙颜大悦，当即让安禄山和杨铦、杨锜以及杨玉环的三个姐姐结拜为兄妹，也就是从那时开始安禄山这个边将才利用这种特殊的身份，往来于自己的辖地和宫廷之间。

纵观安禄山先前的很多表现，我们可以看出他是个很大胆的人，但这种大胆无论如何也不会让人想到他在和杨玉环的哥哥姐姐们结拜为兄妹后，居然会主动认杨玉环为干妈，要知道当时安禄山已经45岁，而杨玉环只有29岁。事实证明，人至贱则无敌，这种“管爸爸叫姐夫——越弄越乱”的辈分，在当时或许也只有安禄山才能拉下脸皮敢认。

不过，他的这个举动倒是让杨玉环颇为欢喜，从那之后安禄山每次觐见李隆基的时候都是先拜见杨玉环，然后再拜见李隆基。从当时的法律角度来讲，这属于对皇帝的“大不敬”之罪，论罪当斩。但那个时候李隆基的心理状态已经完全不同于开元初年，在看到安禄山的举动后，他不仅没有责备，反而问安禄山为什么这样做。安禄山的回答是：胡人先母后父。

就是这么个看似合乎逻辑，实则违背常理的回答居然让李隆基哈哈大笑，当时很多在场的朝臣，都从安禄山的这个回答当中，嗅出了一丝不祥的味道。只是那个时候没有人会想到，甚至也没人敢想到，几年后这个如此讲究“礼数”的干儿子，居然会成为将大唐帝国推向深渊的人。

在安禄山不断受宠的道路上，直至今日最为人们津津乐道的话题，当属杨玉环是不是曾经和安禄山私通。关于这件事说句实话，由于史料没有明确的记载，我也不知道。不过唐代的官员姚汝能在他的著作《安禄山事迹》中记载过杨玉环为安禄山洗澡的事情，为了能让大家了解其中的详情，现将原文摘录如下：

（安禄山生日）后三日，召禄山入内，贵妃以绣绷子绷禄山，令内人以彩舆舁之，欢呼动地。玄宗使人问之，报云：“贵妃与禄山作三日洗儿，洗了又绷禄山，是以欢笑。”玄宗就观之，大悦，固加赏赐贵妃洗儿金银钱物，极乐而罢。自是，宫中皆呼禄山为禄儿，不禁其出入。

如果上述记载的确属实的话，那只能说明当时的李隆基、杨玉环、安禄山是三个彻头彻尾的浑蛋加二百五，宫廷的锦衣玉食和奢华享受使他们全然将人的自尊抛之脑后，取而代之的却是人类原始欲望的无限放纵。

杨玉环究竟和安禄山有没有一腿，我们似乎不好判断，但我相信姚汝能绝不是为了叙述这件事而叙述，他似乎在向我们传递这样一个信息：

杨玉环和安禄山有没有一腿已经完全不重要，此时的大唐皇宫已经没有了开元初年励精图治的景象。大唐帝国的最高统治者正在一点点地自降身份，唐代的历史在漫漫艳情中，开始走向畸形之路，然而这一切却是李隆基等主宰帝国命运的人浑然不觉的。

对于安禄山个人而言，不管是何种原因，李隆基给予他的已经很多很多。然而让李隆基想不到的是，他的这种给予却恰恰激发了安禄山心中本能的贪婪之欲。

安禄山作为边将，在不断前往京城觐见皇帝的过程中，他比身处皇宫之内的李隆基更加了解此时帝国的真实状况。很长时间以来，他多次往来于京城长安与自己的辖地范阳、平卢之间，目睹了民不聊生、武备废弛的场景。如果这一切换作是张说或者姚崇、宋璟等人看到，他们生出的会是重镇帝国雄风的决心，然而在贪婪者和野心家安禄山看来，这一切正是他实现自己野心的绝好机会。只是此时的他还没有最终下定决心，或者说李隆基的恩宠让他不愿走上一条叛逆之路，去实现自己的目的。

毕竟，他在受宠的过程中，已经破天荒地开创了很多个“第一”：边帅封王、获得最高等级荣誉、干妈亲自为自己洗澡，这一切在其他人想都不敢想的事情，在安禄山这里居然那么自然地实现了。

照此推理，安禄山即使有反叛之心，皇帝的如此恩宠也不应该让他那么快走上一条反叛的道路。事实上，安禄山最终反叛除了野心的不可遏止和帝国制度的重大漏洞之外，还隐藏着不为人知的外力推动作用，换句话说，从某种角度而言，安禄山在受宠之后，遭遇了一场危机。

这场危机始自杨国忠的发迹！

压制

应该说杨国忠在拜相之前，他与安禄山的关系是十分密切的，在安禄山和杨玉环的兄弟姐妹结拜时，杨国忠担任御史中丞，正是用尽心思向上攀爬的阶段。他看到安禄山身兼两镇节度使，手握重兵，又受皇帝李隆基和朝廷第一红人李林甫的宠信和垂青，所以他尽其所能地讨好并主动接近安禄山，希望他能够成为自己在朝廷中一个有力的竞争筹码。

例如，安禄山的身体臃肿肥硕，行走十分不便，每次安禄山觐见李隆基迈步登上朝堂的台阶时，杨国忠都会上前搀扶他。在我看来，当时由于身份、处境的不同，安禄山在面对杨国忠时有一种本能的优越感，这可能也成为日后杨国忠发迹，其地位超过安禄山之后，让安禄山心中不爽的一个原因。

不可否认，在杨国忠刚刚发迹的日子里，两个人的关系依然非常亲密，至少从表面上来看确实如此。天宝十二年(753年)正月，也就是杨国忠在同李林甫争权夺势的时候，在双方不断抗争的激烈冲突中，安禄山突然倒戈成为杨国忠的盟友，他从一己私利出发和杨国忠一同诬告李林甫，背弃了这个曾经大力提拔他的人。

仔细分析安禄山当时的心态，可以看出他诬告李林甫，并不是因为他多么强大，反而是因为他心里十分惧怕李林甫。很多史料都记载过，李林甫之所以背弃宋璟当年不赏边臣的原则而大肆封赏边将，甚至让边将入相，很大程度上因为他能够运用自己的手腕压制住这些边臣。他毫不在乎宰相班子成分如何，恩威并施的手段让李林甫可以轻松驾驭这些人。

而安禄山就是其中的一个！

所以说，在安禄山不断走红的时候，他对李林甫一直是一种既感恩戴德又害怕的复杂心理状态。当然如果换了其他人，或许会心甘情愿地屈服于李林甫的权威之下，然而安禄山骨子里并不是这样的人。

所以当杨国忠逐渐崭露头角，成为李隆基面前的最新红人时，安禄山对李林甫的报复之心便开始显现出来。对安禄山来讲，李林甫不垮台，他如坐针毡，惶惶不可终日，无论做什么都投鼠忌器，不敢轻举妄动。他身在范阳的时候，随时让人打探李林甫在朝廷里的动向，如果听到李林甫称赞他，他就会手舞足蹈，如果李林甫让人转告他好自为之，安禄山则吓得魂不附体。

安禄山整天就是以这样一种状态去面对李林甫的每一个反应的。心理学专家告诉我们，过度的敏感和紧张会导致心理畸形的产生，而心理畸形时间长了就会让人变态。

在我看来，安禄山日后胆敢造反，变态的心理是一大诱因，而造成他这种变态心理则是从对李林甫的惧怕开始。

当恐惧达到某种极限时，取而代之的很可能会是孤注一掷的疯狂。安禄山最终决定报复李林甫，就是对其最好的证明。

反观安禄山对杨国忠的心理状态在当时却是十分轻松的，除了安禄山内心有一种高高在上的感觉之外，还因为他认为，无论是从权术还是智谋上来看，杨国忠都是一个不可多得的好帮手。

但事实上，安禄山从骨子里瞧不起杨国忠。在安禄山的眼中，杨国忠这个依靠裙带关系出人头地的人，不过是皇帝身边的一个弄臣，这样的人只适合做获取即时利益的政治盟友，却不可能作为靠山，更何况安禄山受宠之时，杨国忠只不过是一个小小的御史中丞。可安禄山万万没有想到，就是这个他丝毫不放在眼里的小角色杨国忠，居然会极速成为皇帝李隆基最为宠信的人，进而超越先前的李林甫和自己，成为帝国一人之下，万人之上的人。

于是，在看到杨国忠的恩宠超过自己的时候，安禄山的内心开始嫉妒起来，虽然这种嫉妒不被人察觉，但精明的杨国忠是不可能感觉不到的。

而杨国忠恰恰是一个专治各种不服的人！

很快，在天宝十二年(753 年)年初，随着李林甫的去世，安禄山和杨国忠这对政治盟友开始决裂。据《旧唐书·杨国忠传》记载，当时杨国忠忌惮安禄山手握重兵，执掌帝国的北部边疆防务，所以率先出手，力图压制安禄山，他屡次在李隆基面前诬陷安禄山有反叛之心(屡于上前言其悖逆之状)，而且拉拢另一个手握重兵的，和安禄山不和的陇右节度使哥舒翰。

为了让哥舒翰能够成为自己的死党，杨国忠先是上疏李隆基请求进封哥舒翰为梁国公，食封三百户，加封河西节度使、西平郡王。然后没过多久，又请求加封哥舒翰为太子太保，再加封三百户，同时兼任御史大夫。

杨国忠率先祭出的两招，在我看来，极力抬高哥舒翰、压制安禄山的做法还是比较靠谱，但在李隆基面前说安禄山有反叛之心，则有些冒失。

坦白地讲，安禄山确实有野心，但在当时其反叛之心还没有完全显现。杨国忠在此时诬陷安禄山，只会让安禄山的内心更加恐惧。前边我说过，安禄山因为惧怕李林甫已经到了心理变态的程度，而杨国忠此举无疑会更加让安禄山的心理扭曲。

好在李隆基并没有因为杨国忠的谗言而对安禄山有所怀疑，他反而斥责杨国忠是有自己的私心。很多史书都评价说，李隆基此时是被安禄山蒙蔽，所以不信杨国忠所说的话。事实上，当时李隆基对于安禄山的野心并非没有察觉，但已经是垂垂老者的李隆基，斗志早已经被消磨了。此时最大的希望，就是利用自己对安禄山的恩宠，来感化和打动他。

事实上，无论是李隆基和杨国忠当时都是在按照自己的套路来出牌，然而他们谁也没有想到，安禄山却是个不讲究套路的人。

在这一点上，李隆基不了解安禄山，杨国忠只能加个“更”字！

在我看来，杨国忠实在不应该将安禄山有反叛之心的想法在朝堂之上公开讲出来，其实早在天宝六年(747 年)的时候，安禄山进京面见李隆基时，他没有跪拜太子李亨,而且还口出狂言说只知道有陛下一人,不知道有储君。太子李亨在安禄山离京后,利用家宴的机会,秘密告诉李隆基说,看安禄山的所作所为其可能有谋反之心,让李隆基多加提防。

太子李亨当时说这番话或许有报复的心理,但对比后来杨国忠的诬陷安禄山的做法,至少李亨没有打草惊蛇。而且后来杨国忠建议李隆基,为了试探安禄山是不是有谋反之心,可以采取突然召安禄山进京的做法,李隆基采纳了他的建议,而安禄山在接到诏书后,却马不停蹄地很快来到了京城。

也就是从那次事件开始,所有人全都闭上了嘴巴,安禄山想谋反的事情没有人再提起,一直到天宝十二年年初,杨国忠为了压制安禄山,又重拾这个话题。

杨国忠的诬陷很快传到了安禄山的耳朵里,在他看来,这是与杨国忠决裂的标志。实事求是地说,作为胡人出身的武将,安禄山当时的表现还是十分冷静的,并没有因此而显现出暴怒,他采取的方式是只身前往京缄,面见李隆基为自己辩解。

虽然他知道这可能是深入虎穴,或许会一去不回,但为了利益,他必须赌上一把。

天宝十三年(754 年)正月,安禄山在华清宫拜见了李隆基,从实际效果来看,安禄山达到了自己的目的。

安抚

"臣本来是个卑贱的胡人,陛下如此宠爱臣,臣却被杨国忠所诬陷,看来臣的死期已经不远了。"

当安禄山见到李隆基后,便伏地叩拜,痛哭流涕地对李隆基进行诉说。

安禄山可怜的样子,让李隆基很是于心不忍,在上下打量了这个体态肥硕的边将后,他立即上前将安禄山搀扶起来,然后开口说道:

"爱卿风尘仆仆地不远千里来到京城,朕知道你是受了莫大的委屈才会来的,其实杨相并没有诬陷你,这一定是那些别有用心的小人从中挑拨是非,何况爱卿执掌国家北部边疆防务多有辛劳,朕心甚慰,所以爱卿尽管放心,朕绝不会怀疑爱卿。"

李隆基说完后,当即指示随侍太监赏赐安禄山黄金四百两。

"爱卿舟车劳顿,暂且到私宅安歇,过几日朕亲自为爱卿接风洗尘。"

"皇上如此厚待臣,臣万死不辞!"安禄山说完,再一次跪倒在地,伏地叩拜。

……

李隆基的安抚让安禄山悬着的心稍稍放了下来，但他依然紧绷着神经，在京城的私宅中窥探皇宫内的动向，尤其是自己到来后杨国忠的反应，安禄山就这样暂时进入了观望状态。但对李隆基来讲，安禄山的到来却在他的心中激起了一些波澜。

在李隆基看来，自己是不会看错安禄山的，虽然当时手握重兵的安禄山已经存有野心，但李隆基做了这么长时间的皇帝，早已经阅遍各种有野心的人，相对于很多人来讲，安禄山的表现还是让自己比较放心的，现在安禄山敢于来到京城，就说明他的内心并没有非分之想。

可以说安禄山的做法，反而让李隆基生出一种愧疚之情，虽然先前好言进行了安抚，并给予了赏赐，但李隆基还是觉得亏欠安禄山什么，于是他大胆地作出了一个决定，将安禄山招入宰相班子。在李隆基看来，或许只有这样做才能抵消先前自己听从杨国忠建议，进而让安禄山蒙受不白之冤的愧疚之情。

在经过思考之后，李隆基让太常卿张垍开始起草任命安禄山为宰相诏书。

很快，消息传到了杨国忠那里。当杨国忠知道消息后，差点没从自家的床上滚下来，很长时间以来，自己独霸宰相班子，已经成为常例。现在安禄山居然要和自己来抢饭碗，无论如何都让他难以接受，他绝不能坐视安禄山的地位继续攀升，然后与他平起平坐，分庭抗礼。

事实上，杨国忠不具备李林甫那种驾驭边将的能力，也不具备那种气场，他唯一能做的就是出面阻止。

于是，他在得到李隆基正在起草召安禄山进入宰相班子的诏书的消息后，立即去面见李隆基。

"臣听说陛下要招胡人安禄山为宰相，安禄山虽有军功，但却是个粗人，没有什么文化，臣认为他是万万不能做宰相的，如果诏书一下，恐怕四周的番邦国家会耻笑我大唐啊！"

杨国忠面见李隆基行完大礼后，便急不可耐地说道。

杨国忠反应如此迅速让李隆基有些始料未及，不过杨国忠的到来，也让李隆基那颗激荡心灵瞬间冷静了下来。他忽然觉得自己是不是有些过于冲动，以至于杨国忠说完后，他甚至感到有些难为情。

在李隆基看来，这件事情即使要做，也应该和杨国忠商量之后再行决定。

所以，杨国忠说完后，李隆基并没有反驳，而是淡淡地说了一句话：

"爱卿觉得安禄山是个粗人这没有错，但爱卿认为他有没有潜质呢？"

"陛下认为一块朽木可以雕成什么呢?"杨国忠跟着问道。

李隆基瞬间哑口无言,在沉默了一会儿后,他缓缓地说道:

"那这件事情就让朕再考虑一下吧,不过朕已经让张垍起草了诏书,如此收回恐怕也不好,朕就将诏书改为封安禄山为尚书左仆射,并且赏赐他的两个儿子一个三品、一个四品官阶如何?"

其实,杨国忠此次前来虽然尽力阻止,但他也知道让皇帝陛下收回成命并不是件容易的事儿,现在皇帝陛下居然妥协了,这也有些出乎杨国忠的预料。

所以接下来,他须要改变策略,尽力维护皇帝陛下的尊严。

"陛下圣明,除了宰相之外,陛下无论怎么赏赐安禄山都是应该的,陛下的赏赐,臣十分认同。"

"呵呵呵!那这件事情就到此为止!"

"陛下!臣还有一言要讲,安禄山执掌国家重兵,其心叵测……"

"好啦!爱卿的心思,朕十分明白。安禄山是个什么样的人,朕心中有数,希望爱卿能抛弃对他的偏见。"李隆基并没有等杨国忠说完就打断他说道。

面对皇帝陛下所说的,杨国忠并没有再争辩,因为他知道皇帝陛下妥协过一次,如果执意争辩,反而会带来负面效果。

"臣谨遵圣意!"

杨国忠一边说着,一边伏地叩拜,那一刻他的脸上其实写满了失意和忧虑。

……

对杨国忠来讲,和皇帝陛下的这次对话,算是达到了目的。他虽然没有改变皇帝陛下对安禄山依然宠信的态度,但至少阻止了安禄山地位的进一步提升。未来他只能通过时间的推移去试图改变皇帝陛下的想法,但如何尽快实现这个目的,这将是留给杨国忠一个很重要的课题。

而对于安禄山来讲,当时虽然他是一名边将,但朝廷中他的眼线也不少,如吉温就是其中的一个。杨国忠和李隆基的对话,很快就通过吉温那张"快嘴"传到了安禄山的耳朵里。他在知道杨国忠阻止李隆基召自己进入宰相班子后,愤怒不已,但皇帝陛下的赏赐还是让安禄山瞬间冷静了下来,只是此刻他的心中还是有些忐忑。

原因在于他猜不透李隆基的真实想法。

按说自己先前的那场哭诉和这次李隆基赏赐,已经可以表明皇帝陛下并没有听信杨国忠的话而猜忌自己,但敏感的安禄山还是决定要再试探一下李隆基的真实想法。

虽然此刻并不是在自己的封地范阳，但安禄山还是决定要赌上一把，这也从中可以看出他的内心是十分强大和果敢的。

在杨国忠和李隆基那场对话的三天后，安禄山上表李隆基一口气请求兼领闲厩、群牧使以及总监之职，并推荐时任御史中丞的吉温为武部（兵部）侍郎。安禄山之所以提出这两个请求，是因为闲厩、群牧使和总监的职务掌管着帝国的马匹，而推荐吉温则是对他的报答，以及将吉温安插在杨国忠的身旁，以时刻刺探杨国忠的行迹。

对于安禄山的请求，李隆基当即同意。

从李隆基的态度我们可以看出，他之所以对安禄山有求必应，甚至不厌其烦地满足安禄山的种种请求，并不是他的内心对安禄山的野心无所察觉。李隆基的良苦用心在于他想通过自己的恩宠来笼络安禄山进而消解他的野心，使他感恩戴德地忠于自己。

但是，曾经开创大唐帝国黄金时代的李隆基，居然被目不识丁、粗俗狂妄的安禄山一番小丑般的表演蒙蔽了双眼，殊不知他的所作所为正在不断刺激着安禄山的野心和欲望，而他对安禄山的一个又一个赏赐，却从客观上为安禄山创造了便利条件。

更可悲的是，李隆基并没有就此悬崖勒马，要知道安禄山现在依然身在长安之中，只要不让安禄山离京，或许后来的那场悲剧就可以避免。

但李隆基的一念之差，最终放虎归山，使安禄山终成祸患。

天宝十三年（754 年）三月，在京城长安已经待了两个月的安禄山终于坐不住了，他深怕杨国忠的不断进谗，会使李隆基改变对自己的初衷。要知道他这次只身来长安，本身就是冒险行为，在长安两个多月的日日夜夜里，虽然他凭借着貌似忠厚的表演，取得了李隆基的信任，但是杨国忠那如同鬼魅般的身影，还是让他备受煎熬。

安禄山突然想离京的请求在传到李隆基那里后，李隆基决定让高力士为安禄山践行。

在李隆基看来，这既是对安禄山此次前来的一个最终交代，也是有意识地让高力士查看一下安禄山的言行。

事实证明，这是安禄山在反叛之前最后一次到长安，而在这场最后的饯行中，安禄山的表现不如此前。

制约的策略

高力士带着李隆基交给的任务，前往长安城外为安禄山送行，或许是因为回封地的心情十分迫切，或许是因为即将脱离险境而有所放松，总之，安禄山在最后的这场饯行中，没有像往常那样继续掩饰自己的情绪，而是稍稍流露出了一丝不悦之情，而这一点正好被高力士记在心中。

在高力士回去复命的过程中，他将安禄山流露出的不满情绪如实地向李隆基做了汇报，而且他说出了自己的判断，认为安禄山的不悦可能是因为最终没当成宰相。

李隆基想召安禄山进入宰相班子这件事按说是属于绝密的，除了李隆基、高力士、杨国忠以及起草诏书的张垍等少数几个人知道之外，这件事没经过皇帝同意，是不能对外泄露的。现在高力士说安禄山的不满是因为这件事，李隆基的脸色顿时阴沉了下来。

在他看来，高力士作为自己多年忠心耿耿的贴身太监，是不会将这种消息泄露出去的，而杨国忠和安禄山的矛盾不可调和，也不可能像二杆子般说出去，不过为了把事情调查清楚，李隆基还是把杨国忠叫进宫中商议。

"陛下！此事一定是起草诏书的张垍说出去的！"杨国忠丝毫没有经过大脑进行思考，就说出了自己的判断。

不过他的判断在李隆基看来，也确实有可信之处，运用排除法来看，张垍的嫌疑最大，

"哼！朕的身边怎么能留口风如此不严的人！这样机密的事情，居然泄露了出去，真是岂有此理。"

李隆基也是没有经过思考，便在言语之间决定了张垍的前途。

"宣朕旨意！张垍贬为卢溪司马，其弟张均贬为建安太守！"

李隆基盛怒之下一并牵连到了张均，不过此时此刻他的思想与行动似乎偏离了轨道，那就是安禄山临行前流露不悦这件事下降到了次要地位，而泄露皇家机密却成为了主要事件。即使在处理泄露机密这件事上，他也没有处理到点子上，因为他压根不可能想到吉温才是整个事件的罪魁祸首。

或许是因为李隆基过于信任安禄山，而故意将主题引偏，但这也从中看出，在安禄山反叛之前，李隆基是多么麻痹大意，而与之对应的却是安禄山的小心谨慎与处心积虑的算计。

在离开长安后，安禄山犹如突然间冲破牢笼的野兽，一路快马加鞭地疾驰，跑出潼关。因为他知道虽然自己已经出来了，但皇帝陛下随时有可能召自己回去，此刻在他眼前出现最多的就是杨国忠那副不断进谗的小人嘴脸，于是他抽打马鞭更加用力，恨不得一时间就到达自己的封地范阳。

值得一提的是，安禄山乘船沿黄河顺流而下的时候，他嫌船速过慢，居然让船夫手拿绳板站在岸边，然后 15 里一换，昼夜兼程，日行数百里，即使到了和他关系要好的州县也不下船。

终于，当他的眼中看见范阳的地界时，他才长舒了一口气。对于昨天来讲，他犹如重生一样，他回头向着长安的方向望去，眼神透露出一股坚毅。那一刻他的内心十分复杂，几千里外有最宠爱他的人，有最能诋毁他的人，这一切对他来讲既是那么熟悉，又是那么陌生。

"下一次我也许会用独特的方式，以一种前无古人的姿态进入长安！"

据史料记载，安禄山到达范阳后，依然心有余悸，杨国忠的诋毁让他寝食难安。也就是从此时开始，他的内心隐隐约约开始有了反叛之心，朝廷每次派遣使者前来慰问，他都称病不出来迎接。

天宝十四年（755 年）二月，安禄山派遣副将何千年入朝，请求以藩将 32 人代替汉将，李隆基立即表示同意。

鬼都知道安禄山当时这个请求是个什么心思，所以李隆基刚批准完，时任武部（兵部）尚书的韦见素立即表示反对。

作为杨国忠一手提拔上来的嫡系，韦见素首先将自己的反对意见告诉了杨国忠，并且表示立即前往内宫面见李隆基，极力阻止李隆基同意安禄山的请求。

应该说韦见素站出来反对，等于为杨国忠解了围，不然的话，他也得站出来极力反对，可是自己先前很多次的反对都在皇帝那里吃了闭门羹，这让杨国忠的心中蒙上了一层阴影。俗话说得好，一朝被蛇咬，十年怕井绳。如果没有韦见素，要是让杨国忠继续阻止皇帝陛下，他还真有些发怵。

"明日见到皇上，见素当极力阻止，如果没有效果，杨相你就继续啊！"韦见素拍着胸脯说道，在他看来，只要两个人不放弃，一定会让皇帝陛下收回成命的。

杨国忠没有继续接他的话茬儿，他若有所思地点了点头。直觉告诉他，这次进谏远不像韦见素想象得这样简单。

……

"卿等是不是认为禄山有谋反之心，而来劝朕收回成命啊？"

事实证明，正如杨国忠所预料的那样，当他和韦见素见到李隆基后，还没等到两个人开口，皇帝陛下倒是先开门见山地问道。

杨国忠见此情景，本想改变直言进谏的策略，但是还没等他张嘴，韦见素已经把话说了出去。

“陛下！安禄山久有异志，这是朝廷内都知道的事情，现在他居然请求用藩将32人代替汉将，很明显这是狼子野心。先前他在长安时，陛下就应该杀了他，现在实在不应该再答应他的请求，不然的话，我大唐会有祸事啊！”

韦见素越说越激动，到最后声音居然都有些颤抖。

他本以为自己一番苦口婆心的话语，会换来皇帝陛下的醒悟，没想到在他说完后，李隆基龙颜大怒。

“你们这些大臣整天猜忌这个猜忌那个。安禄山手握重兵这不假，甚至他有野心，朕也是心知肚明，但哪个手握重兵的边将没有野心呢？难道把他们都杀了吗？换了人就不会有野心了吗？朕如此宠爱安禄山就是为了想拢住他的心，而你们整天猜忌他，朕的努力不是白费了吗？”

李隆基说到最后，用眼瞟了下杨国忠，这番话表面说给韦见素，实则是说给杨国忠。

韦见素跪在地上一动不动，他努努嘴示意杨国忠继续顶上，然而杨国忠听出了李隆基话语中的意思，所以他选择了沉默。

“今后凡是再说安禄山想谋反的，朕一定要重重处罚他！”

至此，杨国忠和韦见素两个人已经彻底无语，只得行个大礼，灰头土脸地退了出来。

……

对于皇帝陛下的这种反应，杨国忠已经是在意料之中，但韦见素心中却是很郁闷，在他看来，自己今天完全是热脸贴在了冷屁股上，这让他很是不爽。而韦见素之所以能作为杨国忠所看重的人，恰恰是因为他具备了杨国忠那种不断变通的特点。

于是，两个人没过几天，继续找到李隆基，变换了一种方式继续劝谏李隆基。

“陛下真是圣明，前几日臣等以为陛下并不知道安禄山的野心，臣等实在没想到原来一切尽在陛下的掌握之中。不过为了以防万一，臣建议暂时除去安禄山平章事的职务，并且下诏以贾珣为范阳节度使，吕之诲为平卢节度使，杨光翙为河东节度使，这样的话，安禄山的势力就被分解了。”

这次率先说话的依然是韦见素，先是一通臭捧，然后提出自己的建议，皇帝陛下不是说不让提安禄山谋反吗？所以在韦见素的话语里避开了“谋反”这样敏感的词汇。

有时我们不得不佩服古人的智慧，在一些语言和文字的表述上，游走在政策的边缘，其尺度拿捏得实在精准。

“嗯！这个计策好，这样既可以不打草惊蛇，又可以看看安禄山的反应！”李隆基点头称是。

“陛下！臣还有一个建议！”此刻在杨国忠的头脑中飞快地闪过一个念头，不等李隆基开口，他继续说道：

“陛下在下诏书之前，可以派人去范阳亲自看看安禄山的反应，陛下心里也好有个准备。”

面对杨国忠的建议，李隆基低头思考了片刻，然后他抬起头来说道：

“这样也好，那就派朕的内侍辅谬琳以赠送水果的名义到范阳走一趟吧！”

辅谬琳！当杨国忠听到这个名字后，他本能地皱了皱眉头，虽然他并没有当场反对李隆基提出的这个人选，但他对这次范阳之行隐约间有一种不祥的预感。

杨国忠的敏感并非空穴来风，很长时间以来，他对宫廷内的所有人全都了如指掌，而辅谬琳的人品他更是十分了解，一个自私、贪婪、虚伪的宦官，这样的人前往范阳去探听关于帝国命运的消息，他带回来的消息会是真实的吗？

事实证明，杨国忠的担心全都一一应验，辅谬琳在范阳被安禄山重金收买，他反馈给李隆基的消息是：禄山竭忠奉国，无有二心。

“禄山和朕是推心置腹啊，不可能有谋反的野心，国家北部奚和契丹还要靠禄山去震慑他们，朕愿意为他担保，爱卿们不必忧虑。”

当李隆基听到辅谬琳反馈的消息后，立即将杨国忠和韦见素找来，然后兴冲冲地对他们说道。

韦见素尴尬地站在那里一动不动，皇帝信任的内侍带回来的消息还会有错？此时连韦见素自己也开始怀疑自己是不是出了什么问题。

然而杨国忠并没有动摇，虽然他没有证据证明辅谬琳有什么问题，但天生狐狸般的狡猾和敏感，使他觉得这个皇帝信任的内侍正在忽悠所有人，甚至是在忽悠大唐帝国的命运。

杨国忠依然没有站出来，甚至连韦见素对他都颇有意见，认为他是个懦夫。但所有人都不会知道，此时杨国忠的心中正在酝酿着一个计划，他坚信这个计划的实施将会使皇帝陛下对安禄山的谋反深信不疑。

世界上如果证明一件事情存在，最好的办法就是让这件事情真实地发生。

接下来，杨国忠将以一种近乎于自杀式的方式，一步步铤而走险地让安禄山的谋反变成现实。

当他出现了这样的想法时，事实上从某种角度而言他等于将自己的命运推向了绝境！

吾意已决

杨国忠和韦见素的努力随着辅谬琳带回来的消息顷刻间付诸东流，这让阴险狡诈的杨国忠实在不能接受，因为这等于是在说杨国忠和韦见素等人在皇帝面前说了假话，等于是将自己的无端猜忌之心彻底地暴露在皇帝的面前，这会让皇帝陛下对自己的宠信大打折扣。

所以，杨国忠为了自保，为了自己的私利，他决定采取极端的方式逼安禄山造反，来向皇帝陛下证明自己的判断是正确的。

天宝十四年(755 年)三月，杨国忠派人率先秘密除掉了在京师长安为安禄山充当密探的吉温。吉温在对待李林甫的问题上，虽然曾经和杨国忠并肩战斗过，但正所谓官场没有永恒的朋友，吉温立场的转变以及他为安禄山所做的一切，给杨国忠造成了极大的威胁，虽然杨国忠并不知道李隆基想任命宰相的消息是他泄露出去的，但吉温和安禄山靠得很近是瞒不过老奸巨猾的杨国忠的，所以吉温成为了杨国忠第一个动刀的对象。

除掉吉温等于切断了安禄山在京师长安高层的眼线，这会让安禄山犹如失去双眼，使他打听不到京城高层对他的态度。

当然，杨国忠明白吉温只是安禄山在京师长安中的一个棋子。要知道安禄山在长安是有私宅的，他私宅中的亲属和门客都有可能成为安禄山的眼线，所以杨国忠在解决掉吉温后，立即派自己的门客蹇昂、何盈充当密探，日夜监视安禄山的私宅。

但出乎杨国忠意料的是，很多天过去了，安禄山的私宅并没有什么动静，如果照此下去，一切又会回归风平浪静。为了加紧逼安禄山出手，杨国忠甚至不惜动用自己的权力，以安禄山的门客骚扰百姓为由，命京兆尹李岘率兵包围了安禄山的私宅，将其门客李超、安岱和李方来三人捕杀。

杨国忠虽然以一种近乎疯狂的方式去逼迫安禄山，但他并没有失去理智，对于同样身在私宅中的安禄山的儿子安庆宗，杨国忠并没有采取任何措施。倒不是因为他忽略了这个问题，而是因为他需要一个人将自己现在所做的一切汇报给安禄山。而安庆宗是最合适的人选。

事实证明，不出杨国忠所料，安庆宗很快如实地向他的父亲做了汇报，当安禄山听到自己在京城长安的私宅被查抄时，顿时怒不可遏。他虽然不知道这是杨国忠布下的一个圈套，但隐约地意识到杨国忠突然做这些事情，肯定有其不可告人的目的。

最关键的是，他不知道这一切到底是皇帝的意图，还是杨国忠个人的行为。

为了弄清事情的真相，安禄山决定采取投石问路的方法来探清原委，他让心腹谋士严庄上表申辩，同时揭发杨国忠 20 多条罪状予以反击，目的就是想看看皇帝陛下到底是个什么态度。

当李隆基知道消息后，他陷入了两难之中。

一边是自己的宠臣，一边是倚重的边臣，对于李隆基而言手心手背都是肉，刺痛哪一个都不好受，思前想后他决定采取一种折中的方法，就是用京兆尹李岘充当替罪羊。他将李岘外贬为长沙太守，并给安禄山亲自修书一封，告诉他这件事情其实是个误会。

然而无数的历史事实告诉我们，在政治斗争中，妄图走中间路线的，往往都会以失败告终。

李隆基本以为他的这种做法会息事宁人，然而他万万想不到的是他的这种处理方式，却让安禄山大为不满，在安禄山看来，这是李隆基有意偏袒杨国忠。

"看来皇帝老儿还是信任他的宠臣啊，我不过是他需要的一个能镇住北方夷狄的棋子。"安禄山看完李隆基的信后，不由得发出一阵感叹。

在我看来，安禄山这句话说得有些露骨，然而确实是这么回事儿。

安禄山虽然表面上像个粗人，但他的内心犹如深不可测的海底，从他的话语中，我们窥测出这个拥有表演天赋的杂胡，其实看问题实在具有相当敏锐的洞察力。

所以，他能够给予大唐帝国致命一击，绝不是偶然！

可见，李隆基处理这件事的方法，是安禄山内心转变的一个分水岭。也就是从这时开始，安禄山对李隆基失去了信心，一方面源于杨国忠的排挤，另一方面源于李隆基的中间路线。

事实上，狼子野心的安禄山很具备"宁可我负天下人，不可天下人负我"的气质。李隆基先前对他的袒护，此刻他已经全然抛之脑后，仅仅因为这一件事就可以激起他的憎恨与报复。

但可悲的是，安禄山内心的变化，此刻李隆基全然不知！

天宝十四年(755 年)六月，为了进一步笼络安禄山，李隆基决定将宗室之女荣义郡主下嫁安禄山之子安庆宗，同时下诏让安禄山入京出席结婚大典，在这里并不排除李隆基借此让安禄山进京，进而查看其动向的目的。

但狡猾奸诈的安禄山却以病重为由，拒绝前往长安。

安禄山已经想到了事情的另一面，在他看来，自己曾经好不容易侥幸从长安脱险而出，这一次怎么可能再踏上充满杀机与险恶的京师之路呢？

安禄山当然也知道拒绝皇帝的诏令，等于是对皇帝的大不敬，所以他下定决心孤注一掷、破釜沉舟，与这个繁华的大唐帝国一较高下。

坦白地讲，在安禄山下定决心的最初阶段，他并没有计划大规模地起兵南下，他的计划是用22名藩将带领6000名士兵，护送3000匹良马进献朝廷（每2名士兵护送1匹马），然后利用这些人偷袭京城长安。

但安禄山的这个计划被河南府尹达奚珣识破，他立即上奏，提醒李隆基务必提防安禄山的险恶用心，阻止安禄山的行动，告诉他，即使献马也应该等到冬天，朝廷有自己的马夫，不用劳烦安禄山的军队。

李隆基在接到达奚珣的上奏后，忽然感到事态的严重性，他采纳了达奚珣的建议，并立刻采取了应对之策。不过，李隆基的策略并没有什么新意，他依然召安禄山进京，采取既是笼络又是观察的方式，唯一不同的是，李隆基让内侍宦官冯神威前往范阳宣旨召安禄山进京。

但出乎李隆基意料的是，安禄山在面对冯神威的时候，其表现完全可以用凶相毕露、嚣张狂妄来形容。

“圣上平安啊！”在听到冯神威宣读完圣旨后，安禄山只是蹲踞在胡床上，微微起身也不跪拜地说道。

安禄山这种不恭敬的态度，让冯神威很是不悦，他刚想开口提醒安禄山注意姿态时，安禄山高声喊道：

“马不让我献也可以，既然是这样，十月的时候我肯定会到长安去！哼！”

冯神威似乎听出了安禄山话语的弦外之音，他怯生生地问道：

“安大人是什么意思啊？”

“什么意思？哈哈哈！到时你就知道了！来人，带冯公公下去休息吧！”安禄山说完，继续倒在胡床上，然后闭起了眼睛。

冯神威就这样被安禄山的手下带了出去，看安禄山那种态度，他本以为这一次是不可能再返回长安了。但出乎冯神威意料的是，几天后安禄山让他回到了长安，不过在他临走之前，安禄山连个照面也没打，更没有呈现谢恩的表文。

但是这一切对于冯神威而言并不重要，重要的是此刻他还能肩膀上扛着脑袋，回到他朝思暮想的皇帝身边，所以当他回到长安，一见到李隆基，就大声哭泣着说："臣差点儿就不能再见到皇上了。"

冯神威将在范阳遇到的情况如实向李隆基做了汇报，这让李隆基很是不悦。但安禄山现在身在范阳，都说将在外君命有所不受，更何况是手握重兵的节度使，此刻李隆基开始后悔让安禄山离开京城，但是这一切全都为时已晚。

在冯神威起身离开范阳时，安禄山之所以没有露面，并不是因为他瞧不起冯神威，而是因为他正躺在他的胡床上梳理自己的思绪。

自从他控制范阳、平卢、河东三道之地，手握重兵的他，其野心不断升腾至今已经将近十年，但因为皇帝李隆基的宠爱，使他不忍心做一个乱臣贼子。他的本意是想在李隆基死后再反叛朝廷，但杨国忠的步步进逼，又让他内心十分恐惧，有一天皇帝陛下的意志会被杨国忠左右，进而对自己不利。

虽然在他和杨国忠的矛盾问题上，李隆基总是倾向安禄山，不管这种倾向是出于真心也好，还是有意安抚也罢，毕竟安禄山找不到什么可以反叛朝廷的理由。

一直到杨国忠查抄了他在京城的私宅，以及李隆基和稀泥的做法，才激起了安禄山心中的怒火。可以说，冷落冯神威是安禄山不愿继续忍耐的标志，他有意识将自己的表现暴露给皇帝陛下，因为他明白以自己目前的实力，朝廷根本奈何不了他。

既然自己拥有这个实力，就不能允许杨国忠在朝廷内呼风唤雨，更不能允许他对自己无情地进逼。既然不能用政治手段去解决一切，那就只有用自己的优势资源去化解一切。

军队，是安禄山和大唐帝国较量的优势资源。而无数的历史事实证明，无论是谁掌握了足以摧毁任何势力的军队，那他的野心都会如火山喷发一般不可收拾。

吾意已决！十年的忍耐就此终结！

吾意已决！让天下人都知道皇帝并不是只有一个人可以做！

从现在开始，我安禄山将向大唐帝国宣战！

劫数

前边我说过，安禄山叛乱的背后隐藏着人性的卑劣和帝国制度的严重漏洞。在介绍完杨国忠和安禄山通过无限释放野心、贪欲，进而满足私利之后，接下来，我们说一说安史之乱之所以能够发生的客观原因。

纵观当时大唐帝国的客观形势，安史之乱的发生可谓看似偶然，实则必然。这是大唐帝国的劫数所在，即使不出现安禄山，也会有李禄山、王禄山等。

大诗人杜甫在他的诗作《忆昔》中这样描述开元盛世：

忆昔开元全盛日，小邑犹藏万家室。
稻米流脂粟米白，公私仓廪俱丰实。
九州道路无豺虎，远行不劳吉日出。
齐纨鲁缟车班班，男耕女桑不相失。
宫中圣人奏云门，天下朋友皆胶漆。
百馀年间未灾变，叔孙礼乐萧何律。
……

到开元年间，大唐帝国已经走过百余年的岁月，期间国富民殷、繁荣昌盛、祥和安泰，所以人们对那个时代给予了无限的赞美之词，诗人的笔法也绚丽多彩。

然而在杜甫华丽诗句的背后，却隐藏着一个不易被人察觉的隐患，那就是奠定开元、天宝社会经济繁荣的基础——均田制。随着土地的买卖和兼并的日益猖獗，均田制也在悄悄地瓦解。

唐代著名历史学家杜佑曾经说过："开元之季，天宝以来，法令弛坏，兼并之弊，有逾于汉成哀之间。"杜佑将大唐帝国的黄金时代和汉成、哀二帝衰败的时代相比，可见当时土地兼并现象已经到了无药可救的地步。

由于均田制的土崩瓦解，人口大量损失，致使建立于均田制之上的，作为大唐帝国军事基础的府兵制也遭到了空前的破坏，进而无法维持原有的秩序，因为府兵制的最大特点是无论粮饷、兵器都要自备，在那个没有商业的年月，这一切都要依靠土地。所以均田制一瓦解，府兵也就无力再承担兵役，不得不逃兵役，结果府兵制只能日趋瓦解。

我在前边曾经介绍过张说的兵制改革，可以说李隆基接受张说的兵制改革建议,就是为了弥补上述条件下兵源的不足。

在当时来讲,张说的这项改革是颇具创造性的,募兵制改变了府兵制时的寓农于兵,使当兵成为一种长期、固定的职业,从而引起了大唐帝国军队体制及其格局的重大变化。

在唐朝前期,近半数以上的精兵强将集中于京师长安所在的关内道,对京师以外地区保持着居重驭轻的完全的控制能力。但是到了李隆基时代,为了维护唐朝前期对外扩张打下的领土和应对频繁的对外战争,所以在边镇地区屯驻重兵,并不断增设节度使。到了天宝元年(742 年),边镇节度使已经增设到 10 个(包含 1 个经略使),所有边镇的兵力加起来将近 50 万,战马 8 万余匹。

当时唐朝所有的军队加起来不过 60 万人,可是由边镇 10 个节度使直接指挥的军队加起来竟然有将近 52 万人,而朝廷直接控制的兵力仅有 8 万人,不知不觉中大唐帝国的兵力分布格局已由唐朝初年的内重外轻在潜移默化之中转变为内轻外重。边镇之兵由于长久不调配,长期驻守一地,逐渐变成了边将的私人势力。与此同时,前边我说过边镇节度使随着时间的推移除了掌管军队之外,还主管地方的行政,俨然成为一个集军事、政治、经济诸多大权于一身的地方土皇帝,这无疑成为其后产生藩镇及其割据的最适宜的温床与土壤。

可以说,当时所有的节度使并不是只有安禄山有野心,安禄山只不过是其中典型的代表,甚至是蛋糕做的最大的一个,加上他那不可遏制的野心和与杨国忠激烈的矛盾冲突,所以他起兵造反是必然的。

《新唐书·兵制》上记载了一句话:

及府兵法坏而方镇盛,武夫悍将虽无事时,拒险要,专方面,既有其土地,又有其人民,又有其甲兵,又有其财赋,以布列天下。然则方镇不得不强,京师不得不弱。

这句话很好地诠释了安史之乱发生的客观原因,但当时大唐帝国上到皇帝下到黎民百姓或许谁也不会想到,藩镇——这个大唐帝国本来倚重的军事集团,居然会成为大唐帝国后期的祸乱之一。

在这里,我们不能去怪谁,即使是发动叛乱的安禄山,在我看来,也只是帝国制度漏洞的牺牲品。

从大唐帝国的发展历程来看,这一切其实都是该遇到的劫数!

起兵

天宝十四年(755年)十一月九日,经过多年精心周密的筹划,安禄山认为举兵反唐、取而代之的时机已经成熟,于是发动所辖兵马以及北边的奚、契丹、室韦等军队共计15万人,号称20万,在范阳正式举兵反唐。

安禄山明白自己虽然行的是反唐之事,但在发动人马以及行动的过程中,绝不能用“反叛大唐”来号召众人。为了能够激起公愤,让所有人全都义无反顾地跟着自己,他居然打出了“奉密旨讨伐杨国忠”的口号,蒙骗所有将士充当他的马前卒。

除了少量军队留守范阳老巢之外,安禄山将他的精兵强将全都带在身边。一切部署妥当之后,在十一月九日当天的夜里,安禄山统率大军开始出发,第二天早上在即将出离范阳城门的时候,他适时地举行了声势浩大的阅兵式与誓师。

“你们知道吗?那个杨国忠此刻在皇上身边,不断地向皇上进言,说我们所有人不是大唐的军队!你们能接受吗?”安禄山挺着他那肥硕的身躯,向着士兵们高声喊道。

“不能!”

“如果本帅遭到了杨国忠的陷害,接下来一定会轮到你们,你们能接受吗?”

“不能!”

“皇上要是被杨国忠这个奸贼陷害了,你们能接受吗?”

“不能!”

“好!你们每一个人都是最勇敢的人,杀进长安城,清除杨国忠!”安禄山对着士兵振臂高呼。

“杀进长安城,清除杨国忠!”所有人一起高喊。

“有异议煽动军人者,夷其三族!”安禄山继续喊道。

“夷其三族!”

此刻,数万人的喊声直冲云霄,在天际之间久久不能消散。

安禄山在一片群情激愤中,嘴角露出了一丝不易被人察觉的微笑,他坚信城下的所有人全都在他的掌控之下。对于他而言,今天是他生命中至关重要的一天,因为未来他很有可能成为那个拥有最高权力的人,所以他从没有像今天这样,心中充满了阳光明媚的感觉。

但是对于大唐帝国而言，此刻帝国的上空已经阴云密布，一场急风骤雨即将来临，它带来的不仅仅是战争的残酷与嗜血的杀戮，而且帝国昔日的无限繁华与繁荣昌盛也将会一去不复返！

图书在版编目（CIP）数据

唐朝那些事儿．肆，开元盛世卷／冬雪心境著．—北京：中国工人出版社，2012.10

ISBN 978-7-5008-5299-5

Ⅰ．①唐…　Ⅱ．①冬…　Ⅲ．①中国历史—唐代—通俗读物　Ⅳ．①K242.09

中国版本图书馆CIP数据核字（2012）第227518号

唐朝那些事儿．肆　开元盛世卷

出 版 人	李庆堂
责任编辑	王学良　杨博惠
责任校对	赵贵芬
责任印制	栾征宇
出版发行	中国工人出版社（北京市东城区鼓楼外大街45号　邮编：100120）
网　　址	http://www.wp-china.com
电　　话	010-62350006（总编室）　010-82075934（社科文艺分社） 010-62005038（传真）
发行热线	010-62045461　62005042（传真）
读者服务	010-62389465
经　　销	各地书店
印　　刷	三河市国英印务有限公司
开　　本	700毫米×1000毫米　1/16
印　　张	18.25
字　　数	320千字
版　　次	2013年1月第1版　2024年1月第32次印刷
定　　价	29.80元

本书如有破损、缺页、装订错误，请与本社出版物流部联系更换